SGB II-Grundsicherung und soziale Inklusion

Marc Neu

SGB II-Grundsicherung und soziale Inklusion

Eine empirisch-soziologische
Bestandsaufnahme

 Springer VS

Marc Neu
Bochum, Deutschland

Dissertation an der Ruhr-Universität Bochum, 2015

ISBN 978-3-658-15764-7   ISBN 978-3-658-15765-4   (eBook)
DOI 10.1007/978-3-658-15765-4

Die Deutsche Nationalbibliothek verzeichnet diese Publikation in der Deutschen National-
bibliografie; detaillierte bibliografische Daten sind im Internet über http://dnb.d-nb.de abrufbar.

Springer VS ist Teil von Springer Nature
Die eingetragene Gesellschaft ist Springer Fachmedien Wiesbaden GmbH
Die Anschrift der Gesellschaft ist: Abraham-Lincoln-Str. 46, 65189 Wiesbaden, Germany

Inhaltsverzeichnis

Abbildungsverzeichnis

Tabellenverzeichnis

1 Einleitung

1.1 Die soziale Frage der Gegenwart als inhaltlicher Kontext

Zu Beginn des 21. Jahrhunderts wird erneut die „soziale Frage" diskutiert. Aus guten Gründen hatte die alte, auf Ausbeutung und das daraus resultierende Elend der Industriearbeiterschaft abzielende, soziale Frage im späteren Verlauf des 20. Jahrhunderts an Bedeutung verloren. Im durch Wirtschaftswachstum und allgemeine Wohlfahrtssteigerung gekennzeichneten Nachkriegsdeutschland war soziale Teilhabe durch Erwerbsarbeit und die damit einhergehende Beteiligung an den volkswirtschaftlichen Erfolgen für breite Gesellschaftsgruppen sichergestellt (Kronauer 2010; Castel 2011). Jene Zeit war geprägt durch die Erwartung fortwährender Prosperität und den arbeitnehmerzentrierten „Sozialversicherungsstaat" (Allmendinger 1994; Lessenich 2003a). Dieser trug dafür Sorge, dass die Lohnarbeiterschaft im Fall risikobehafteter Lebenslagen, in denen auf Grund von temporärer Arbeitslosigkeit sowie Krankheit oder Alter kein eigenes Arbeitseinkommen erzielt werden konnte, ihren Lebensstandard mittels Lohnersatzleistungen annähernd aufrecht erhalten konnte (Offe 1995: 33). Vor dem Hintergrund langjähriger Vollbeschäftigung beschränkte sich eine durch Geißler (1976) formulierte „neue soziale Frage" dementsprechend vornehmlich auf arbeitsmarktferne Bevölkerungsgruppen.

Dass sich die soziale Frage heute neu und zugleich anders stellt, ist zurückzuführen auf einen „doppelten Bruch" (Ludwig-Mayerhofer 2009: 8) in der neueren Entwicklung kapitalistisch geprägter Gesellschaften. Der erste Bruch rekurriert auf die Veränderungen auf dem Arbeitsmarkt, genauer auf die massenhafte „Rückkehr der Arbeitslosigkeit" (Raithel/ Schlemmer 2009) seit Beginn der 1980er Jahre und die Zunahme prekärer Beschäftigungsverhältnisse. Diese haben dazu geführt, dass sich die Gefahr der Marginalisierung und des Ausschlusses vom Arbeitsmarkt zu einem Phänomen entwickelt hat, welches sich heute keineswegs mehr auf soziale Randgruppen beschränkt, sondern längst breite Schichten betrifft (Magnin et al. 2007: 7; Castel 2011).

Der zweite Bruch bezieht sich auf den Sozialstaat[1], dessen Gestalt ebenfalls einen erheblichen Wandel erfahren hat. Die zeitlich begrenzte Bezugsberechtigung der Ar-

---

[1] In Folge werden sowohl der „Sozialstaat" als auch der „Wohlfahrtsstaat" als Begriff Verwendung finden. Während sich in Deutschland in Anlehnung an die Sozialstaatsklausel im Grundgesetz der Begriff des Sozialstaats bzw. der Sozialstaatlichkeit etabliert hat (Schulte 2000: 16f.; Ullrich 2005: 15), findet international eher der Begriff des „Welfare State" bzw. „Wohlfahrtsstaats" Gebrauch. Dieser hat allerdings auch in den deutschen Sozialwissenschaften, insbesondere wenn es um eine international vergleichende Perspektive geht, eine zunehmende Verbreitung erfahren (Kaufmann 1988: 69; Lessenich 2000: 40). Nach Kaufmann (1988: 70) ist „der Wohlfahrtsstaat (...) eine bestimmte Form

beitslosenversicherung führte dazu, dass die wachsende Zahl Langzeitarbeitsloser[2] im Anschluss an deren Bezug auf die Fürsorgeleistungen der Arbeitslosenhilfe und der „minderwertigen" Sozialhilfe[3] angewiesen war. Zudem wurden auch die Kontinuitätsgarantien des Sozialstaats im Bereich der Absicherung gegen die Folgen von Arbeitslosigkeit brüchiger, da seit den 1980er Jahren Leistungen reduziert, Anwartschaften verlängert und Zumutbarkeitsregelungen zum Teil erheblich verschärft wurden (Balsen et al. 1984; Hauser et al. 1985). Neben den Ausschluss von Erwerbsarbeit trat somit ein Ausschluss aus jenen Systemen der sozialen Sicherung, die im Bedarfsfall bislang für die annähernde Aufrechterhaltung des Lebensstandards gesorgt hatten.

Die „soziale Frage am Beginn des 21. Jahrhunderts" (Castel/ Dörre 2009) ist also zurückzuführen auf die Brüche im Entwicklungspfad von Arbeitsmarkt und Sozialpolitik. In der Europäischen Union wird diese seit Anfang der 1990er Jahre unter dem Namen der sozialen Ausgrenzung bzw. Exklusion verhandelt (Kronauer 2010). Dem Exklusionsbegriff sind im Wesentlichen zwei Grundaussagen inhärent: Zum einen, dass anhaltende Arbeitslosigkeit, Unterbeschäftigung und die daraus resultierende Einkommensarmut mit einer neuen Qualität gesellschaftlicher Spaltung verbunden sind, und zum anderen, dass sich diese Polarisierung im Ausschluss von zentralen Elementen sozialer Teilhabe niederschlägt (Kronauer 2010: 12f.). Damit hebt der Exklusionsbegriff nicht nur auf die ungleiche Verteilung von Ressourcen ab, sondern auch auf die „ungleiche Teilhabe an den gewachsenen gesellschaftlichen Möglichkeiten vor dem Hintergrund gewachsener Teilhabeansprüche" (Leisering 2008a: 242). Soziale Exklusion verweist auf jenes Ausmaß an sozialer Ungleichheit nach unten, welches belegt, dass dem sozialpolitischen Anspruch, allen Menschen ein Recht auf soziale Teilhabe und Verwirklichungschancen zu gewähren, offensichtlich nicht entsprochen wird (Ludwig-Mayerhofer 2009: 5) und dass der Sozialstaat seinen gesellschaftlichen Inklusions- und Interventionsanspruch, zu dem die Minimierung sozialer Ungleichheiten und sozialer Risiken genauso wie die Sicherung von Bildungs- und sozialen Aufstiegschancen zählt, nicht mehr verfolgt (Vogel 2008: 290). Aus dieser Perspektive

---

gesellschaftlicher Organisation, die gekennzeichnet ist durch die Verbindung von demokratischer Staatsform und privatkapitalistischer Wirtschaftsform mit einem ausgebauten, sozialstaatlich regulierten Sektor, auf dessen Leistungen ein staatlich verbürgter Anspruch nach rechtlich definierten Bedarfskriterien für jedermann besteht". Es handelt sich beim Wohlfahrtsstaat also um die moderne Form eines „historisch-konkreten Gesellschaftstyp[en]" (Lessenich 2000: 41), dessen ökomische Wurzeln in den sich industrialisierenden Gesellschaften liegen (Achinger 1971), und der als Reaktion auf das Durchsetzen von Kapitalismus und Lohnarbeitsgesellschaft zu interpretieren ist (Polanyi 1978). Die Bezeichnungen Sozialstaat und soziale Marktwirtschaft entsprechen in dieser Terminologie der spezifisch deutschen Variante wohlfahrtsstaatlicher Programmatik (Kaufmann 1988, 1997). Während unter dem Begriff der „Sozialpolitik" die „Summe punktueller Eingriffe des Staates in die gesellschaftlichen Verhältnisse, und zwar regelmäßig auf Grund der Diagnose konkreter sozialer Probleme und einer darüber hinausweisenden Diagnose gesellschaftspolitischer Grundprobleme" (Kaufmann 1988: 69) zu definieren ist, stellt der „Sozialstaat" das „institutionelle Ensemble (...), das für diese Eingriffe zuständig ist bzw. sie ermöglicht" (Lessenich 2000: 42).
[2] Aus Gründen der Lesbarkeit wird auf eine geschlechtergerechte Schreibweise verzichtet und ausschließlich die männliche Form verwendet. Ist im Folgenden also etwa vom Leistungsbezieher die Rede, dann sind – sofern nicht anders angegeben – immer sowohl Männer als auch Frauen gemeint.
[3] Wenn in der vorliegenden Arbeit der Begriff der „Sozialhilfe" ohne definitorische Ergänzungen Verwendung findet, dann ist darunter stets die „Sozialhilfe im engeren Sinne" zu verstehen, d.h. die Hilfe zum Lebensunterhalt (HLU) außerhalb von Einrichtungen.

„handelt [es] sich bei Exklusion also, näher bestimmt, um einen *Krisenbegriff,* der zum Ausdruck bringen soll, dass das Inklusionsversprechen, das modernen sozial-staatlich verfassten Gesellschaften zu eigen ist, offensichtlich nicht eingelöst wird" (Ludwig-Mayerhofer: 2009: 5, H.i.O.).

Zur Bekämpfung der aufgekommenen Arbeitslosigkeit und Armut in der Bundesre-publik wurde bereits Mitte der 1990er Jahre ein neuer Weg in der Arbeitsmarktpolitik eingeschlagen und eine stärker aktivierende Politik verfolgt. Da die Ursachen für den massenhaften Eintritt in den Sozialhilfebezug als wenig beeinflussbar betrachtet wur-den, sollten Leistungen und Maßnahmen „noch stärker auf die Überwindung von Sozialhilfebedürftigkeit ausgerichtet werden" (Deutscher Bundestag 1995: 1). Einen Schwerpunkt der Sozialhilfereform von 1996 stellte dementsprechend die Neu- und Weiterentwicklung von Maßnahmen zur Integration von langzeitarbeitslosen Sozial-hilfebeziehenden in den Arbeitsmarkt dar. Daneben wurden auch die Sanktionsmög-lichkeiten bei Ablehnung zumutbarer Arbeit ausgeweitet (Buhr 2008: 208). Die politi-sche Zielsetzung der Förderung von Ausstiegen aus dem Sozialleistungsbezug durch Aktivierung und das Setzen von Arbeitsanreizen wurde durch den Regierungswechsel von der Schwarz-Gelben zur Rot-Grünen Bundesregierung 1998 weiter vorangetrie-ben. In deren zweiten Legislaturperiode ab 2002 wurde im Rahmen der „Agenda 2010" durch die sogenannte „Hartz-Gesetzgebung" eine „grundlegende Neuausrich-tung der Arbeitsmarktpolitik" vollzogen (Bartelheimer 2005: 119). Zentral für die „ra-dikalste aller Arbeitsmarktreformen im Kontext der Europäischen Beschäftigungs-strategie" (Brussig/ Knuth 2011: 9) ist die im Dezember 2003 beschlossene und bereits zum Januar 2005 durchgeführte Zusammenlegung von Arbeitslosenhilfe und der lau-fenden Hilfe zum Lebensunterhalt für Erwerbsfähige zu dem neu geschaffenen Ar-beitslosengeld II.

Grundlegend war die wegweisende Entscheidung dafür, die grundsätzliche Siche-rung bei Arbeitslosigkeit von nun an weniger durch Versicherungs- als durch Fürsor-geleistungen gestalten zu wollen. Der fortan enger begrenzten Arbeitslosenversiche-rung im Rechtskreis des Sozialgesetzbuch III (SGB III) steht seitdem mit der Grundsi-cherung für Arbeitsuchende (SGB II) ein deutlich mehr am Fürsorgesystem ausge-richtetes, neu gestaltetes System sozialer Sicherung gegenüber. Die Zuwendungen sollten derart zurechtgeschnitten bzw. gekürzt werden, dass die Anreize oder der Zwang eine Arbeit aufzunehmen möglichst hoch sind (Evers 2000).

Den Kern des sozialpolitischen Pfadwechsels stellt also zunächst der veränderte Schwerpunkt in der Absicherung sozialer Risiken dar. War die soziale Teilhabe von Personen und Gruppen im Bedarfsfall bislang doch zumindest weitestgehend durch die vergleichsweise repressionsarme Absicherung durch das Sozialversicherungssystem geprägt, so sollen soziale Risiken im Segment unsicherer Beschäftigung nun vermehrt durch die deutlich weniger generös ausgestalteten Fürsorgeleistungen abgefedert wer-den.

Ein derartiger Kurswechsel entfaltet unter den Bedingungen wachsender Risiken von (zeitweiser) Arbeitslosigkeit und Unterbeschäftigung sowie eines wachsenden Niedriglohnsektors

„sehr ungleiche Wirkungen an den unterschiedlichen Orten der Gesellschaft. Der Entzug der Statussicherung hat in der Mitte der Gesellschaft andere Konsequenzen als in deren Randlagen – dort geht es um die Prekarität des Wohlstands, hier um die

Verfestigung von Armut, dort geht es um den Entzug der Statusstabilität, hier um
verschärfte Kontrolle sozialer und materieller Abhängigkeiten. (...) Die Neukonzep-
tion staatlicher Politik hat zentralen Einfluss auf die Gliederung der Gesellschaft, sie
formt und differenziert Lebenslagen. Neue Ungleichheiten treten hervor. Die sozialstrukturelle Frage kommt ins Spiel" (Vogel 2008: 293).

Intensiviert wurde zudem der bereits eingeschlagene Richtungswechsel zu einer aktivierenden und sozialinvestierenden Politik. Nicht mehr die „stellvertretende Inklusion"
(Trube/ Wohlfahrt 2001: 28) mittels Einkommenstransfers sollte im Vordergrund
sozialpolitscher Intervention stehen, sondern eine (falls notwendig durch den Sozialstaat forcierte) höherwertige Inklusion via Arbeitsmarktteilhabe.

Dieser Logik folgend werden Phasen der Arbeitslosigkeit oder Armut zum An-
satzpunkt sozialstaatlicher Intervention. Die öffentliche Hilfe soll nicht mehr in Form
einer bedingungslosen Sicherung von Einkommen durch Transferleistungen erbracht
werden, sondern in der (Wieder-)Herstellung von Arbeitsbereitschaft und Beschäftigungsfähigkeit sowie durch öffentlich geförderte Arbeitsgelegenheiten mittels Be-
schäftigungs- und Qualifizierungsprogrammen (Schulze-Böing 2000: 55).

Dazu verlangt die sozialstaatliche „Inklusionsmaschine" (Land/ Willisch 2006)
allerdings permanente Aktivität bzw. kontinuierliches Mitwirken auf Seiten der Hilfebedürftigen: Gemäß des zentralen Grundsatzes des SGB II, dem „Fördern und Fordern", steht der Förderung durch die Vermittlung von Ausbildungs- und Arbeitsange-
boten die Forderung nach der Bereitschaft zur Teilnahme an Eingliederungsmaßnahmen gegenüber. Dabei besteht für die Betroffenen die Pflicht genauso in der Teilnahme an Bewerbungstrainings wie auch in der Aufnahme einer jeden zumutbaren
Arbeit. Kommen die Leistungsbezieher diesen Aufgaben nicht nach, drohen Sanktionen in Form von Leistungsbeschränkungen.

1.2   Forschungsgegenstand und Fragestellung

Im Jahr 2015 befindet sich die Grundsicherung für Arbeitsuchende in ihrem elften
Praxisjahr. Im In- und Ausland besser bekannt als Hartz IV wurde der Begriff
gleichermaßen „zum Synonym für eine Reform, eine Sozialleistung und einen sozial-
rechtlichen Status" (Knuth 2006: 160).

Seit der Einführung ist die Wirkkraft der SGB II-Grundsicherung Gegenstand anhaltender Diskussionen in Politik und Wissenschaft. Dabei ist von zentraler Bedeutung, ob und inwiefern die mit dem SGB II verbundenen Neuerungen zu verbesserten
Voraussetzungen für die Wiedereingliederung der Leistungsberechtigten in den regulären Arbeitsmarkt geführt haben und ob es auf Grund des neu ausgerichteten Mischungsverhältnisses von Fördermaßnahmen im Ergebnis gelungen ist, eine schnellere
Überwindung des Leistungsbezugs auf Seiten der Hilfebedürftigen zu erreichen und
deren dauerhafte Arbeitsmarktintegration herbeizuführen. *Die übergeordnete Frage
besteht folglich darin, welche Wirkung vom SGB II als Instrument sozialstaatlicher
Inklusion ausgeht.*

Sozialstaatlich induzierte Inklusion kann mit Blick auf die auf SGB II-Leistungen
angewiesenen Hilfebedürftigen grundsätzlich über zwei Wege erzielt werden. Entweder werden die Betroffenen durch das Netz sozialer Sicherung in einem solchen Aus-

maß aufgefangen, dass sie einen – wie auch immer definierten – Mindestlebensstandard aufrechterhalten können und die gesellschaftliche Teilhabe der Hilfebedürftigen weitestgehend abgesichert wird. Oder aber die Maßnahmen aktivierender Arbeitsmarktpolitik sind derart effektiv, dass das mit dem SGB II als vorrangig definierte Ziel der (Wieder-)Eingliederung der Leistungsbeziehenden in reguläre Beschäftigungsverhältnisse dauerhaft erreicht und Hilfebedürftigkeit nachhaltig überwunden werden kann.

Im Rahmen der vorliegenden Arbeit wird eine empirisch-soziologische Bestandsaufnahme des SGB II vorgenommen. Im Zentrum steht die Frage nach der inkludierenden bzw. gesellschaftliche Teilhabe sichernden Wirkung des sozialstaatlichen Instruments der SGB II-Grundsicherung. Dabei wird eine Perspektive eingenommen, in der der Wohlfahrtsstaat nicht als abhängige Variable, d.h. als historischer Effekt etwa auf Grund von politischen, ökonomischen oder ideologischen Bedingungsfaktoren betrachtet wird, sondern als unabhängige Variable, also in seiner Eigenschaft als eigenständiger Bedingungsfaktor gesellschaftlicher Prozesse, als autonomer Gestalter und Rahmengeber sozialen Wandels (Alber 1989: 153ff.; Esping-Andersen 1990; Huf 1998; Lessenich 2008; Hockerts/ Süß 2010) und damit als verantwortlicher Bedingungsfaktor für die soziale Inklusion benachteiligter Individuen und sozialer Gruppen angesehen wird.

Nach dieser Lesart ist der Wohlfahrtsstaat nicht lediglich eine Ansammlung von Institutionen der Produktion und Verteilung von Sozialleistungen. Als spezifische Vergesellschaftungsform des modernen Staates kapitalistischer Prägung stellt der Wohlfahrtsstaat einen eigenständigen Mechanismus der Strukturierung sozialer Ungleichheit dar, welcher individuelle und kollektive Lebenschancen gestaltet, formalrechtliche Inklusionsansprüche anerkennt bzw. abwehrt und mit der Regulierung wechselseitiger Unterstützungsbeziehungen befasst ist. Der Wohlfahrtsstaat ist niemals nur einseitig mit dem sozialen Ausgleich bzw. der effektiven Angleichung marktbedingter sozialer Lebenslagen und Lebenschancen betraut, sondern verkörpert gleichermaßen einen (Re-)Produzenten sozialer Ungleichheit und gesellschaftlicher Exklusion (Lessenich 2008, 2010).

Wenn es in der vorliegenden Arbeit um den Grad der von der SGB II-Grundsicherung ausgehenden sozialstaatlich induzierten Inklusion geht, dann gilt es die Effekte zu analysieren, die das SGB II auf die soziale Lage und Prozesse sozialer Exklusion hat. Im Zentrum des Interesses steht dabei die Qualität wohlfahrtsstaatlicher Leistungen. Entsprechend sind die folgenden Fragen von entscheidender Bedeutung:

- Reichen die den Anspruchsberechtigten zugeteilten materiellen Transferleistungen nach dem SGB II aus, um sozialer Exklusion effektiv entgegenzuwirken?
- Inwiefern gelingt die Umsetzung der mit dem SGB II formulierten Zielsetzung einer Überwindung des Leistungsbezugs und der (Re-)Integration in den regulären Arbeitsmarkt?
- Erreichen die Maßnahmen zur Wiedereingliederung alle sozialen Gruppen gleichermaßen oder konzentriert sich die „Kundenbearbeitung" auf jene Gruppen, die die vermeintlich geringsten Vermittlungshemmnisse aufweisen, während für andere Leistungsberechtigte der dauerhafte Verbleib im Leistungsbezug zu einer verfestigten Lage sozialer Exklusion führt?

Die Frage nach den Effekten des SGB II auf die soziale Lage und die Prozesse sozialer Ungleichheit steht im Zentrum des empirischen Teils dieser Arbeit. Deren explizite Zielsetzung besteht darin, einen empirischen Beitrag zur Soziologie der Sozialpolitik zu leisten. Wenn es um die damit angeklungene Dauer des Verbleibs im Leistungsbezug geht, dann rückt die Dimension der Zeit in den Mittelpunkt des Interesses. In den 1990er Jahren entwickelte sich in Deutschland – parallel zum Exklusionsdiskurs – die dynamische Armutsforschung, ohne dass diese beiden dynamischen Stränge hinreichend aufeinander bezogen wurden (Leisering/ Buhr 2012: 154). Während die dynamische Armutsforschung die Zeitdimension von Armut behandelt, und empirisch aufgezeigt hat, dass die durch Sozialhilfebezug operationalisierte Armut oftmals, wenngleich auch längst nicht in jedem Fall, eine Episode im Lebensverlauf von kurzer Dauer darstellte (Leibfried et al. 1995), ist im Diskurs sozialer Exklusion hingegen die dynamische Betrachtungsweise dadurch geprägt, dass die Forschung soziale Abstiegsprozesse und „Teufelskreise" mehrdimensionaler sozialer Benachteiligung in den Blick nimmt (Kronauer 2010).

Beide dynamischen Stränge sollen im Rahmen dieser Arbeit verknüpft werden. Die Betrachtung der Dauern des Verbleibs im SGB II-Leistungsbezug spielt eine wesentliche Rolle für die Erfahrung von Marginalisierung und sozialer Ausgrenzung. Dabei wird der von der dynamischen Armutsforschung der 1990er Jahre durchgeführte exemplarische Ost-West-Vergleich am Beispiel der Sozialhilfeverläufe in Bremen und Halle an der Saale aufgegriffen und nach den regionalen Disparitäten im SGB II-Leistungsbezug und hier insbesondere nach Unterschieden hinsichtlich der Leistungsbezugs*verläufe* gefragt. Hierin liegt eine wichtige Ergänzung zur bisherigen Forschung, da den Leistungsbezugsverläufen im regionalen Kontext bislang eine nur wenig bedeutende Rolle zukommt. Am Beispiel der beiden kreisfreien Städte Jena und Mülheim an der Ruhr sollen Unterschiede zweier Kommunen mit Blick auf folgende Fragen analysiert werden:

- Welche Unterschiede lassen sich in den beiden Städten hinsichtlich der Sozialstruktur der Hilfebedürftigen ausmachen?
- Gibt es Unterschiede in den Leistungsbezugsverlaufsmustern hinsichtlich Dauer und Kontinuität, d.h. lassen sich Diskrepanzen in der praktischen Umsetzung des vorrangigen Ziels der (Re-)Integration in den regulären Arbeitsmarkt konstatieren?
- Welche Rolle kommt den lokalen Rahmenbedingungen zu? Welche Bedeutung nimmt die lokale oder regionale Arbeitsmarktlage ein und welcher Einfluss geht von den Möglichkeiten außerfamilialer Kinderbetreuung hinsichtlich der Arbeitsmarktintegration von SGB II-Leistungsbeziehern, deren Bedarfsgemeinschaft Kinder angehören, aus?
- Ist eine Bevorzugung bzw. Benachteiligung bestimmter sozialer Gruppen im SGB II auszumachen und stellt sich diese in den Beispielkommunen unterschiedlich dar? Und welchen Einfluss nimmt dieser Umstand ggf. auf Integrationschancen dieser Gruppen und die sozialstaatliche Strukturierung gesellschaftlicher Exklusionsprozesse?

1.3 Aufbau der Arbeit

Am Anfang der Arbeit steht ein theoretischer Teil, der sich in Kapitel 2 zunächst der vielschichtigen Debatte um den komplexen Exklusionsbegriff als Kategorie sozialer Ungleichheit widmet. Inklusion und Exklusion stellen dabei den Interpretationsrahmen für neue Formen sozialer Ungleichheit und sozialer Benachteiligung dar, die sich seit Mitte der 1970er Jahre abzeichneten und zu Beginn der 1980er Jahre immer deutlicher zu Tage traten. Der mannigfaltige wirtschaftliche und soziale Wandel hat auch den Sozialstaat immer mehr in Bedrängnis gebracht und die Politik zu tiefgreifenden Reformen veranlasst. Die Einführung der Grundsicherung für Arbeitsuchende als zentrale Arbeitsmarktreform ist hier von herausragender gesellschaftspolitischer Bedeutung.

Die theoretischen Wesens- und Bedeutungszüge der für moderne kapitalistische Zentren typischen wohlfahrtsstaatlichen Vergesellschaftung sind Inhalt von Kapitel 3. Hier wird aufgezeigt, dass der den Kapitalismus moderierende Wohlfahrtsstaat als aktiver Taktgeber gesellschaftlicher Veränderungsprozesse die Lebenslagen der Menschen in hohem Maße strukturiert und dabei nicht nur bzw. nicht ausschließlich mit der Verbesserung von Lebenslagen befasst ist.

Im Sinne der Theorien gesellschaftlicher Konflikte (Marx/ Engels 1975; Dahrendorf 1992) ist Sozialpolitik seit jeher durch eine Kontinuität struktureller Widersprüche und Ambivalenzen geprägt. Tendenziell egalisierend wirkenden sozialen Rechten stehen Pflichten oder die prinzipielle Erwartungshaltung einer Gegenleistung gegenüber. Elemente der sozialen Steuerung und Kontrolle oder Disziplinierung stellen fortwährende Bestandteile gesellschaftspolitischer Debatten dar und finden sich auch im Diskurs zu Inklusion und Exklusion wieder, wenngleich Sozialpolitik heute (mehr oder weniger) an den staatsbürgerlichen Grundrechten ausgerichtet ist (Promberger 2010b: 13).

Kapitel 4 beinhaltet die für eine Arbeit, in deren Rahmen die Inklusionsfähigkeit des SGB II in den Blick genommen werden soll, die zur nachfolgenden Analyse unerlässliche Darstellung der wesentlichen Grundzüge der Grundsicherung für Arbeitsuchende.

Mit Kapitel 5 soll die Frage beantwortet werden, inwiefern die SGB II-Grundsicherung als sozialpolitisches Instrument soziale Inklusion auf Seiten der Leistungsbeziehenden auf Basis der gewährten Geldleistungen herzustellen bzw. aufrechtzuerhalten vermag. Dabei wird zunächst analysiert, ob und in welchem Umfang die eigentlichen Leistungen im Falle von Arbeitslosigkeit im Allgemeinen und die SGB II-Leistungen im Speziellen gesellschaftliche Teilhabe gewährleisten.

Die Leistungsbezugsverläufe rücken in Kapitel 6 in den Fokus des Interesses. Unter dem Verweis auf die Arbeiten der dynamischen Armutsforschung aus den 1990er Jahren wird der weitere Analyserahmen erörtert. Die Untersuchung der Leistungsbezugsverläufe mit Blick auf Dauer und Kontinuität gibt Aufschluss über das Erreichen der politischen Zielsetzung der SGB II-Grundsicherung, der dauerhaften (Re-)Integration der Hilfebedürftigen in den Arbeitsmarkt. Zudem wird die Bedeutung einer räumlich differenzierten Betrachtung der Verweildauern im Leistungsbezug erörtert.

In Kapitel 7 wird erörtert, inwieweit die ausdrückliche Zielsetzung des SGB II, die Wiedereingliederung der erwerbsfähigen Leistungsberechtigten in den regulären Arbeitsmarkt zu gewährleisten, damit den Leistungsbezug der Betroffenen dauerhaft zu beenden und gesellschaftliche Teilhabe sicherzustellen, erreicht wird. Anknüpfend an die bisherige dynamische Armuts- bzw. Sozialhilfeforschung wird ein exemplarischer Ost-West-Vergleich am Beispiel zweier SGB II-Optionskommunen, den Städten Jena und Mülheim an der Ruhr, unternommen, um regionale Unterschiede nicht lediglich in Bezug auf die (Sozial-)Struktur im Leistungsbezug, sondern auch sowohl hinsichtlich der Dauer und Kontinuität im Leistungsbezug als auch der spezifischen Einflussfaktoren auf die Verweildauern im Leistungsbezug herauszuarbeiten.

Im abschließenden Kapitel 8 werden die Ergebnisse zusammengefasst und bewertet.

2 Soziale Ungleichheit und Sozialstaat im Post-Fordismus

Geht es um die gesellschaftlichen Effekte, die von Arbeitslosigkeit und Armut ausgehen, so haben die in Soziologie und Sozialpolitik verwendeten Begriffe zur Charakterisierung derlei Phänomene seit den 1980er Jahren einen beachtlichen Wandel erfahren (Bartelheimer 2005: 86). Termini wie „neue Armut", Deprivation, Ausgrenzung oder Exklusion verweisen auf neuartige Spaltungslinien, die neben die klassischen Kategorien von Klasse und Schicht getreten sind und auf das „soziale Bewusstsein" (Swaan 1993) der Gesellschaft rekurrieren. Unter Bezugnahme auf die gesellschaftlichen Vorstellungen von sozialer Gerechtigkeit verweisen sie auf jene Grenzen, deren Überschreitung im Ergebnis dazu führt, dass das Ausmaß bestehender sozialer Ungleichheit mehrheitlich als nicht mehr akzeptabel erachtet wird (Ludwig-Mayerhofer/ Barlösius 2001: 12).

Die Verwendung des Exklusionskonzepts ist aus zweierlei Gründen von Relevanz für die vorliegende Arbeit. Zum einen zielt soziale Exklusion aus dem Blickwinkel der sozialpolitischen Armutsforschung darauf ab, den „veralteten" Armutsbegriff zu erweitern, zu modernisieren und gleichzeitig die „soziale Frage von heute auf den Begriff zu bringen" (Leisering 2008a: 241). Zum anderen wird mit dem Konzept der Anspruch erhoben, in der soziologischen Analyse sozialer Ungleichheit einen neuen Zugang zu den sozialen Ungleichheitsstrukturen zu entwickeln und eine Alternative zu den bekannten Klassen- und Schichtungstheorien zu leisten (Leisering 2008a: 241). Beide Aspekte werden miteinander verknüpft und in Abschnitt 2.1 dargestellt. Da im Folgenden wohlfahrtsstaatlich erzeugte Inklusion im Mittelpunkt des Interesses stehen soll, ist eine Klärung des in der Fachdebatte kontrovers behandelten Begriffspaars Inklusion/ Exklusion an dieser Stelle unerlässlich.

Der Mitte der 1970er einsetzende massive Wandel in Ökonomie und Erwerbsarbeit sowie vielschichtige Prozesse gesellschaftlichen Wandels haben auch die Bedingungen sozialstaatlicher Sicherung maßgeblich verändert. Auf die neuen Herausforderungen reagierte der Sozialstaat mit weitreichenden Reformen. Vor dem Hintergrund, dass diese mit einem sozialpolitischen Kurswechsel verbunden sind, der in einem veränderten sozialstaatlichen Inklusionsanspruch zum Ausdruck kommt, werden diese Entwicklungslinien in Abschnitt 2.2 nachgezeichnet.

2.1 Exklusion als Kategorie sozialer Ungleichheit

Bis in die 1960er Jahre war in der deutschen Soziologie noch das Bild einer Gesellschaft mit einer deutlichen Rangordnung nach beruflichen Prestige-Schichten vorherrschend (Berger/ Vester 1998: 11; Hradil 2001). Ende der 1960er, Anfang der 1970er Jahre erlebte der Klassenbegriff vor allem durch die Studierendenbewegungen eine regelrechte Renaissance – zunächst in Anbindung an die Hauptlinien marxistischer Tradition (Marx/ Engels 1975), später mit einem stärkeren Verständnis von Erwerbsklassenlagen und sozialen Klassen, wie es z.B. durch Weber (1980) geprägt wurde (Berger/ Vester 1998: 11). Trotz heftiger Debatten zwischen Vertretern der Klassen- und Schichtmodelle sowie einer breiten Kritik an deren Erwerbszentrierung bestand allerdings weitestgehend Übereinstimmung in der Vorstellung von vertikalen, also hierarchischen sozialen Disparitäten, die auf der meritokratischen Triade aus Bildung, Beruf und Einkommen beruhten (Kreckel 2004).

Der „Minimalkonsens" (Müller 1992: 11) der Debatte, der in der Annahme einer treffenden Charakterisierung moderner westlicher Gesellschaften durch schicht- oder klassentheoretische Modelle bestand, wurde Anfang der 1980er Jahre zunehmend in Frage gestellt (Volkmann 2002: 227; Burzan 2011: 69). Ausgangspunkt der Diskussionen waren Prozesse sozialen Wandels, die Beck (1983, 1986) als „Fahrstuhleffekt" nach oben charakterisierte. Die allgemeine Wohlstandssteigerung, die Expansion staatlicher Bildungspolitik und der Ausbau der sozialen Sicherungssysteme brachte für einen Großteil der Bevölkerung eine immense Verbesserung der Lebensbedingungen und Lebenschancen hervor. Vor diesem Hintergrund wurde auf eine schwindende Prägekraft von Klasse und Schicht auf die individuelle Lebensgestaltung geschlossen (Beck 1983, 1986).

Obgleich von den meisten Kommentatoren das Fortbestehen hierarchisch strukturierter sozialer Disparitäten in seiner Grundsätzlichkeit nicht bezweifelt wurde (Müller 1992; Berger 1996; Kreckel 2004), konzentrierten sich zahlreiche Analysen sozialer Differenzierung in Folge ausgemachter Individualisierungs- und Entstrukturierungstendenzen auf soziale Ungleichheiten, die zwar nicht grundlegend neue, aber bislang vergleichsweise wenig erforschte Ausprägungen horizontaler sozialer Ungleichheit darstellten (Berger/ Hradil 1990), z.B. soziale Lagen und Milieus (Hradil 1987) oder Lebensstile (Spellerberg 1997).

Ende der 1980er, Anfang der 1990er Jahre hat sich der Schwerpunkt der Aufmerksamkeit soziologischer Gegenwartsanalysen in Folge der massenhaft auftretenden „neuen Armut" (Hauser et al. 1981; Balsen et al 1984; Süß 2010) wieder vermehrt in Richtung vertikaler sozialer Ungleichheiten verschoben (Bieling 2000: 13; Volkmann 2002; Burzan 2011). So spricht etwa Barlösius (2004: 19) von der wiedergewonnenen Plausibilität der Strukturierungsthese und auch Vester (2005: 21) geht von einer „Wiederkehr sozialer Klassenunterschiede" aus. Nach Rehberg (2006: 23) wurde die Klassengesellschaft in den durch Wohlstand geprägten vergangenen Jahrzehnten zwar zunehmend unsichtbar, tritt angesichts der gegenwärtigen Krisen aber wieder deutlich in den Vordergrund. Müller (2007: 197) prognostiziert der Klassengesellschaft zudem eine „rosige Zukunft" und macht in Anlehnung an die sozialstrukturelle Kategorisierung von Besitz- bzw. Erwerbsklassen Webers (1980) drei große Klassen aus:

> „An der Spitze stehen die ‚Besitzklassen‘, die durch Vermögen oder Spitzeneinkommen die Elite einer Gesellschaft bilden; in der Mitte finden sich die ‚Erwerbsklassen‘, Unternehmer und Arbeitnehmer, mithin die Statusgruppen, die früher als alter und neuer Mittelstand bezeichnet wurden. Am unteren Ende rangiert das, was Rainer Lepsius [1979, M.N.] schon in den siebziger Jahren als ‚Versorgungsklassen‘ bezeichnet hat und was die Kategorien von Menschen umfaßt, deren Lebenschancen

nicht durch den (Arbeits-)Markt, sondern durch den (Sozial-)Staat geprägt sind und die Transfereinkommen beziehen" (Müller 2007: 199).

Mit dem neuerlichen Interesse an vertikalen Ungleichheitsstrukturen etablierte sich – zusätzlich zu gesamtgesellschaftlichen Analysen – eine damit vereinbare Analyserichtung vertikaler Hierarchien, die darauf abzielt, dass offensichtlich eine Grenze überschritten worden ist, hinter der es den Betroffenen deutlich schlechter geht als der Mitte der Gesellschaft und den Fokus auf die „Exkludierten", „Ausgegrenzten", „Entbehrlichen" oder „Überflüssigen" (Herkommer 1999; Vogel 2001; Böhnke 2006; Bude/ Willisch 2006; Bude 2008; Groh-Samberg 2009; Kronauer 2010), die „neue Unterschicht" (Altenhain et al. 2008; Chassé 2009) oder allgemeiner auf die neu entstandene „Prekarität" richtet (Castel/ Dörre 2009; Scherschel et al. 2012). Derlei Begrifflichkeiten heben darauf ab, dass für die Betroffenen eine eindeutige Zugehörigkeit zur Gesellschaft offenbar nicht (mehr) gegeben ist und eine umfassende gesellschaftliche Teilhabe zumindest als gefährdet betrachtet werden muss.

Mit der Einführung des Exklusionsbegriffs ist eine Begriffsverschiebung von Armut zu defizitärer gesellschaftlicher Integration und sozialer Benachteiligung verbunden. Beschränkte sich der Armutsbegriff noch auf Verteilungsfragen und fehlende Ressourcen, so beinhaltet der Exklusionsbegriff eine umfassendere Erweiterung, da er den multiplen Ausschluss aus verschiedenen Bereichen gesellschaftlicher Teilhabe thematisiert (Silver 1994; Room 1999; Böhnke 2006; Callies 2008; Kronauer 2010). Wenn es in Folge darum gehen soll, soziale Verhältnisse hinsichtlich des Vorenthaltens umfassender sozialer Teilhabe in den Blick zu nehmen, dann erscheint der Terminus der Exklusion auf Grund seiner Orientierung am Leitbild universeller gesellschaftlicher Teilhabe besser geeignet als die herkömmlichen Begriffe Armut und Deprivation (Leisering 2008a: 242).

Dimensionen sozialer Exklusion

Obwohl grundsätzlich eine nahezu unerschöpfliche Anzahl von Formen gesellschaftlichen Ausschlusses denkbar erscheint[4], so findet sich in der Exklusionsdebatte doch weitgehende Übereinkunft über drei zentrale Dimensionen gesellschaftlicher Zugehörigkeit, von denen ein Ausschluss zu sozialer Exklusion führen kann. In Anlehnung an Kronauer (2006, 2010) sollen jene drei Elemente, die in der Literatur in ähnlicher Formulierung nahezu ausnahmslos aufgeführt werden (Callies 2008: 265) im Folgenden einer näheren Betrachtung unterzogen werden:

- der Ausschluss aus Erwerbsarbeit,
- der Ausschluss aus sozialen Netzen sowie
- der Ausschluss von Teilhabe an einem gewissen Lebensstandard und Lebenschancen.

---

[4] „[C]onsider just a few of the things the literature says people can be excluded from: a livelihood; secure, permanent employment; earnings; property, credit, or land; housing; the minimal or prevailing consumption level; education, skills, and cultural capital; the benefits provided by the welfare state; citizenship and equality before the law; participation in the democratic process; public goods; the nation or the dominant race; the family and sociability; humane treatment, respect, personal fulfilment, understanding" (Silver 1994: 541).

Die *Einbindung durch Erwerbsarbeit* in „die gesellschaftliche Arbeitsteilung, und damit die wechselseitigen Abhängigkeiten formalisierter Kooperationsbeziehungen" (Kronauer 2006: 34) garantiert nicht nur ein Einkommen. Erwerbsarbeit ist aus soziologischer Perspektive ein

> „System, das Menschen vergesellschaftet, indem es sie mit Einkommen und entsprechenden Konsumchancen ausstattet, aber auch indem es sie mit systematischen Aufgaben konfrontiert und ihre Kompetenz fordert, ihren Alltag regelhaft strukturiert, sie in soziale Beziehungen – Kooperation ebenso wie Konflikt und Abhängigkeit – einbindet, ihnen einen gesellschaftlichen Ort anweist und ihre Identität prägt" (Kohli 1990: 388).

Gesellschaftliche Teilhabe basiert hier auf den Kooperationsbeziehungen wechselseitiger, wenngleich in ökonomischer Hinsicht äußerst ungleich ausgestalteter Abhängigkeit. In diesem Zusammenhang ist soziale Exklusion gleichbedeutend mit einer Marginalisierung am Arbeitsmarkt durch Arbeitslosigkeit und Unterbeschäftigung. Diese ist dann besonders gravierend, wenn im Fall eines aufgezwungenen Rückzugs vom Arbeitsmarkt keinerlei Ausweichmöglichkeit auf eine alternative, ebenfalls gesellschaftlich anerkannte Position besteht. Ausgrenzung bedeutet dann für das Individuum, in der Gesellschaft keinen Platz mehr zu haben oder sogar „überflüssig" zu sein. Aus der gewohnten wechselseitigen Abhängigkeit wird eine einseitige Abhängigkeit von der Gesellschaft (Kronauer 2006: 34f.).

Durch Wechselseitigkeit ist auch die *Einbindung in soziale Netze* geprägt. Ein Ausschluss aus persönlichen Nahbeziehungen führt letzten Endes zu gesellschaftlicher Isolation, die zudem durch eine tendenzielle Selbstverstärkung geprägt sein kann (Kronauer 2009: 375f.; Dörre et al. 2013): Die Auflösung sozialer Bindungen oder ihre Beschränkung auf einen ebenfalls sozial benachteiligten Personenkreis bewirkt eine weitere Beschränkung von Ressourcen und Möglichkeiten, etwa bei der materiellen Unterstützung oder der Hilfestellung bei der Arbeitssuche und den damit verbundenen Chancen sozialer Partizipation. Mit dem Ausschluss aus Erwerbsarbeit fallen wichtige „Gelegenheitsstrukturen für Sozialbeziehungen außerhalb der Familie" weg (Bartelheimer 2005: 92). Darüber hinaus kann über den Wohnungsmarkt oder durch entsprechende behördliche Zuweisung die sozialräumliche Segregation von sozial Benachteiligten befördert und damit die Gefahr erhöht werden, dass sozial Benachteiligte in der Nachbarschaft „unter sich" bleiben und damit weitere Benachteiligungen erfahren (Friedrichs/ Blasius 2000; Häußermann/ Siebel 2004; Strohmeier 2006).

Normative Maßstäbe von Teilhabe und Schwellenwerte von Armut sind relativ, sie nehmen Bezug auf die ökonomischen Möglichkeiten und die vorherrschende Lebensweise einer gegebenen Gesellschaft (Bartelheimer 2005: 90). Die Teilhabe an einem kulturell angemessenen Lebensstandard und Lebenschancen wird vermittelt über Einrichtungen der Bildungs- und Gesundheitsversorgung, über rechtliche Regelungen der Arbeitsverhältnisse oder die Institutionen der betrieblichen und politischen Interessenvertretung. Diese Dimension der Inklusion beinhaltet ein *Mindestmaß an materiellem Wohlstand und Unterstützung auch in kritischen Lebensphasen*, ohne diskriminierenden und entwürdigenden Verfahren unterworfen zu werden. Ausgrenzung kann aus der Verweigerung gesellschaftlicher Rechte und dem Ausschluss von Institutionen resultieren, aber auch durch eine diskriminierende Behandlung in den Institutionen selbst oder durch unzureichende Schutzrechte und Leistungen, die es nicht erlauben, entsprechend allgemein anerkannter (und zugleich subjektiv zu erwartender) Standards leben zu können. Exklusion manifestiert sich hier in „der *Unfähigkeit, mit anderen ‚mitzuhalten'*, und der *Erfahrung von Macht- und Chancenlosigkeit*" (Kronauer 2006: 35, H.i.O.).

Exklusion als Prozess und soziale Lage

Der Exklusionsbegriff eröffnet Reflexionsmöglichkeiten zur gegenwärtigen Entwicklung moderner kapitalistischer Gesellschaften (Kronauer 2010). Der Kategorie der Exklusion ist dabei eine kritische Wendung inhärent, die den Fokus von den gesellschaftlichen Randlagen hin zum Kern der Gesellschaft verschiebt und zwingend verschieben muss, denn

„[d]as Augenmerk allein auf die Ausschlussmechanismen zu richten führt dazu, den Inklusionsbereich unter der Hand als unproblematisch vorauszusetzen, eine stabile Kerngesellschaft mit einem problematischen Rand anzunehmen und dabei den Blick zu verlieren für die prekären Verhältnisse auch innerhalb des Inklusionsbereichs bzw. die graduellen Unterschiede zwischen den Dazugehörigen" (Schroer 2008: 192).

Wegweisend für eine solche Betrachtungsweise ist Robert Castels (2008) „Zonenmodell". Demnach verläuft Exklusion entlang der beiden Achsen von Einschluss in das Erwerbssystem und gesellschaftlicher Einbindung durch gesellschaftliche Zonen hindurch. Die Zone der Integration, die Zone der Vulnerabilität bzw. Gefährdung und die Zone der Entkopplung bzw. Exklusion geben Auskunft über die jeweiligen Möglichkeiten sozialer Teilhabe und den Grad gesellschaftlicher Inklusion (Castel 2008: 13).

In der quantitativ größten, allerdings zunehmend schrumpfenden *Zone der Integration* verfügen die Menschen über unbefristete und sozialversicherungspflichtige Beschäftigungsverhältnisse in Voll- und Teilzeit. Bei gleichzeitiger Einbindung in arbeits- und sozialrechtliche Schutzsysteme wird soziale Inklusion durch soziale Nahbeziehungen sichergestellt, die im Bedarfsfall diverse Unterstützungsleistungen bereitstellen (Kronauer 2007: 369). Darüber hinaus gewährleisten soziale Rechte wie z.B. die Mitbestimmung am Arbeitsplatz oder die Renten- und Krankenversicherung die Teilhabe an einem in der Gesellschaft als angemessen geltenden Lebensstandard (Kronauer 2007: 369). Allerdings haben die „Schockwellen" (Castel 2008) der Flexibilisierung und Destabilisierung von Arbeit bereits auch die Zone der Integration erreicht und schlagen sich zum einen unmittelbar in zunehmenden Arbeitsbelastungen und Flexibilitätsanforderungen oder wachsenden Vereinbarkeitsproblemen von Erwerbsarbeit, Familie und Freizeit nieder (Kronauer 2007: 369). Zum anderen haben insbesondere die insgesamt brüchiger werdenden Erwerbsverläufe und stagnierenden Einkommen zu einer zunehmenden Verunsicherung der Mittelschicht geführt, die sich in einer wachsenden Angst vor sozialem Abstieg und Statusverlust, drohender Arbeitslosigkeit sowie einer schwindenden Möglichkeit längerfristiger Lebensplanung und einer im Bedarfsfall unzureichenden sozialen Absicherung widerspiegelt (Böhnke 2006: 126; Schmid 2010: 8; Vogel 2011).[5]

---

[5] Zur aktuellen Debatte um die gesellschaftliche Mitte und der These einer schrumpfenden Mittelschicht siehe z.B. Vogel (2009), Burzan/ Berger (2010), Heinze (2011) oder Mau (2012).

In der kleineren, aber wachsenden *Zone der Verwundbarkeit* ist Beschäftigungssicherheit bereits nicht mehr gegeben. Mit wachsenden beruflichen Unsicherheiten geraten die sozialen Netze unter Spannung, werden rissig oder reduzieren ihre Reichweite und Unterstützungskapazität (Kronauer 2007: 369).[6] Wiederholte Befristungen von Arbeitsverhältnissen, Phasen der Arbeitslosigkeit und Zukunftsunsicherheit, also Prekarität, gehören zu den prägenden Erfahrungen. Dabei sind die Grenzen sowohl in Richtung der Zone der Integration und Verwundbarkeit als auch zur Zone der Entkopplung durchlässig, die Übergänge sind fließend und grundsätzlich in beide Richtungen möglich (Vobruba 2000: 107f.; Castel 2008: 14).

Die *Zone der Entkopplung bzw. Exklusion* stellt die kleinste, aber ebenfalls durch quantitatives Wachstum gekennzeichnete, Zone dar. Hier sind die Menschen dauerhaft exkludiert von Erwerbsarbeit oder finden unter schwierigen Arbeitsbedingungen lediglich noch sporadischen Zugang zum Erwerbssystem (Kronauer 2007: 370). Alternative Positionen zur Erwerbsarbeit, die gesellschaftliche Anerkennung finden, sind nicht vorhanden, die sozialen Beziehungen reduzieren sich immer mehr auf Menschen in ähnlicher sozialer Lage. Damit reduzieren sich auch jene Ressourcen, die zu einer Überwindung der Situation positiv beitragen könnten (Kronauer 2007: 370).

> „An die Stelle der Einbindung in wechselseitige Sozialbezüge, der aktiven Teilhabe am gesellschaftlichen Leben, tritt immer stärker die einseitige Abhängigkeit von fremder, mit sozialer Kontrolle und Sanktionen verbundener institutioneller Hilfe" (Kronauer 2007: 370).

Als *Prozess* betrachtet setzt Exklusion also im Innern der Gesellschaft ein (Castel 2008: 14) und kann für das Individuum – am Ende einer abgestuften „Spirale der Prekarität" (Paugam 1995) – in einer verfestigten *sozialen Lage* gesellschaftlichen Ausschlusses münden (Kronauer 2010: 48).

Bereits die berühmte Marienthal-Studie aus den 1930er Jahren von Jahoda et al. (1975) demonstrierte, dass Langzeitarbeitslosigkeit zu soziokultureller und gesellschaftlicher Isolation führen und eine „müde Gemeinschaft" hervorbringen kann. Stellen Arbeitslosigkeit, Armut oder Exklusion nicht lediglich eine biografische Phase im Lebenslauf dar, sondern kennzeichnen diese eine verfestigte soziale Lage, dann stellen sich die Betroffenen im lebenspraktischen Sinne auf den täglichen Umgang mit dieser Lebenslage ein und arrangieren sich mit der Situation zugleich im eigenen Handeln. Der gesellschaftliche Status wird gewissermaßen zur „lebensbestimmenden Realität" (Kronauer 2010: 68) und die alltägliche Lebenssituation stellt sich, ganz im Sinne Bourdieus (1993, 1999), als eine eigene Klassenlage habitualisierter Lebenspraxis dar, in dem die dauerhaften Wahrnehmungs-, Denk- und Handlungsmuster eines Menschen zum Ausdruck kommen. Der Habitus ist dabei maßgeblich durch die spezifische gesellschaftliche Position bestimmt, welche die einer sozialen Gruppe Angehörigen innerhalb einer Klassenstruktur einnehmen und jenen klassen- bzw. schichtspezifischen Routinen und Mustern entspricht, die aus historisch gewachsenen Herrschaftsverhältnissen resultieren und in einer mehr oder weniger modifizierten Form durch die Betroffenen reproduziert werden.

---

[6] Empirisch konnte Diewald (2003) diesen Zusammenhang zumindest für Männer nachweisen.

„Drinnen" und „Draußen": Exklusion im Wohlfahrtsstaat

Das komplementäre Begriffspaar Inklusion/ Exklusion scheint auf den ersten Blick – ähnlich seiner Verwendung in der Systemtheorie[7] – eine Dichotomie von „Drinnen" und „Draußen" zu implizieren, wobei das „Draußen" das Herausfallen aus sämtlichen gesellschaftlichen Bezügen zu suggerieren scheint. Aus soziologischer Perspektive kann es allerdings kein Außerhalb der Gesellschaft geben:

> "There is nothing social outside society; hence there is no exclusion from society in a strict sociological sense. One might be widely removed from the core of society with its standard living conditions, but one cannot step out or be thrown out. Thus sociology has to speak about processes of exclusion within society" (Vobruba 2003: 32).[8]

Aus gesellschaftstheoretischer Sichtweise sind Ausgrenzungsprozesse ausschließlich *innerhalb* der Gesellschaft möglich. Zwar ist auch in der heutigen Gesellschaft die soziale Lage bestimmter sozialer Gruppen, wie etwa der von internationalen Migranten mit Asylbewerberstatus, immer noch dadurch gekennzeichnet, dass sie ganz oder teilweise von bestimmten Rechten und institutionellen Ressourcen ausgeschlossen bleiben (Mohr 2007). Insgesamt spielt die Konstellation des absolut rechtlichen oder institutionellen Ausschlusses in modernen westlichen Gesellschaften, in denen bürgerliche, politische und soziale Staatsbürgerrechte institutionalisiert worden sind (vgl. Abschnitt 3.1), aber nur noch eine untergeordnete Rolle. Das Besondere heutiger Problemlagen besteht allerdings gerade darin, dass Menschen mehr denn je über Marktbeziehungen und Staatsbürgerrechte miteinander verbunden sind und gleichwohl bzw. gerade deshalb Ausgrenzung möglich ist (Kronauer 2008: 151). Daher erscheint es zweckmäßiger, von einer Konstellation zu sprechen, die Offe (1996: 273) als „interne Exklusion" bezeichnet, d.h. einen Ausschluss von gesellschaftlichen Teilhabemöglichkeiten bei gleichzeitig gegebener rechtlicher und institutioneller Inklusion.

Ein als dichotomisch verstandener Exklusionsbegriff ist gekennzeichnet durch eine eindeutige Trennung eines Innen und Außen. Mit diesem lässt sich die für heutige sozialstaatlich verfassten Gesellschaften charakteristische „soziale Konfiguration der Ausgrenzung trotz institutioneller Einschließung" (Kronauer 2010: 143) nicht erfassen. In Anlehnung an Simmel (1992) schlägt Kronauer (2010: 141ff.) daher vor, den Begriff sozialer Exklusion als ein Verhältnis der Gleichzeitigkeit von „Drinnen" und „Draußen" zu interpretieren.

---

[7] Aus Perspektive der Systemtheorie bezeichnet Exklusion den Ausschluss von Teilhabe an den wichtigsten Funktionssystemen einer funktional differenzierten Gesellschaft. Armut und Exklusion resultieren aus dieser Sichtweise nicht aus sozialstrukturell bedingten Ungleichheitsphänomenen, sondern stellen Phänomene eines Ausschlusses von relevanten gesellschaftlichen Teilsystemen dar. Mit dem Fokus auf funktionaler und nicht auf sozialer Differenzierung begründet die Systemtheorie eine prinzipiell eigene Theorierichtung. Die Perspektive der Teilsysteme lässt sich aber auch aus dem Blickwinkel der Theorien sozialer Ungleichheit erfassen, beschreiben und erklären (Barlösius 2001: 71f.), so dass die Systemtheorie als Analyserichtung im Rahmen der vorliegenden Arbeit nicht weiter verfolgt wird. Zum Inklusions- und Exklusionsbegriff in der Systemtheorie siehe Luhmann (1998, 2008), Nassehi (1997) oder Stichweh (1997). Zur Verknüpfung von Differenzierungs- und Ungleichheitsanalyse siehe den von Schwinn (2008) herausgegebenen Sammelband.

[8] Dieser Auffassung ist auch Castel (2005: 66): „Niemand, nicht einmal der ,sozial Ausgegrenzte', existiert (…) außerhalb der Gesellschaft".

Nach Simmel kann von Armut im sozialen Sinne erst dann gesprochen werden, wenn dem Bedürftigen geholfen wird, wenn also in Folge der individuellen Notlage eine soziale Unterstützungsbeziehung entsteht. Erst durch die gesellschaftliche Reaktion auf die Unterversorgung, d.h. durch die Erbringung von Unterstützungsleistungen, wird der Arme zu einem Teil des Ganzen, wenngleich dabei ein widersprüchliches Doppelverhältnis eines „simultanen Drinnen und Draußen" (Simmel 1992: 547) bestehen bleibt. Als Fürsorgeempfänger ist

> „der Arme zwar gewissermaßen außerhalb der Gruppe gestellt, aber dieses Außerhalb ist nur eine besondere Art der Wechselwirkung mit ihr, die ihn in Einheit mit dem Ganzen in dessen weitestem Sinne verwebt" (Simmel 1992: 523).

Demnach stellt Armut keine individuelle soziale Lage dar, sondern ein gesellschaftliches Verhältnis, in dem die Gesellschaft durch kontrollierende Fürsorge in Beziehung zu den Armen tritt. Obwohl der Arme weitestgehend von sozialer Teilhabe und Anerkennung ausgeschlossen bleibt, so ist er in seiner Beziehung zur Gesellschaft dennoch ein Teil von ihr.

Eine derartige Interpretation lässt sich auch auf die arbeitenden Armen übertragen. Obwohl diese zwar in den Arbeitsmarkt eingebunden sind, unterliegt diese Inklusion Bedingungen, die Armut hervorbringen kann oder aber ein Überwinden dieser sozialen Lage nicht zu gewährleisten vermag. Die arbeitenden Armen sind dann weiterhin von einer am gesellschaftlich anerkannten Lebensstandard orientierten Teilhabe ausgeschlossen. Und genauso verhält es sich für die Empfänger von staatlichen Transferleistungen, die zwar grundsätzlich von den Institutionen sozialer Sicherung aufgefangen werden. Die Substanz der institutionellen Sicherungsleistungen muss allerdings keineswegs so ausgestaltet sein, dass daraus eine Vermeidung von materieller Armut resultiert. Damit wird deutlich, dass derartige Konstellationen nur dann unter dem Begriff der Exklusion behandelt werden können, wenn das Exklusionskonzept explizit in seiner Form eines gleichzeitigen „Drinnen" und „Draußen" aufgefasst wird.

Exklusion und Klassengesellschaft

Von besonderem soziologischen Interesse ist die Frage nach den spezifischen Merkmalen der von Exklusion betroffenen Individuen und wann Arbeitslosigkeit und Armut nicht mehr an Klassenpositionen gebunden sind und zu einer eigenständigen sozialen Lage werden (Kronauer 2010: 67). Haben diesbezügliche soziale Ungleichheiten abgenommen oder konzentrieren sich die neuen Exklusionsrisiken auf jene sozialen Gruppen, die bereits sozial benachteiligt sind? Und welche Rolle spielen entsprechend vertikale Merkmale sozialer Klassen- und Schichtstruktur wie soziale Herkunft, Bildung und Beruf und wie maßgeblich sind horizontale Merkmale wie Alter, Nationalität, Familienstand, Geschlecht oder Region bzw. Wohnort? Hier konkurrieren unterschiedliche Thesen.

Der ersten, auf den Arbeiten von Beck (1986) und Giddens (1996) basierenden These zufolge sind heutige Gesellschaften nicht mehr als Klassen- sondern als „Risikogesellschaften" zu charakterisieren. Demnach brechen die neuen, durch den Globalisierungsprozess geprägten Unsicherheiten und Risiken mit der Klassenstruktur und haben einen egalisierenden Effekt, da alle Individuen in Unabhängigkeit von ihren sozialen und ökonomischen Ressourcen gleichermaßen betroffen sind. Gerade mit Blick auf die Beschäftigung oder den Schutz vor Arbeitslosigkeit soll die soziale Klasse an Bedeutung verlieren (Beck 1986). Entsprechend sollen Risiken wie Arbeitslosigkeit und Armut in der gegenwärtigen Gesellschaft, so die These, immer weniger bestimmte Gruppen dauerhaft betreffen, sich zunehmend auf die gesamte Gesellschaft ausbreiten und gleichzeitig einen eher temporären Charakter aufweisen (Beck/ Beck-Gernsheim 2002).

Andere Autoren widersprechen der Vorstellung von Exklusion als einer „transversalen Kategorie" (Bude 1998) und betonen die sozialstrukturell deutlich unterschiedlich verteilten Ausgrenzungsrisiken (Paugam 1998: 43f.; Kronauer/ Vogel 1998; Kronauer 2010). Der stärksten Gefahr dauerhafter Ausgrenzung unterliegen demnach zumeist diejenigen, die über die geringsten Bildungsressourcen verfügen (Kronauer 2010: 105). Entsprechend finden sich in der Zone der Entkopplung bzw. Exklusion und an deren Grenze zur Zone der Verwundung vor allem gering qualifizierte Angestellte sowie Arbeiter und deren Familienangehörige. Angehörige der Mittelklassen sind hingegen nur selten von Ausgrenzung betroffen (Kronauer 2010: 261).[9] Aus diesem Grund stellt Exklusion in hohem Ausmaß ein Klassenmerkmal dar, betrifft es doch in besonderem Maße die Angehörigen der unteren gesellschaftlichen Klassen (Kronauer/ Vogel 1998; Kronauer 2008: 149).

Die sozialen Ungleichheiten, die durch die Zonen der Zugehörigkeit und sozialen Teilhabe konstituiert werden, unterscheiden sich allerdings von den vertikalen sozialen Ungleichheiten entlang von Klasse und Schicht (Kronauer 2010: 259). Arbeiter können sich durchaus in der Zone der Integration bewegen z.B. als Stammbelegschaft von Unternehmen im produzierenden Gewerbe mit Tarifverträgen, während Akademiker auf Grund wiederkehrender Befristungen oder Praktika oftmals langfristig in der Zone der sozialen Verwundbarkeit verharren. Dennoch können sich letztere zumindest auf ihre Qualifikationsressourcen und vielmals auch ihr herkunftsbedingtes Selbstvertrauen stützen, wenn sie um den Einstieg in die Zone der Integration kämpfen. Derlei Ressourcen fehlen den Angehörigen der unteren Klassen weitestgehend und daher sind unter denjenigen, die am Rande der Exklusionszone in anhaltender Prekarität von Niedriglohn- und Leiharbeit verweilen, auch überwiegend Arbeiter und gering qualifizierte Angestellte vorzufinden (Kronauer 2010: 259).

Die Besonderheit des Exklusionsbegriffs ermöglicht einen veränderten Blick auf die Phänomene sozialer Ungleichheit und verleiht ihm eine Eigenberechtigung als analytischer Begriff (Callies 2008: 282). Die Exklusionsdebatte hebt allerdings keineswegs auf den Ersatz der Klassenanalyse ab (Herkommer 2008: 69). Auf Grund des wieder verstärkten Auseinandertretens von „Oben" und „Unten" und der gleichzeitig zunehmenden Spaltung der in Erwerbsarbeit (sicher) Inkludierten und davon Ausgeschlossenen lässt sich eine deutliche Verschränkung der beiden, für moderne kapitalistische Gesellschaften charakteristischen, Polarisierungstendenzen konstatieren (Herkommer 2008: 69). Dementsprechend verschiebt sich die Perspektive, in der sich soziale Ungleichheit heute darstellt:

> „Das vertikale, um Erwerbsarbeit und die von ihr abgeleiteten Statuspositionen zentrierte Klassen- und Schichtungsbild sozialer Ungleichheit wird überlagert – allerdings nicht außer Kraft gesetzt – von einer Polarisierung zwischen ‚Innen' und

---

[9] Dies belegen auch die neueren Arbeiten von Böhnke (2006) und Groh-Samberg (2009).

‚Außen'. Diese Polarisierung ist wiederum durch Abstufungen der Einbindung gekennzeichnet: Integration, Vulnerabilität, Exklusion" (Kronauer 2009: 376).

Die quer zur vertikalen Strukturanalyse verlaufende Betrachtung sozialer Ungleichheit
unter dem Blickwinkel von Inklusion und Exklusion ist aus zweierlei Gründen von
Bedeutung: Zum einen erstreckt sich die Phase der Ausweitung von Inklusion durch
Beschäftigungssicherheit und sozialstaatliche Leistungen auch auf die an- und ungelernte Arbeiterschaft. Aus der Zunahme von Unsicherheiten und Exklusionsrisiken
resultiert daher auch für diese Gruppe ein deutlich spürbarer Gezeitenwandel. Zum
anderen besteht in der „Gewährung sozialer Grundrechte" (Kaufmann 2003b: 100) die
Voraussetzung einer an individueller Teilhabe orientierten Sozialpolitik, welche eine
soziale Absicherung gegenüber den aus Marktabhängigkeit resultierenden Lebensver-
laufsrisiken (zumindest im Grundsatz) verfolgt.

2.2   Die Krise der Arbeitsgesellschaft und ihrer sozialstaatlichen Sicherung

Die „Karriere des Ausgrenzungsgedankens" (Kronauer 2010: 29) ist zurückzuführen
auf neue Erscheinungsformen sozialer Ungleichheit, die sich bereits Mitte der 1970er
Jahre anbahnten und sich zu Beginn der 1980er Jahre immer mehr verfestigten. Maßgeblich geprägt waren diese durch einen sowohl ökonomischen als auch sozialen
Wandel, der treffend durch den Übergang vom Fordismus[10] zum Post-Fordismus[11]
charakterisiert werden kann.

Die Veränderungen brachten eine „simultane Krise der Arbeitsgesellschaft wie ihrer sozialstaatlichen Absicherung" hervor (Ludwig-Mayerhofer 2009: 6). Die veränderte Funktionsweise der Arbeitsmärkte hat dazu geführt, dass sich die Grundlage für
das Entstehen, die Ausweitung und die regionale Verfestigung von sozialer Exklusion
gewandelt haben und die Gefahr der Marginalisierung und Ausgrenzung für bestimmte
Bevölkerungsgruppen nicht zuletzt aus diesem Grund deutlich zugenommen hat
(Vobruba 1999; Bieling 2000).

Auf Grund der außergewöhnlichen Pfadabhängigkeit der Grundsicherung für Arbeitsuchende und ihrer Einführung müssen diese beiden Rahmenbedingungen des sozialpolitischen Paradigmenwechsels einer näheren Betrachtung unterzogen werden.
Daher wird in Abschnitt 2.2.1 zunächst die Arbeitsmarktentwicklung im Nachkriegsdeutschland nachvollzogen, welche bereits zu Beginn der 1980er Jahre die soziologi-

---

[10] Unter dem Begriff des Fordismus wird das gesellschaftliche Entwicklungsmodell bezeichnet, welches ausgehend von den Fabrikanlagen Henry Fords in den 1920er Jahren zunächst in den USA und
nach dem Zweiten Weltkrieg in allen kapitalistischen Staaten zum bestimmenden Vergesellschaf-
tungstypus wurde (Aglietta 2000). Charakteristisch für den Fordismus war u.a., dass Ford in seinen
Automobilwerken nicht nur die industrielle Massenproduktion von Fahrzeugen begründete, sondern
auch für eine gesellschaftliche Reproduktionsform eintrat, die es den Arbeitern ermöglichen sollte, die
von ihnen produzierten Kraftfahrzeuge auch selbst kaufen zu können (Dangschat/ Diettrich 1999: 86).
[11] Seit Mitte der 1970er Jahre ist das Entwicklungsmodell des Fordismus einem Erosionsprozess unterworfen, ohne dass sich in Folge dieses Umbruchs ein neues, vergleichbar erfolgversprechendes Modell
etablieren konnte. Der Begriff des Post-Fordismus hebt daher nicht auf die Überwindung der fordistischen Krise ab, sondern nimmt Bezug auf die Herausbildung unterschiedlicher Übergangsformen und
deren noch unbekannte Entwicklung (Sauer 2005: 15).

sche Debatte um die „Krise der Arbeitsgesellschaft"[12] (Matthes 1983) anstieß. Im Anschluss (Abschnitt 2.2.2) soll das Ursachenbündel erläutert werden, welches dazu geführt hat, dass auch die Entwicklung des post-fordistischen Sozialstaats als „krisenhaft" angesehen wurde. Als Reaktion auf die neuen sozialpolitischen Herausforderungen wurde ein Umbau der sozialen Sicherungssysteme als unerlässlich betrachtet. Die weitreichenden Arbeitsmarktreformen, in deren Zentrum die für die vorliegende Arbeit relevante Einführung der Grundsicherung für Arbeitsuchende steht, sind Gegenstand von Abschnitt 2.2.3.

2.2.1 Umbrüche in der Erwerbsarbeit

Nach dem Zweiten Weltkrieg etablierte sich mit dem Fordismus eine spezifische Form von Modernisierung, die sozialen Wandel im Rahmen stabiler gesamtwirtschaftlicher Entwicklungen ermöglichte und für sämtliche Industrienationen kapitalistischer Prägung charakteristisch war:

> „die gesellschaftliche Durchsetzung eines Regimes der Massenproduktion, das eng verbunden ist mit auf Massenkonsum ausgerichteten Lebensweisen und entsprechenden institutionellen Arrangements, kulturellen Normen, Leitbildern und Formeln gesellschaftlicher Integration" (Läpple et al. 2010: 9f.).

Im fordistischen „Teilhabekapitalismus" (Busch/ Land 2012a) des Nachkriegsdeutschlands der 1950er und 1960er Jahre war die soziale Inklusion der breiten Bevölkerung weitestgehend durch Erwerbsarbeit gewährleistet. Formale Vollbeschäftigung und ständig steigende Löhne brachten eine regelrechte „Wohlstandsexplosion" (Geißler 2011: 69) hervor. Diese Entwicklung führte zu einer deutlichen Entschärfung sozialer Ungleichheitsstrukturen und der Annahme einer sich abzeichnenden „nivellierten Mittelschichtsgesellschaft" (Schelsky 1965: 337ff.).

Als standardisierte *und* normative Form der gesellschaftlichen Organisation von Erwerbsarbeit zu jener Zeit galt das (männliche) Normalarbeitsverhältnis (Mückenberger 1985; Bosch 2001; Mayer-Ahuja 2003): eine im Wesentlichen unbefristete und sozialversicherungspflichtige Vollzeitbeschäftigung mit tariflich genormter Entlohnung und geregelten Arbeitszeiten. In der Regel folgte das Normalarbeitsverhältnis (einer mit heutigen Maßstäben verglichenen kürzeren Dauer) der Ausbildung und mündete bei Erreichen des Rentenalters im Ruhestand (Kohli 1985; Blossfeld 1989). Mit fortschreitender Dauer der Betriebszugehörigkeit erlangten die Arbeitnehmer eine zunehmend feste Bindung an die Stammbelegschaft und einen stetigen Aufstieg in der Lohnhierarchie (Sengenberger 1987; Blossfeld/ Mayer 1988). Von Exklusion gefährdet waren vor allem ungelernte Arbeitskräfte auf dem sekundären Arbeitsmarkt, wobei das Risiko des Jobverlustes durch die sehr guten Chancen auf eine Wiederbeschäftigung deutlich abgefedert werden konnte (Blossfeld 1987).

Der Normalverdienst auch eines einfachen Arbeiters stellte den Lebensunterhalt des Erwerbstätigen sowie der Kernfamilie sicher, ohne dass ein regelmäßiger Hinzuverdienst der Ehefrau aus ökonomischer Hinsicht unbedingt erforderlich war (Ostner

---

[12] Der Begriff der „Arbeitsgesellschaft" rekurriert auf die für Industriegesellschaften grundlegende gesellschaftliche Normalität von Erwerbsarbeit als Mittel zur Sicherstellung gesellschaftlicher Teilhabe (Arendt 2011).

1995; Gottschall/ Schröder 2013: 161). Daher stellte die Hausfrauenehe in den 1950er und 1960er Jahren die dem Normalarbeitsverhältnis als Vergesellschaftungsform von Arbeit entsprechende Lebensform mit familialer Arbeitssteilung dar: der männlichen Rolle im Bereich von Lohnarbeit und Öffentlichkeit und der weiblichen Rolle im Feld der Haus- und Familienarbeit sowie Privatheit (Kaufmann 1997: 59). Wenngleich die Gesellschaft Westdeutschlands niemals in ihrer Gesamtheit diesem Typus von Arbeits- und Lebensweise entsprach, so handelte es sich aber um den allgemein gültigen Modus, durch den soziale Inklusion der Individuen und Haushalte weitestgehend sichergestellt werden konnte (Mayer-Ahuja et al. 2012: 18).

Abbildung 1:   Arbeitslose und Arbeitslosenquote, Deutschland 1970-2012[*)]

[*)] Arbeitslosenquoten bezogen auf abhängige zivile Erwerbspersonen; Jahresdurchschnitte; ab 1991 einschließlich neue Bundesländer.
Datenbasis: Statistik der Bundesagentur für Arbeit, Arbeitslosigkeit im Zeitverlauf, Datenstand Dezember 2013.

Das Ende des „Golden Age of Capitalism" (Marglin/ Schor 1990) und die Wiederkehr der Massenarbeitslosigkeit kündigten sich Mitte der 1970er Jahre an. Unter den Rahmenbedingungen einer zunehmend international verflochtenen Wettbewerbsökonomie und ausgelöst durch die Ölkrise 1973/ 74 führte die wirtschaftliche Entwicklung über schrumpfende Unternehmensgewinne, die dadurch verringerte Investitionsneigung und personalsparende Rationalisierungsschübe sowie über partielle Marktsättigungen zu massiven Wachstumseinbrüchen (Zapfel/ Promberger 2010: 20). Insbesondere der Strukturwandel von der Industrie- zur Dienstleistungsgesellschaft führte zu Beschäftigungsverlusten und einer deutlichen Zunahme von struktureller Arbeitslosigkeit (Häußermann/ Siebel 1995). Zudem stieg die Sockelarbeitslosigkeit seit Ende der 1970er Jahre von Wirtschaftszyklus zu Wirtschaftszyklus stetig an (Busch/ Land 2012a: 130). Als die damalige Bundesanstalt für Arbeit im Jahr 1983 erstmals mehr als zwei Millionen Erwerbslose registrierte (vgl. Abbildung 1), war das „Ende der Vollbeschäftigungsgesellschaft" (Vobruba 2007: 119ff.) besiegelt. Arbeitslosigkeit wurde wieder zu einer „gesellschaftlichen Normalerfahrung" (Bonß/ Heinze 1984: 9) und sie stellte sich zudem für eine kontinuierlich wachsende Zahl von Menschen als dauerhaft heraus. So stieg der Anteil der Langzeitarbeitslosen[13] an der Gesamtheit aller registrierten Arbeitslosen zwischen September 1975 und September 1985 von 7,0% auf 31,0% an (Strasser 1997: 18, Tabelle 1).

Abbildung 2:   Arbeitslosenquote, Deutschland sowie Ost- und Westdeutschland
1991-2012[*)]

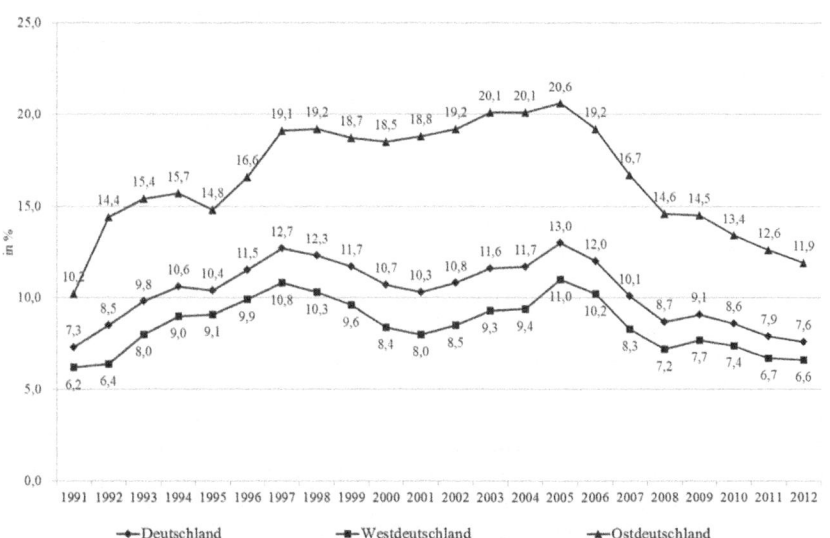

*) Arbeitslosenquoten bezogen auf abhängige zivile Erwerbspersonen; Jahresdurchschnitte.
Datenbasis: Statistik der Bundesagentur für Arbeit, Arbeitslosigkeit im Zeitverlauf, Datenstand Dezember 2013.

Neue Schübe erhielt die negative Beschäftigungsentwicklung zu Beginn der 1990er Jahre im Zuge der deutschen Wiedervereinigung. Während die alten Bundesländer zunächst eine kurzzeitige Sonderkonjunktur erfuhren (Busch/ Land 2012b: 178), kam es in den neuen Bundesländern in den Folgejahren auf Grund der Auflösung bestehender Beschäftigungsstrukturen und des massenhaften Betriebssterbens jedoch zu regelrechten „Deökonomisierungsprozessen" (Hannemann/ Läpple 2004: VIII). In diesem Zuge stieg die Arbeitslosigkeit auf ein für westliche Industrienationen bislang unbekanntes Niveau (Offe 1998: 369f.). Die Arbeitslosenquote bezogen auf abhängige zivile Erwerbspersonen wuchs in den neuen Bundesländern von 10,2% im Jahr 1991 kontinuierlich auf 20,6% im Jahr 2005 an und fällt auch mehr als 20 Jahre nach dem Mauerfall noch nahezu doppelt so hoch aus wie in den alten Bundesländern (vgl. Abbildung 2). Der bisherige Höchstwert der Arbeitslosenquote im wiedervereinigten Deutschland ist für das Jahr 2005 auszumachen (13,0%), wobei knapp ein Drittel

---

[13] Als Langzeitarbeitslosigkeit wird ein Zeitraum von mindestens einem Jahr betrachtet.

(32,3%) der registrierten Arbeitslosen im Juni des Jahres langzeitarbeitslos war (BA 2011b: 10).[14]
Seit 2006 ist in der gesamten Bundesrepublik ein deutlicher Rückgang der Arbeitslosigkeit zu konstatieren. Abbildung 1 zeigt, dass die Anzahl der Arbeitslosen seit 2006 – obgleich eines leichten Trendbruchs in Folge des Wirtschaftskrisenjahres 2008 – deutlich rückläufig ist. Die günstige Entwicklung des Arbeitsmarktes täuscht aber darüber hinweg, dass sich die Funktionsweise des Arbeitsmarktes im Post-Fordismus einem erheblichen Wandel unterzogen hat. Unter dem Druck anhaltender Beschäftigungskrisen und verringerter Absorptionsfähigkeit zeichneten sich bereits zu Beginn der 1990er Jahre tiefgreifende Veränderungen am Arbeitsmarkt ab. Insbesondere in Unternehmen entwickelte sich ein wachsender Bedarf an Beschäftigungsflexibilität (Erlinghagen 2005: 31; Buchholz/ Blossfeld 2009: 124), da dauerhafte Bindungen an den Betrieb auf Grund der wirtschaftlichen Entwicklung auf Seiten der Unternehmen an Attraktivität deutlich verloren. Diese versuchen daher, die Marktrisiken an die Arbeitnehmer weiterzugeben bzw. sie daran zu beteiligen (Buchholz/ Blossfeld 2009: 124).

> „In den Kernbereichen von Ökonomie und Arbeit kommt es zu einer forcierten Individualisierung von Arbeits- und Beschäftigungsbedingungen und damit auch der Chancen und Risiken" (Sauer 2005: 15).

Daher ist auch vom „Arbeitskraftunternehmer" (Pongratz/ Voß 2003) die Rede, der seine Marktfähigkeit ständig aufs Neue unter Beweis zu stellen hat. Die Anforderung der Flexibilität erstreckt sich vor allem auf wechselnde Arbeitgeber, Arbeitsinhalte und Arbeitsorte sowie auf schwankende Erwerbseinkommen (Kocka/ Offe 2000: 11; Kronauer/ Linne 2005). Selbst Arbeitslosigkeit gewinnt als betriebliche Flexibilisierungsstrategie an Bedeutung, denn in einem zunehmenden Ausmaß lassen sich Entlassungen und anschließende Wiedereinstellungen durch denselben Arbeitgeber zum Zwecke des Ausgleichs konjunktureller Talphasen konstatieren (Liebig/ Hense 2007).
Im Ergebnis hat dies zu einer wachsenden Zahl unsicherer Beschäftigungsverhältnisse und brüchiger Erwerbsverläufe geführt. Zwar prägt das Normalarbeitsverhältnis auch heute noch maßgeblich das Erwerbsverhalten, in quantitativer Hinsicht nimmt es aber bereits seit geraumer Zeit stetig ab (Hinrichs 1989; Mutz 1997; Fromm/ Bartelheimer 2012). Obwohl die Zahl der insgesamt Erwerbstätigen in Deutschland zwischen 1998 und 2008 von 32,7 Mio. auf 34,7 Mio. gestiegen und somit eine insgesamt positive Beschäftigungsentwicklung auszumachen ist, hat die Anzahl der in Normalarbeit Beschäftigten während dieses Zeitraums von 23,7 Mio. auf 22,9 Mio. abgenommen (Wingerter 2009: 1083). Der Anteil der Normalarbeitnehmer an den abhängig Beschäftigten ist während des entsprechenden Zeitraums von 81,8% auf 74,8% zurückgegangen (Fromm/ Bartelheimer 2012: 331, Tabelle 11.1).
Die Zunahme der Erwerbstätigen insgesamt resultiert dabei aus einem Zuwachs der sogenannten atypischen Beschäftigungsformen wie Teilzeitarbeit, geringfügiger Beschäftigung, zeitlich befristeter Arbeitsverhältnisse und Leiharbeit. Seit Mitte der 1990er Jahre haben diese nicht standardisierten Varianten der Beschäftigung – von einigen Schwankungen abgesehen – insgesamt stetig zugenommen (Keller/ Seifert 2007; Trinczek 2011: 609; Fromm/ Bartelheimer 2012: 331f.).

---

[14] Daten ohne Berücksichtigung der zugelassenen kommunalen Träger (BA 2011b:10).

Die Ausdifferenzierung der Erwerbsteilhabe zeigt, dass sich die Realität der Arbeitsgesellschaft immer mehr von dem Modell eines einfachen „Drinnen" und „Draußen" entfernt. (Mayer-Ahuja et al. 2012: 25). Zwar ist atypische Beschäftigung für die Betroffenen nicht zwangsläufig gleichzusetzen mit problematischen Arbeits- und Entlohnungsbedingungen. So hat sich vor allem durch die quantitativ angestiegenen Möglichkeiten zur Aufnahme einer sozialversicherungspflichtigen Teilzeitarbeit die Chance zur ökonomischen Unabhängigkeit vom Einkommen des Partners insbesondere für Frauen erheblich verbessert. Eine Notwendigkeit, die nicht zuletzt aus der ökonomischen Entwicklung im Nachkriegsdeutschland und den damit verbundenen asymmetrischen Risiken zu Lasten der Frauen nach der schwindenden Bedeutung der Haushaltsproduktion für die Sicherung des Lebensunterhalts resultierte (Lutz 1989; Ott 1991). Dennoch hat die (gerade durch die Unternehmen) durchaus aktiv betriebene Flexibilisierung der Beschäftigungsverhältnisse insgesamt einen erheblichen Einfluss auf die deutlich zugenommene Prekarisierung von Arbeit genommen (Mayer-Ahuja et al. 2012) und damit sowohl die Polarisierung der Beschäftigungsverhältnisse als auch das Entstehen neuer Unsicherheiten befördert (Hauser 1999; Altenhain et al. 2008; Castel/ Dörre 2009; Vogel 2009, Castel 2011). Prekarität beschränkt sich dabei immer weniger auf die Randlagen des Arbeitsmarktes. Heute betrifft diese

> „illegalisierte migrantische Putzfrauen, Sicherheitskräfte mit weniger als 4 Stundenlohn, die befristete Kassiererin bei Lidl, wie den gut ausgebildeten, ostdeutschen Leiharbeiter im Ruhrgebiet oder den (schein)selbständigen Fernfahrer. Aber sie betrifft eben auch die (zwangs)mobilen Kurzzeit-Projektarbeiter in der IT-Industrie, freie Journalistinnen, selbständige Kulturschaffende und Masseure, befristet beschäftigte Sozialarbeiterinnen und Wissenschaftler, die Bibliothekarin mit 1- -Job oder das Computer-Proletariat in den Call-Centern" (Candeias 2008: 122).

Auf die angeklungene Einkommensdimension prekärer Arbeitsverhältnisse rekurriert die Niedriglohnbeschäftigung. Nach Berechnungen von Kalina/ Weinkopf (2014) auf Basis des Sozio-oekonomischen Panels (SOEP) liegt die bundeseinheitliche Niedriglohnschwelle (von zwei Dritteln des Medianeinkommens pro Stunde) im Jahr 2012 bei 9,30 Euro. Bezogen auf die abhängig Beschäftigten beträgt der Anteil der Beschäftigten im Niedriglohnsegment 2012 insgesamt 24,3% (Westdeutschland 21,6%, Ostdeutschland 36,5%) und hat im Vergleich zu 1995 um 5,5 Prozentpunkte zugenommen (Kalina/ Weinkopf: 2014: 3, Abbildung 1).

Arbeitslosigkeit kann also immer weniger als Alleinstellungsmerkmal für Armut gelten. Bereits seit längerer Zeit garantiert selbst Vollzeiterwerbstätigkeit keinen Schutz mehr vor Einkommensarmut (Strengmann-Kuhn 2003; Andreß/ Seek 2007). Bereits 2004 stellte sich für 2,5% der Beschäftigten in Westdeutschland und für 8,5% der Beschäftigten in Ostdeutschland auch eine unbefristete Vollzeiterwerbstätigkeit als nicht existenzsichernd dar (Andreß/ Seek 2007: 488).

Insgesamt ist die Armutsgefährdungsquote[15], d.h. der Anteil der Bevölkerung, der von relativer Einkommensarmut betroffen oder zumindest bedroht ist, in den vergangenen Jahren deutlich angestiegen. Während sich die Quote in den 1990er Jahren noch

---

[15] Nach EU-Standard wird mit der Armutsgefährdungsquote das relative Einkommensarmutsrisiko gemessen an einer Armutsgefährdungsschwelle in Höhe von 60% des Medians der bedarfsgewichteten verfügbaren Haushaltseinkommen. Personen, die weniger als 60% des Medianeinkommens zur Verfügung haben, werden als armutsgefährdet bezeichnet (vgl. Abschnitt 5.3).

zwischen 10% und 12% bewegte, stieg sie bis Mitte der 2000er Jahre auf über 14% an und erreichte 2009 ihren bisherigen Höchststand von 15% (vgl. Grabka/ Goebel 2013: 20, Abbildung 9). Seitdem hat sich die Armutsgefährdungsquote der Bevölkerung – bei einem konstant deutlich höheren Niveau in Ost- als in Westdeutschland – etwa auf dieser Höhe eingependelt. Im Jahr 2011 beträgt die bundesweite Armutsgefährdungsquote etwa 14% (Grabka/ Goebel 2013: 23).[16]

2.2.2 Sozialstaat unter Druck

Die durch Wirtschaftswachstum, Vollbeschäftigung und steigende Löhne geprägte fordistische Blütezeit bereitete die finanzielle Basis für eine kontinuierliche Expansion des Sozialstaats (Alber 1989; Leisering 1999: 182ff.; Bäcker et al. 2010a, 2010b). Der an Zielen sozialer Gerechtigkeit und Chancengleichheit orientierte Ausbau der sozialen Leistungen spiegelte sich zum einen in einer expansiven Bildungspolitik wider, mit der zu Beginn der 1960er Jahre überkommene Privilegien überwunden und für weite Teile der Bevölkerung immer größere Spielräume sozialen Aufstiegs geschaffen wurden (Esping-Andersen 2004: 189; Kronauer 2010: 105). Zum anderen führten die staatliche Wohnungspolitik, die Rentenreform von 1957, in deren Umsetzung die versicherungsbasierten Renten zur Haupteinkommensquelle im Alter wurden (Leisering/ Marschallek 2010: 92), sowie die Einführung des Bundessozialhilfegesetzes (BSHG) im Jahr 1962 dazu, dass extreme materielle Notlagen deutlich reduziert werden konnten (Leibfried et al. 1995: 210ff.; Schmidt 2012: 38f.). Dadurch, dass sowohl die abhängig Beschäftigten als auch die Empfänger sozialstaatlicher Transferleistungen am wachsenden gesellschaftlichen Wohlstand partizipierten, setzte der „Wachstumsstaat" (Castel 2008: 325) in seiner Kombination aus Wirtschaftswachstum und Sozialstaatsausbau „neue historische Maßstäbe" (Kronauer 2010: 19) und trieb den Ausbau sozialer Rechte deutlich voran.

Dies betrifft sowohl den allgemein erreichbaren materiellen und sozialen Lebensstandard als auch die gesellschaftlichen Möglichkeiten, ihre Mitglieder vor den wirtschaftlichen Lebensrisiken zu schützen (Kronauer 2010: 19). Von der ursprünglichen Sicherung des Existenzminimums richtete sich der sozialpolitische Fokus immer mehr darauf, sowohl die Teilhabe am wirtschaftlichen Wachstum als auch die Sicherung des Lebensstandards bei Eintritt von Lebenslaufrisiken wie Phasen der Arbeitslosigkeit oder Krankheit sicherzustellen (Esping-Andersen 2004: 189).

Mit dem Einsetzen der fordistischen Krise musste auch der durch wirtschafts- und gesellschaftspolitischen Gestaltungswillen geprägte „sorgende Staat" (Swaan 1993) geradezu zwangsläufig in Bedrängnis geraten. Seit Mitte der 1970er Jahre ist das Wirtschaftswachstum in der Tendenz rückläufig (Busch/ Land 2012a: 113ff.). Vor der fordistischen Krise lag die Wachstumsrate des preisbereinigten Bruttoinlandsprodukts (BIP) zwischen 1950 und 1974 noch bei jahresdurchschnittlichen 5,8%, in der bis heute fortbestehenden Phase des Post-Fordismus (1975-2011) nur noch bei mittleren 1,8% (Schmidt 2012: 87). Mit dem abnehmenden Wirtschaftswachstum stieg die Zahl der registrierten Arbeitslosen rasant an. Betrug die durchschnittliche Arbeitslosenquote

---

[16] Berechnungen auf Basis des SOEP.

zwischen 1950-1974 noch 3,3%, so liegt der Mittelwert der Jahre 1975 bis 2011 bei erheblich höheren 8,8%.[17]

Aus der Kombination rückläufigen Wirtschaftswachstums und zugleich ansteigender (Langzeit-)Arbeitslosigkeit und Unterbeschäftigung resultierte eine doppelte Belastung für den Sozialstaat. Zum einen wurde ihm seine Einkommensgrundlage mehr und mehr entzogen und die finanziellen Gestaltungsmöglichkeiten dadurch erheblich beschnitten. Zum anderen steht den verminderten Einnahmen eine erhebliche Ausgabensteigerung durch die erhöhte Nachfrage von Leistungen der Arbeitslosenversicherung, der Mindestsicherung oder auch der Rentenversicherung in Folge von zunehmender Frühverrentung gegenüber (Schmidt 2012: 87).

Die veränderte Lage des Sozialstaats ist dadurch gekennzeichnet, dass die Bedingungen, unter denen die althergebrachten Problemlösungen gestaltet wurden, einen gravierenden Wandel erfahren haben. Im Ergebnis haben diese zu einem „Veralten des wohlfahrtsstaatlichen Arrangements" (Kaufmann 1997) geführt, und auf Grund ihres „außergewöhnlichen Ausmaß[es], (…) außergewöhnlichen Gewicht[es] und [ihrer] außergewöhnliche[n] Dichte" (Zacher 2001: 683) die „Krise" des Sozialstaats herbeigeführt (Alber 1989; Offe 1995; Leisering 1999; Butterwegge 2006; Kaufmann 2009: 287ff.; Ludwig-Mayerhofer 2009).

Neben den äußeren Entwicklungen, den in Abschnitt 2.2.1 bereits dargestellten massiven Umbrüchen in Erwerbsarbeit und Ökonomie, sind weitere Veränderungen der Bedingungen aufzuführen, zu denen der Sozialstaat in hohem Maße selbst beigetragen hat (Leisering 1992; Zacher 2001: 683; Kaufmann 2009: 149ff.). Letztlich haben diese auch dazu geführt, dass der Sozialstaat auf Grund defizitärer öffentlicher Haushalte unter einen zunehmenden Druck der Anpassung seiner Strukturen an zum Teil gänzlich neue Herausforderungen geraten ist. Das Ursachenbündel besteht zunächst aus dem demografischen Wandel, den Veränderungen der Familien- und Lebensformen und der wachsenden Bedeutung von internationaler Zuwanderung. Darüber hinaus kommt der Bewältigung der aus der Wiedervereinigung Deutschlands resultierenden Kostenprobleme eine besondere Rolle zu, und schließlich haben sich auch die Rahmenbedingungen sozialstaatlicher Politik im Zuge der Internationalisierung von Wirtschaftsprozessen, der Globalisierung der Finanzmärkte sowie der europäischen Integration nachhaltig verändert.

Demografischer Wandel und Veränderung der Familien- und Lebensformen

Seit 1972 schrumpft die bundesdeutsche Bevölkerung auf Grund von Sterbefallüberschüssen. Zwar konnten die Verluste zumindest bis 2003 noch durch Außenwanderungszugewinne kompensiert werden, seitdem nimmt die absolute Zahl der in Deutschland lebenden Personen allerdings deutlich ab (Destatis 2009; Destatis/ WZB 2013) – ein Trend, der sich in Zukunft noch weiter verstärken wird. Im Mai 2011 leben laut Statistischen Bundesamt (Destatis 2013a: 6) rund 80,2 Millionen Menschen in Deutschland, laut Bevölkerungsprojektion werden es im Jahr 2060 lediglich noch zwischen 65 Millionen (bei einer jährlichen Zuwanderung von 100.000 Personen, Untergrenze der „mittleren" Bevölkerung) und 70 Millionen (bei einer jährlichen Zuwande-

---

[17] Eigene Berechnung auf Datenbasis der Statistik der Bundesagentur für Arbeit, Arbeitslosigkeit im Zeitverlauf, Datenstand Juli 2012.

rung von 200.000 Personen, Obergrenze der „mittleren" Bevölkerung) sein (Destatis 2009).[18] Ausschlaggebend für den absoluten Bevölkerungsrückgang ist die seit Mitte der 1970er Jahre deutlich rückläufige Fertilitätsrate. Im Rahmen des „zweiten demografischen Übergangs" (Kaa 1987) zwischen 1965 und 1975 reduzierte sich die zusammengefasste Geburtenziffer in Westdeutschland von 2,5 auf 1,5 Kinder je Frau und verharrt seitdem etwa auf diesem Niveau. 2011 beträgt der bundesweite Wert 1,4 (Destatis 2013b: 630, Tabelle A.2) und ist damit konstant unterhalb der zur Bestanderhaltung der Bevölkerung notwendigen Zahl von 2,1 Kindern je Frau angesiedelt (Destatis 2009: 5).

Problematisch ist dabei nicht die Bevölkerungsabnahme per se, vielmehr sind es die damit verbunden Veränderungen in der Bevölkerungsstruktur, die zudem in höchstem Maße interdependent sind: Zu nennen sind die Veränderungen der Haushalts- und Familienstrukturen, Verschiebungen in der Altersstruktur und damit des Generationenverhältnisses sowie Veränderungen in der ethnischen Zusammensetzung der Bevölkerung. Die zunehmende Kinderlosigkeit wird im Zusammenspiel mit der daran geknüpften Alterung ohne eine beträchtliche Steigerung der internationalen Zuwanderung zu einer irreversiblen „Schrumpfung der Gesellschaft" führen (Kaufmann 2005).

Maßgeblich für die erheblichen demografischen Veränderungen sind der soziokulturelle Wandel privater Lebensformen und der Bedeutungsverlust des traditionellen Familienmodells (Strohmeier 1993). Dieses basierte auf der in Westdeutschland vorherrschenden Vorstellung einer für beide Geschlechter selbstverständlichen ehelichen Familiengründung und der interfamilialen Arbeitsteilung im Sinne des Modells des männlichen Familienernährers (engl. „male breadwinner model"), geprägt durch das männliche Normalarbeitsverhältnis, welches den männlichen Normalverdienst ermöglichte und zur Versorgung der Kernfamilie ausreichend war, sowie die unbezahlte Hauptzuständigkeit der Frauen für Haus- und Familienarbeiten (Kaufmann 1997: 60; Bäcker et al. 2010b: 252).

Mit der geschlechtsspezifischen Arbeitsteilung war eine doppelte Benachteiligung der Frauen verbunden. Da Frauen nicht im gleichen Ausmaß auf Arbeitsmärkten aktiv waren wie Männer und Sozialversicherungsleistungen maßgeblich an eine vorangegangene Erwerbstätigkeit geknüpft waren, waren Frauen hinsichtlich der Sozialversicherung benachteiligt, denn Haus- und Familienarbeit generierte keine eigenen Sicherungsansprüche. Soziale Rechtsansprüche aus Familienarbeit ergaben sich in der Regel lediglich indirekt, d.h. aus abgeleiteten Ansprüchen durch den monetären Unterhalt des Ehemanns oder durch dessen Versicherungsstatus. Direkte Ansprüche der Frauen gegenüber dem Sozialstaat reduzierten sich häufig auf den Bezug von Sozialhilfeleistungen. Dies charakterisierte, so die feministische Sozialstaatskritik, die private als auch öffentliche patriarchale Herrschaftsstruktur. Ein Entkommen aus dieser Lage der doppelten Abhängigkeit vom männlichen Ernährer und vom Sozialstaat erschien nur schwer möglich (Leitner 1997, 2004).

---

[18] Die Angaben des Statistischen Bundesamtes basieren auf der Schätzung eines höheren Bevölkerungsstandes von 82,0 Mio. zum Stichtag des 31. Dezember 2008 als Resultat der Bevölkerungsfortschreibung auf Basis der Volkszählung aus dem Jahr 1987 (Destatis 2009). Mit den Ergebnissen des Zensus 2011 wurde der Wert nach unten korrigiert (Destatis 2013a).

Im Zuge der Wohlstandssteigerung im Nachkriegsdeutschland und der sozialstaatlichen Bildungsexpansion der 1960er und 1970er Jahre vollzog sich eine weitreichende Entfaltung gerade der weiblichen Lebensentwürfe. Durch die Erweiterung biografischer Möglichkeiten gewann die Erwerbsorientierung gegenüber der Familien-
orientierung zusehends an Bedeutung und führte zu einer ständigen Steigerung der
Frauenerwerbstätigenquote[19], die 2011 bei 67,7% angesiedelt ist (BA 2012a: 22). Obwohl der stetige Zuwachs in hohem Maße aus der Ausweitung von Teilzeitarbeitsver-
hältnissen resultiert (Jurczyk/ Thiessen 2011: 334), wurden Frauen durch die prinzipielle Verfügbarkeit eigenen Erwerbseinkommens und durch Änderungen im Schei-
dungs- und Scheidungsfolgerecht von dem Zwang befreit, aus finanziellen und gesellschaftlichen Gründen an einer nicht mehr tragfähigen Beziehung festhalten zu müssen
(Bäcker et al. 2010b: 253).

Neben den skizzierten Veränderungen im generativen Verhalten bzw. den gesun-
kenen Geburtenzahlen hat eine rückläufige Heiratsneigung bei gleichzeitig angestiege-
ner Scheidungshäufigkeit dazu beigetragen, dass Ehe und Familie als Normallebens-
form der erwachsenen Bevölkerung einen fortschreitenden Bedeutungsverlust erfahren
haben. Zugenommen haben zum einen kinderlose Haushaltsformen, d.h. nicht eheliche
Lebensgemeinschaften, kinderlose Ehen und Alleinlebende, zum anderen hat die
Normalfamilie durch die wachsende Verbreitung von nichtehelichen Partnerschaften
mit Kindern und Alleinerziehenden quantitativ abgenommen (Meyer 1993; Strohmeier
1993; Strohmeier/ Schultz 2005; Peuckert 2012).[20]

Aus der „Diversifizierung und Individualisierung von Lebenslagen und Lebens-
wegen" (Beck 1983: 36) resultieren allerdings nicht nur neue biografische Optionen.
Mit der „zunehmenden Abhängigkeit aller Lebensbereiche vom Markt und damit vom
Erwerbseinkommen" (Kronauer 2010: 104) sind neue Risiken verbunden, die besonders dann augenscheinlich werden, wenn der Markt eine ausreichende Anzahl existenzsichernder Arbeitsplätze nicht mehr in hinreichender Anzahl zur Verfügung zu
stellen vermag.

Die Zunahme von prekären Beschäftigungsverhältnissen betrifft die traditionelle
Familie als „Mikro-Netz sozialer Sicherung" (Offe 1995: 32) gleichermaßen wie die
individualisierten Lebensformen: Zwar kann die Mehrheit der westdeutschen berufs-
fachlich qualifizierten männlichen Normalarbeitnehmer noch ein Nettoeinkommen
erzielen, das oberhalb der Armutsgrenze der jeweiligen Familienkonstellation angesiedelt ist, bereits ein mittlerer Lebensstandard ist aber lediglich noch über ein „Familieneinkommen", welches auf zwei Einkommen basiert, sicherzustellen (Berninger/ Dingeldey 2013). In Ostdeutschland stellt sowohl für Frauen als auch für Männer im

---

[19] Die Frauenerwerbstätigenquote wird als Anteil der erwerbstätigen Frauen an der weiblichen Bevölkerung im Alter von 15 bis unter 65 Jahren erfasst. Im Gegensatz zur Beschäftigtenquote umfasst die
Erwerbstätigenquote neben den sozialversicherungspflichtig Beschäftigten auch andere Erwerbstätige
wie z.B. Selbstständige und Minijobber und fällt daher höher aus als die Beschäftigtenquote (BA
2012a: 27).
[20] Die Normalfamilie entwickelte sich allerdings erst in den Jahren der fordistischen Blütezeit zu dem
dominierenden Familienmodell (Bertram 2000: 19). „Das heißt, wenn man als Ausgangspunkt der
Betrachtung nicht die heile Familienwelt der späten 1950er und frühen 1960er Jahre nimmt, sondern
die ersten Dekaden des 20. Jahrhunderts, dann erscheinen der Babyboom und die starke Bedeutung der
Normalfamilie nach dem Zweiten Weltkrieg eher als Ausnahmesituation und Pluralität von Lebensformen als historische Normalität" (Burkart 2008: 258).

Normalarbeitsverhältnis das Familieneinkommen die notwendige Voraussetzung zur Vermeidung von Einkommensarmut dar (Berninger/ Dingeldey 2013). Die gestiegene Instabilität von Familien hat zudem neue, von Armut und Exklusion bedrohte, Risikogruppen hervorgebracht. Insbesondere die (überwiegend weiblichen) Alleinerziehenden[21], deren Situation oftmals keine Vollzeiterwerbstätigkeit erlaubt, sind von einem besonders hohen Armutsrisiko betroffen.[22] Dennoch ist allen Haushaltskonstellationen mit (zumindest jüngeren) Kindern gemein, dass das Zusammenspiel aus Individualisierung und Arbeitsmarktentwicklung zu einer gestiegenen Problematik der Vereinbarung von Familie und Beruf geführt und damit neue sozialpolitische Herausforderungen hervorgebracht hat.

Abbildung 3:   Altersstrukturquotienten, Deutschland 1970-2060[*)]

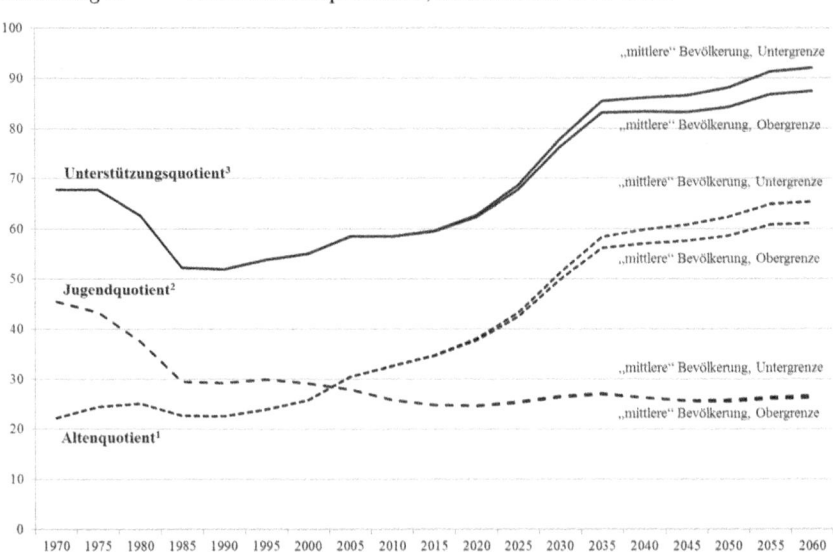

[*)] ab 1990 einschließlich Ostdeutschland.
[1)] Altenquotient: Bevölkerung im Alter ab 65 Jahren je 100 der Bevölkerung im Alter von 18 bis unter 65 Jahren.
[2)] Jugendquotient: Bevölkerung im Alter unter 18 Jahren je 100 der Bevölkerung im Alter von 18 bis unter 65 Jahren.
[3)] Unterstützungsquotient: Bevölkerung im Alter unter 18 Jahren und Bevölkerung im Alter ab 65 Jahren je 100 der Bevölkerung im Alter von 18 bis unter 65 Jahren.
Datenbasis: Statistisches Bundesamt, Fortschreibung des Bevölkerungsstandes, 12. koordinierte Bevölkerungsvorausberechnung, Datenstand März 2010; eigene Berechnung und Darstellung.

Der Geburtenrückgang, der sich nach 1965 zunächst in den alten Bundesländern und nach der Wiedervereinigung 1990 auch in den neuen Bundesländern vollzog, hat zu

---

[21] Rund 90% der knapp 1,6 Mio. Alleinerziehenden in Haushalten mit minderjährigen Kindern sind 2011 Frauen (BMAS 2013a: 10).
[22] Unter allen Haushaltstypen weisen Alleinerziehende die mit Abstand höchsten Armutsgefährdungsquoten auf. Knapp 50% der Alleinerziehenden-Haushalte mit zwei oder drei Kindern sind 2010 von Einkommensarmut bedroht. Unter den Alleinerziehenden-Haushalten mit einem Kind betrifft dies etwa ein Drittel (Grabka et al. 2012: 11).

einer erheblichen Verschiebung im Verhältnis der Generationen und den intergenerationalen Solidarpotenzialen beigetragen. Diesen Solidarbeziehungen droht in der Zukunft eine zunehmende Überlastung, aus dem ein steigender Bedarf an sozialen Dienst- und Unterstützungsleistungen erwachsen wird (Strohmeier/ Neu 2011: 149). Abbildung 3 verdeutlicht anhand des Jugend- und des Altenquotienten sowie des aus der Summe beider Quotienten gebildeten Unterstützungsquotienten, dass die altersstrukturellen Relationen im Zeitverlauf erhebliche Veränderungen erfahren haben und dass sich dieser Entwicklungstrend zukünftig nochmals verstärken wird. Der Altenquotient nimmt zu, d.h. dass die ältere (nicht mehr erwerbsfähige) Bevölkerung ab 65 Jahre im Verhältnis zur Bevölkerung im erwerbsfähigen Alter (18 bis unter 65 Jahre) stetig und schnell ansteigt. Der Jugendquotient, welcher die jüngere, in der Regel noch nicht erwerbsfähige Bevölkerung im Alter unter 18 Jahren im Verhältnis zur Bevölkerung im erwerbsfähigen Alter abbildet, nimmt dagegen mit der Zeit immer weiter ab. Der Unterstützungsquotient illustriert im Ergebnis einen demografischen Wandel, der durch eine insgesamt steigende Zahl abhängiger Bevölkerungsruppen bei einem gleichzeitig rückläufigen Anteil ökonomisch aktiver Bevölkerungsgruppen gekennzeichnet ist. Daraus resultiert ein Kostendruck, der die Finanzierungsmöglichkeiten der sozialen Sicherungssysteme in erheblichem Maße gefährdet (Bäcker et al. 2010a: 163; Strohmeier/ Neu 2011).

Internationale Migration

Prognosen hinsichtlich des demografischen Rückgangs der Erwerbsbevölkerung sowie Annahmen über einen künftigen Fachkräftebedarf haben auch in der Diskussion um internationale Zuwanderung, die lange Zeit durch Familiennachzug und Flüchtlingsaufnahme geprägt war, dazu geführt, dass sich der Fokus immer mehr in Richtung des Aspekts von Migration als Arbeitskräftepotenzial verschoben hat (Bartelheimer/ Pagels 2009: 469). Die volkswirtschaftliche Notwendigkeit von Zuwanderung ist dabei unstrittig: Nur unter der Voraussetzung massiver und kontinuierlicher internationaler Zuwanderung kann der beschleunigte Rückgang der Bevölkerung im erwerbsfähigen Alter gebremst werden, so dass das Verhältnis zwischen Rentnern und Erwerbstätigen nicht völlig aus dem Gleichgewicht geraten wird (Kaufmann 1997: 74; Strohmeier/ Neu 2011: 162; Bonin 2014).

Quantitative Zuwanderung allein ist allerdings nicht ausreichend. Von entscheidender Bedeutung für den Nutzen der Einwanderung hinsichtlich der zukünftigen Finanzierung sozialer Sicherungssysteme sind die Inklusion der Immigranten in den hiesigen Arbeitsmarkt und der dauerhafte Verbleib ihrer Kinder in Deutschland (Kaufmann 1997: 75). Nur erwerbstätige Immigranten stärken die schmaler werdende Basis der Beitragszahler und nur unter der Bedingung, dass es gelingt, deren Kinder zu akkulturieren, leisten diese einen Beitrag zur gesellschaftlichen Nachwuchssicherung. In der Regel handelt es sich bei Migranten um jüngere Menschen, und eben diese sind auf dem Arbeitsmarkt gefragt. Wenn Akkulturierung und Integration in den Arbeitsmarkt gelingen, sollte die Bilanz langfristig positiv ausfallen. Dies insbesondere dann, wenn die unter Zuwanderern oftmals höhere Neigung zur Familiengründung berück-

sichtigt wird (Kaufmann 1997: 75).[23] In jedem Fall wird sich *das Verteilungs-problem, auf das es in der Sozialpolitik entscheidend ankommt, ohne Zuwanderung nahezu unlösbar verschärfen*" (Kaufmann 1997: 76, H.i.O.).
Die vornehmliche Herausforderung für die (kommunale) Sozialpolitik liegt in der Aufgabe der Integration derer, die bereits heute in Deutschland leben (Strohmeier 2006: 8). Auswertungen auf Datengrundlage des Mikrozensus 2011 weisen für 19,5% der Bevölkerung einen Migrationshintergrund aus (Destatis 2012: 7). Hinsichtlich der Bildungsbeteiligung existieren deutliche Diskrepanzen zwischen der Bevölkerung mit und ohne Migrationshintergrund. So beträgt der Anteil der Personen ohne Migrations-hintergrund, der über keinen allgemeinen Schulabschluss verfügt, 1,8%. Der Anteil derer, die keinen berufsqualifizierenden Abschluss erzielen konnten, ist 2011 bei 15,9% angesiedelt. Bezogen auf die Bevölkerung mit Zuwanderungsgeschichte erge-ben sich deutlich höhere Werte: 14,1% der Bevölkerung mit Migrationshintergrund verfügen über keinen allgemeinen Schulabschluss und 40,6% konnten keinen berufs-qualifizierenden Abschluss erreichen (Destatis 2012: 8). Es verwundert daher nicht, dass Menschen mit Zuwanderungsgeschichte im Alter von 25 bis 65 Jahren 2011 zu-dem deutlich häufiger erwerbslos (9,3%) sind als die der entsprechenden Altersgruppe angehörigen Personen ohne Migrationshintergrund (4,9%) (Destatis 2012: 8).
Einkommens- und Bildungsarmut korrelieren in höchstem Maße. Die bessere Qualifikation der jungen Menschen mit Zuwanderungshintergrund und damit die Ver-besserung ihrer Integration zählt in Hinsicht auf die aktuelle und zukünftige demogra-fische Entwicklung sowohl zu den zentralen sozialpolitischen als auch gesellschaftli-chen Aufgaben und stellt eine unabdingbare Voraussetzung für die soziale Nach-wuchssicherung dar (Strohmeier 2006: 8).

Die deutsche Wiedervereinigung

Mit dem Ende der Deutschen Demokratischen Republik (DDR) erfolgte im Zuge der Transformation von der Plan- in die Marktwirtschaft auch die Integration der neuen Bundesländer in das institutionelle Gefüge der alten Bundesrepublik. Mit der 1990 in Kraft getretenen Wirtschafts-, Währungs- und Sozialunion sowie der staatsrechtlichen Einheit Deutschlands wurde nahezu das gesamte Sozialsystem Westdeutschlands auf die neuen Bundesländer angewandt (Schmidt 2012: 41).
Die weitläufige Annahme, dass die materiellen Lebensverhältnisse der ostdeut-schen Bevölkerung dem Westniveau angepasst, und die neuen Bundesländer einen raschen wirtschaftlichen Aufholprozess erfahren würden, entpuppte sich als Irrtum, so dass die Transformation mit erheblich höheren sozialen und finanziellen Kosten ver-bunden war, als dies in der Euphorie der Wiedervereinigung zunächst erwartet wurde.
Der Arbeitsmarkt und die ostdeutsche Wirtschaft gerieten in eine tiefe Krise (Rit-ter 2007: 117f.). Durch die schlagartige Entlassung von Arbeitskräften bildete sich die für die neuen Bundesländer charakteristische „Umbruchsarbeitslosigkeit" (Vogel 1999) heraus. Der Sozialstaat reagierte mit umfassenden Transferzahlungen und einem aufwendigen Einsatz arbeitsmarktpolitischer Maßnahmen. Zur Entlastung des Ar-beitsmarktes dienten neben zahlreichen Arbeitsbeschaffungsmaßnahmen (ABM) vor

---

[23] 2011 beträgt die zusammengefasste Geburtenziffer unter ausländischen Frauen 1,6 Kinder je Frau, unter deutschen Frauen liegt der entsprechende Wert bei 1,3 (Destatis 2013b: 35).

allem Kurzarbeits- und Vorruhestandsregelungen, ohne die die rasant ansteigenden Arbeitslosenquoten in den Jahren des Umbruchs noch beträchtlich höher ausgefallen wären (Offe 1998; Schmid 1998). Arbeitslosigkeit und Unterbeschäftigung führten zu einem Einbruch der Beitragseinnahmen. Zudem belastete die Finanzierung der ostdeutschen Renten die öffentlichen Haushalte. Die Kosten wurden über die Steigerung der Neuverschuldung und eine Solidaritätssteuer, vor allem aber über Beitragserhöhungen in den Sozialversicherungen, finanziert (Ritter 2007: 127ff.). Die deutsche Einheit und ihre sozialen Folgeprobleme verschärften damit langfristig die Finanzierungskrise des deutschen Sozialstaats und waren maßgeblich für die Erhöhung der Sozialleistungsquote[24] in den 1990er Jahren verantwortlich (Kaufmann 2003a: 173; Ritter 2007: 128), welche zwischen 1991 (25,9%) und 2003 (30,8%) um 4,9 Prozentpunkte anstieg (vgl. Abbildung 4).[25]

Abbildung 4:   Sozialleistungsquote, Deutschland 1970-2012[*)]

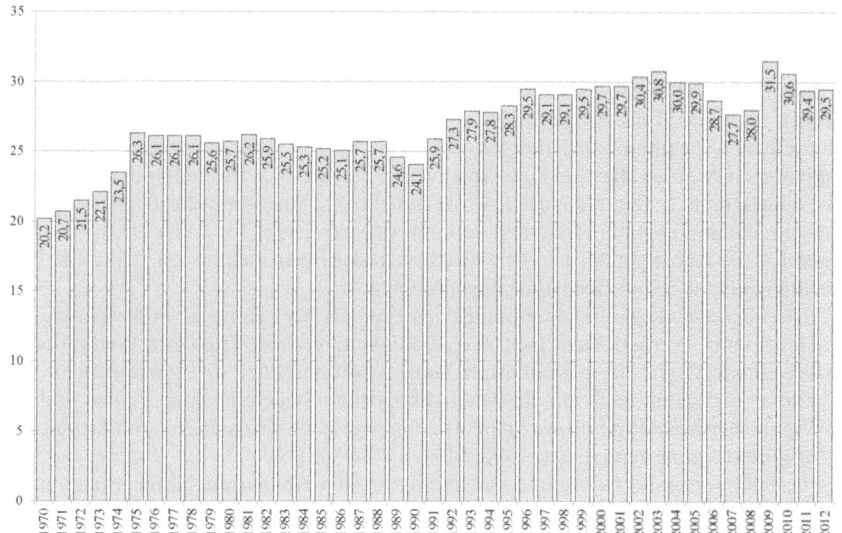

*) Ab 1991 einschließlich neue Bundesländer; ab 2009 einschließlich privater Krankenversicherung, vorläufiger Wert für 2012; Datenstand Mai 2014.
Quelle: BMAS 2014: 8, Tabelle I-1; eigene Darstellung.

[24] Die Sozialleistungsquote beziffert die Ausgaben mit sozialpolitischem Charakter (Sozialausgaben) in % des Bruttoinlandsprodukts (BIP) und liefert damit einen allgemeinen Hinweis auf die Höhe der Ausgaben eines Landes für sozialpolitische Zwecke im Verhältnis zu seinem ökonomischen Leistungsvermögen (Ullrich 2005: 90).
[25] Es ist darauf hinzuweisen, dass die vom BMAS (2014) ausgewiesene Sozialleistungsquote im Vergleich zu bisherigen Veröffentlichungen bis einschließlich 2013 eine veränderte Berechnungsgrundlage aufweist. Aus Gründen der internationalen Vergleichbarkeit enthält diese nicht mehr die steuerlichen Entlastungen. Da im betrachteten Zeitraum die Sozialausgaben gestiegen und gleichzeitig die steuerlichen Entlastungen gesunken sind, fällt der Anstieg nach früherer Abgrenzung flacher aus.

Insgesamt hat die bundesdeutsche Wiedervereinigung die auf Grund zunehmend defizitärer Haushaltslagen notwendig gewordenen Sozialstaatsreformen verzögert und die finanzielle Situation des Sozialstaats nochmals verschärft (Schmidt 2012: 41). Darin ist gewissermaßen der „Preis der deutschen Einheit" zu sehen (Ritter 2007).

Internationalisierung und Europäisierung

Bereits die Ölkrise von 1973/ 74 lieferte erste Anzeichen dafür, dass sich die zunehmende internationale Interdependenz nicht ausschließlich zum Vorteil der fortgeschrittenen westlichen Industrienationen entwickeln würde. Mit dem Eintreten der Modernisierung vorranging im Osten Asiens intensivierte sich mit der internationalen Arbeitsteilung gleichzeitig auch die internationale Konkurrenz (Kaufmann 2009: 293).

Wichtiger für die zunehmende Bedeutung eines internationalen Wettbewerbs waren die Stabilisierung internationaler Währungssysteme und die damit verbundene Globalisierung der Finanzmärkte, die zu einer immensen Mobilität des bislang an die Nationalstaaten gebundenen Kapitals führte und das Machtgefüge zwischen Arbeit und Kapital deutlich zu Gunsten des Kapitals verschob. Es wurde zusehends lohnenswerter, das Kapital liquide zu halten und damit auf den internationalen Finanzmärkten zu spekulieren, als diese Mittel zu investieren (Sassen 1994: 9). Während die Unternehmen zunehmend die Möglichkeit internationalen Handelns und nicht zuletzt auch ihrer eigenen Institutionalisierung zu weltweit tätigen multinationalen Konzernen wahrnahmen, wurden die Handlungsspielräume nationaler Wirtschafts- und Sozialpolitik eingeschränkt. Der Nationalstaat hat zunehmend die Kontrolle über die grenzüberschreitende Finanztransaktionen verloren (Rösner 1997: 13; Alber 2001: 65). Dagegen hat die Abhängigkeit von den Reaktionen der Finanzmärkte auf politische Entscheidungen immens an Bedeutung zugenommen.

Die überragende Zielsetzung politischen Handels liegt nunmehr in der permanenten Herstellung internationaler Konkurrenzfähigkeit, in deren Zuge sich Wettbewerbsstaaten entwickelten, die in Konkurrenz um Investitionen und die Standorte von Unternehmen und damit auch um die daran gekoppelten Steuereinnahmen traten und die die Wettbewerbsfähigkeit dieser Standorte durch gezielte Wirtschafts- und Sozialpolitik zu fördern versuchen (Hirsch 1995; Münch 2009: 53).

Dadurch, dass die Bewertung der internationalen Konkurrenzfähigkeit nationaler Volkswirtschaften den international tätigen Wirtschaftsunternehmen unterliegt, die neben Investitionsentscheidungen und vor allem ihre Finanztransaktionen von der Bonität nationaler Wirtschaftspolitik abhängig machen, sind heute auch keynesianische Regulationsformen, nach denen die Nationalstaaten in Krisenzeiten durch Aufnahme neuer Schulden eine expansive Ausgabenpolitik verfolgten um Wirtschaft und Arbeitsmarkt zu beleben, nicht mehr im nationalen Alleingang tragfähig (Kaufmann 2009: 294; Münch 2009: 52).

Eine weitere Beschränkung nationalstaatlicher Autonomie und Souveränität ist in der gewachsenen europäischen Integration (Rieger/ Leibfried 2001; Leibfried 2006; Kaufmann 2009: 294) und den damit verbundenen neuen Haushaltsbelastungen und Harmonisierungszwängen zu sehen (Offe 1995: 32). Wenngleich die nationalen Wohlfahrtsstaaten zwar die primären Institutionen für die Sozialpolitik geblieben sind (Boeckh et al. 2011: 381), so hat die Verwirklichung des EU-Binnenmarktes zu Einschränkungen der nationalen sozialpolitischen Ausgestaltungsmöglichkeiten geführt.

Der Abbau innereuropäischer Zollschranken und die Öffnung der Arbeitsmärkte erzeugte einen weiteren Kontrollverlust über den nationalen Arbeits- und Wirtschaftsmarkt und einen zusätzlichen Wettbewerb um qualifizierte Arbeitskräfte.

Aber auch in unmittelbarer Weise wurde die Souveränität der nationalstaatlichen Sozialpolitik durch den Europäisierungsprozess beschnitten: zum einen durch sozialpolitische Initiativen der Europäischen Union (EU) (z.B. Europäische Sozialcharta oder Sozialagenda im Rahmen der „Lissabon-Strategie") und zum anderen durch Entscheidungen des Europäischen Gerichtshofs. Dessen Rechtsprechung hatte u.a. zur Folge, dass die Mitgliedsstaaten ihre Sozialleistungen nicht mehr nur auf ihre Staatsbürger beschränken können. Bei EU-Ausländern steht den Mitgliedsstaaten, in dem diese ihren rechtlichen Wohnsitz haben, nicht mehr das Recht zu, darüber zu entscheiden, ob diese anspruchsberechtigt sind, da grundsätzlich sämtliche Leistungen allen EU-Bürgern zugestanden oder vorenthalten werden müssen. Ebenso kann ein Mitgliedsstaat nicht mehr erzwingen, dass die durch seine Sicherungssysteme gewährten Leistungen wie beispielsweise ärztliche Behandlungen ausschließlich auf seinem Territorium in Anspruch genommen oder erbracht werden müssen (Leibfried 2006: 527f.).

2.2.3 Arbeitsmarktreformen

Als Reaktion auf die massiven Strukturprobleme der kapitalistisch geprägten Wohlfahrtsstaaten entstanden Ende der 1970er Jahre neue wohlfahrtsstaatliche Leitbilder, wobei vor allem neoliberale Konzepte an Bedeutung gewannen und als Vorbild für die Kürzungen sozialstaatlicher Leistungen dienten, wie sie u.a. in Großbritannien von der Regierung Thatcher während der 1980er Jahre vollzogen wurden. Die daraus resultierenden negativen sozialen Folgen in Form zunehmender Unterbeschäftigung und Armut ließen die gesellschaftliche Akzeptanz gegenüber einer solchen politischen Ausrichtung allerdings schnell schwinden (Dingeldey 2011: 33).

Angesichts der neu entstehenden gesellschaftspolitischen Herausforderungen verwies der britische Soziologe Anthony Giddens (1997) zunächst auf die Unzulänglichkeit der althergebrachten Lösungsmuster und skizzierte kurze Zeit später einen sogenannten „Dritten Weg" jenseits des alten, staatszentrierten und keynesianisch orientierten, versorgenden Staates traditioneller sozialdemokratischer Prägung und des neoliberalen, d.h. marktorientierten und sich auf seine Kernaufgaben beschränkenden Minimalstaates (Giddens 1999).

Zentral für den Dritten Weg ist das neue wohlfahrtsstaatliches Leitbild eines „Sozialinvestitionsstaates" (Giddens 1999), welcher die aus Globalisierung, Individualisierung und veränderten Lebensformen resultierenden Veränderungen in produktiver Weise aufnehmen und im Sinne einer marktorientierten Umgestaltung der wohlfahrtsstaatlichen Instrumente zu einer verbesserten Vereinbarkeit von Ökonomie und Sozialstaat führen sollte.

Der Grundsatz wohlfahrtsstaatlicher Verantwortung für den sozialen Zusammenhalt wurde auch unter den veränderten Bedingungen nicht in Frage gestellt. Allerdings wurden sowohl die Umstrukturierung der Leistungsumfänge als auch deren Finanzierung als zwingend erforderlich erachtet. Gefordert wurde eine „neue Wohlfahrtsarchitektur" (Epsing-Andersen 2004: 192), die einen deutlichen Bruch mit der „alten" Sozialpolitik herbeiführen sollte:

„Anstatt Märkte zu Wohlfahrtszwecken zähmen, regulieren oder einschränken zu wollen, geht es darum, die Bürger in die Lage zu versetzen, ihre Wohlfahrtsbedarfe marktförmig zu befriedigen. Im Kern handelt es sich um eine angebotsorientierte Politik mit dem Ziel, die Bürger mit den Voraussetzungen individuellen Erfolgs auszustatten – daher die Betonung von Qualifizierung und lebenslangem Lernen. Die Grundannahme lautet, dass marktbedingte Risiken und Ungleichheiten überwunden werden können, wenn politisch faire Wettbewerbsbedingungen hergestellt werden" (Esping-Andersen 2004: 192).

Die nun stärker „angebotsorientierte Sozialpolitik" (Dahme/ Wohlfahrt 2003) sollte sich zum einen positiv auf die sich zunehmend am globalisierten Wettbewerb ausrichtende Ökonomie auswirken. Zum anderen sollte der Sozialstaat durch eine präventive und kompensatorische Sozial-, Familien- und Bildungspolitik für eine gesteigerte (Wieder-)Beteiligung am Erwerbsleben sorgen (Wohlfahrt/ Zühlke 2005: 127).

Als zentrale „Regulationslogiken" (Lessenich 2004) moderner Wohlfahrtsstaatlichkeit sollten Sozialinvestition und Eigenverantwortung fungieren. Der Wohlfahrtsstaat investiert in die Beschäftigungsfähigkeit[26] (engl. „employability") seiner Bürger. Sozialtransfers werden zu Sozialinvestitionen, die die Wiederkehr in den Arbeitsmarkt effektiv fördern sollen. Das Konzept der Beschäftigungsfähigkeit stellt eine Arbeitsmarktstrategie dar, bei der es um die Bereitschaft zur Abkehr vom Normalarbeitsverhältnis, mehr Flexibilität und lebenslanges Lernen geht. Lernen wird dabei als kontinuierlicher Prozess verstanden, wobei die Verantwortlichkeit bei den Individuen, Unternehmen und Staat gleichermaßen zu sehen ist. Daraus resultiert eine marktgängige und flexible Orientierung. Individuen müssen ihre „Qualifikationsversatzstücke" (Schmid 2007: 278) am Markt eigenverantwortlich organisieren und für das Erreichen eines Qualifikationsniveaus sorgen, welches der Nachfrage auf dem Arbeitsmarkt entspricht (Schmid 2007: 278).

In Deutschland wurde der wohlfahrtsstaatliche Paradigmenwechsel seit den 1990er Jahren unter dem Begriff des „aktivierenden Staats" debattiert (Bandemer et al. 1995; Mezger/ West 2000; Bandemer/ Hilbert 2005). Im Unterschied zu Großbritannien standen in Deutschland allerdings zunächst die Verwaltungsmodernisierung und das sogenannte „Neue Steuerungsmodell" mit neuen Formen der Organisation und Entscheidungsfindung in öffentlichen Verwaltungen im Vordergrund. Diese sollten zu mehr Markt in der sozialpolitischen Infrastruktur führen und eine interne Umstrukturierung der öffentlichen Verwaltungen nach stärker betriebswirtschaftlich orientierten Kriterien gewährleisten (Evers 2000: 16; Blanke et al. 2005).

Der Umbau zum aktivierenden Sozialstaat fand erst Ende der 1990er Jahre größere Beachtung, nicht zuletzt auf Grund direkter Stellungnahmen aus der Politik, die auf die anstehenden Reformerfordernisse abhoben. Besondere Aufmerksamkeit erhielt das gemeinsame Papier des damaligen Bundeskanzlers Gerhard Schröder und des britischen Premierministers jener Zeit, Tony Blair. „Der Weg nach vorne für Europas

---

[26] „Als politisches Konzept zielt (...) ‚Beschäftigungsfähigkeit' bzw. ihre Förderung im Sinne einer angebotsorientierten Politik auf die Anpassung an die nachfrageseitigen Anforderungen als Bedingung von Strukturwandel mit positivem Beschäftigungseffekt. Statt der ‚Sicherung von Beschäftigung', ist die ‚Sicherung von Beschäftigungsfähigkeit' als Voraussetzung und Ergebnis wirtschaftlichen und sozialen Wandels das Ziel. Ungewiss bleibt die Einlösung der ‚Fähigkeit' in tatsächliche, möglichst ungeförderte Beschäftigung. Dabei geht es aber nicht um eine Beschäftigung ‚um jeden Preis', sondern um qualitativ nachhaltige, der geförderten Qualifikation entsprechende Beschäftigung" (Deeke/ Kruppe 2003: 8).

Sozialdemokraten" (Schröder/ Blair 1999), so propagierten die Autoren, sollte über den Dritten Weg bzw. im Fall Deutschlands über Schröders Politik der „Neuen Mitte" führen. Entsprechend wurde gefordert, dass die Politik zwischen einem neoliberalen Ansatz einerseits und staatlicher Intervention und Überregulierung andererseits eine neue Balance herstellen und zugleich eine neue soziale Gerechtigkeit hervorbringen sollte, bei der die Pflichten des Einzelnen ebenso wie die Werte „persönliche Leistung, Unternehmergeist, Eigenverantwortung und Gemeinsinn" wieder mehr im Vordergrund stehen sollten (Schröder/ Blair 1999: 888). Der aktivierende Staat sollte „nicht rudern, sondern steuern, weniger kontrollieren als herausfordern" (Schröder/ Blair 1999: 890).

Während das neue wohlfahrtsstaatliche Leitbild in der britischen Arbeitsmarktpolitik bereits 1996 (noch unter der konservativen Regierung) in Form einer weitreichenden Reform der Arbeitslosenunterstützung sichtbar wurde[27] und im Anschluss unter Blair und New Labour durch weitere aktivierende Maßnahmen noch erweitert wurde (Mohr 2007; Schommer 2008: 87), zeigte sich die deutsche Politik zunächst zögerlich. Obwohl in der Sozialhilfepolitik bereits Mitte der 1990er Jahre aktivierende Elemente eine stärkere Berücksichtigung fanden (Buhr 1995b; Spindler 2003: 229), wurde die sozialpolitische Neuausrichtung in der Arbeitsmarktpolitik erst durch die richtungsweisende Entscheidung konkretisiert, das seit 1969 bestehende Arbeitsförderungsgesetz (AFG) in das 1998 in Kraft getretene Sozialgesetzbuch III (SGB III) zu integrieren. Mit der Einführung des Job-AQTIV-Gesetzes[28] folgte 2002 eine Reform der arbeitsmarktpolitischen Instrumente (Bartelheimer 2005: 119; Oschmiansky et al. 2007: 291f.). Mit deren Umsetzung wurden die Zielgrößen der auf eine Feinsteuerung des Arbeitsmarktes ausgerichteten aktiven Arbeitsmarktpolitik des AFG – einer gesamtwirtschaftlichen Beschäftigungspolitik zur Erhaltung eines hohen Beschäftigungsstandes und Vermeidung unterwertiger Beschäftigung mit verschiedenen Instrumenten (im Wesentlichen der Aus- und Weiterbildung sowie Arbeitsbeschaffung) und die Vermeidung bzw. Behebung eines qualifikatorischen Missverhältnisses der auf dem Arbeitsmarkt angebotenen und nachgefragten Qualifikationen – weitestgehend aufgegeben (Dingeldey/ Gottschall 2001: 31; Bäcker et al. 2011: 7f.).

Im Fokus neuer Arbeitsförderung steht seitdem vor allem der Abbau des Arbeitslosenbestands durch einen schnelleren Ausgleich zwischen Angebot und Nachfrage (Bartelheimer 2005: 119). Das mit dem SGB III formulierte zentrale Ziel der „Beschäftigungsfähigkeit" wird dabei zunehmend als ein persönliches Defizit interpretiert, dem durch Anpassung an die Gegebenheiten des Beschäftigungssystems zu begegnen ist. Die Bearbeitung der Arbeitslosigkeit verschiebt sich somit auf die Mikroebene des individuellen Verhaltens und folgt der Logik einer „Individualisierung des gesamtwirtschaftlichen Beschäftigungsproblems" (Bartelheimer 2005: 119).

Der Schlüssel zur Bekämpfung der Arbeitslosigkeit liegt dementsprechend nicht mehr in der Bearbeitung eines strukturellen Problems, sondern in der Behandlung individuellen Verhaltens (Dörre 2010: 295). „Aktivierung" wird so zu einem „System der systematischen Integration" (Land/ Willisch 2006: 88), welches die persönlichen

---

[27] Wesentlich für die Reformen ist die Zusammenlegung des Arbeitslosengeldes und der Sozialhilfe für Arbeitslose im Job Seekers Allowance (JSA), deren Vorbild auch die späteren Hartz-Reformen in Deutschland folgen sollten (vgl. zusammenfassend Schommer 2008: 87ff.).
[28] „AQTIV" fungiert als Abkürzung für „Aktivieren, Qualifizieren, Trainieren, Investieren, Vermitteln" (Kull/ Riedmüller 2007: 90, Fn. 1).

Vermittlungshemmnisse der Betroffenen „bearbeitet". Mittels eines Bündels verschiedener Maßnahmen und eines individuellen Fallmanagements sollte die Beschäftigungsfähigkeit der potenziell Erwerbstätigen gesichert oder (wieder-)hergestellt werden. Zur Vermeidung der Benachteiligung sozial schwächerer Gruppen sollte die Ungleichverteilung von Ressourcen und Bewältigungskompetenzen berücksichtigt und im Bedarfsfall durch gezielte Maßnahmen korrigiert werden (Olk 2000: 121).

Mit der Einführung der „Vier Gesetze für moderne Dienstleistungen am Arbeitsmarkt" (Hartz I-IV) war eine Neujustierung der Sozial- und Arbeitsmarktpolitik verbunden. Die Gesetze basieren auf den Ergebnissen der von Bundeskanzler Gerhard Schröder im Februar 2002 ins Leben gerufenen Kommission unter Leitung des damaligen Volkswagen-Vorstandsmitglieds Peter Hartz. Deren Abschlussbericht (Hartz et al. 2002) wurde am 16. August 2002 veröffentlicht und die weitgehende Umsetzung der Reformvorschläge bereits wenige Tage nach Vorlage durch die damalige Bundesregierung beschlossen. Die schrittweise Umsetzung erfolgte in den Jahren 2003 bis 2005.

Mit Hartz I und II wurde zunächst eine Neuausrichtung der Instrumente aktiver Arbeitsmarktpolitik unter Berücksichtigung von Leitzielen der *„Stärkung von Prävention, Einfordern von mehr Eigenverantwortung* und *Schaffung von mehr Flexibilität"* (BMAS 2006: I, H.i.O.) vorgenommen. Zudem wurden die Rahmenbedingungen für die Zeitarbeitsbranche flexibler und die Regelung der Beschäftigungsarten geringfügiger Beschäftigung im Niedriglohnbereich bis 800 Euro, den sogenannten Mini- und Midijobs, neu gefasst. Diese zielten vornehmlich auf die Förderung legaler Beschäftigung im Bereich haushaltsnaher Dienstleistungen in Privathaushalten ab. Mit der Einführung des Existenzgründungszuschusses (Ich-AG) wurde die Existenzgründungsförderung zur Überwindung von Arbeitslosigkeit neu geregelt. Beide Gesetze traten zum 1. Januar 2003 in Kraft (BMAS 2006: I). Mit dem dritten Gesetz für moderne Dienstleistungen am Arbeitsmarkt mit Wirkung zum 1. Januar 2004 sollte die Neustrukturierung und der Umbau der ehemaligen Bundesanstalt für Arbeit zu einem modernen, kundenorientierten Dienstleister, der Bundesagentur für Arbeit (BA) erfolgen (BMAS 2006: I).

Das „Kernstück des Paradigmenwechsels zum aktivierenden Staat" (Hanesch 2012: 30) und den zugleich markantesten „Bruch mit dem alten traditionellen deutschen Sozialstaat" (Schmid 2007: 271) stellt die zum 1. Januar 2005 in Kraft getretene, im Sozialgesetzbuch II (SGB II) geregelte Grundsicherung für Arbeitsuchende dar. Mit dem SGB II sollte der Übergang vom versorgenden zum aktivierenden Sozialstaat vollzogen werden. Die vormals dominante Programmatik der Versorgung und Befähigung zu einem eigenständigen und selbstbestimmten Leben wich dem Ansatz einer möglich effektiven Reintegration in den Arbeitsmarkt. Vollzogen werden sollte die „Abkehr vom alimentierenden zum aktivierenden Wohlfahrtsstaat" (Promberger 2010a: 90). Durch die Einführung der SGB II-Grundsicherung sollte eine Flexibilisierung des starren Arbeitsmarktes herbeigeführt werden und in diesem Zuge sollten die Adressaten von Sozialpolitik nunmehr nicht nur gefördert, sondern auch vermehrt gefordert werden. Als zentrale Begründung für die Einführung der im SGB II konkretisierten Philosophie des aktivierenden Sozialstaats diente die Hypothese einer Arbeitslosigkeits- bzw. Armutsfalle[29] (Hanesch 2012: 30). Immer wieder wurde argumentiert, dass von den vermeintlich generösen Sozialleistungen ein negativer Arbeitsanreiz ausginge (Sinn et al. 2002; SVR 2002). Eine bedingungslose Gewährung sozialer Rechte sollte fortan abgelehnt und gleichzeitig der „Fehlinterpretation" vorgebeugt werden, nach der wohlfahrtsstaatliche Umverteilung mit sozialer Gerechtigkeit gleichgesetzt wird (Schröder/ Blair 1999). Ganz im Sinne des zentralen Grundsatzes des Dritten Weges, nach welchem es „keine Rechte ohne Verpflichtungen" geben sollte (Giddens 1999: 81), zielte die veränderte sozialpolitische Regulierung von Arbeitslosigkeit und Armut im Wesentlichen darauf ab, die Ansprüche auf sozialstaatliche Leistungen verstärkt an die Bereitschaft zur Erfüllung von Pflichten auf Seiten der potenziell Leistungsberechtigten zu koppeln und diese nunmehr an die Erwartungshaltung zu knüpfen, dass sich die Erwerbslosen aktiv um eine neue Erwerbstätigkeit bemühen (Lessenich 2008; Brütt 2011; Trinczek 2011: 608). „[U]nter der Maxime ‚Fördern und Fordern' [sollten] die Rechte und Pflichten gesellschaftlicher Akteure in eine neue Balance" gebracht (Heinze/ Strünck 2001: 164) und „eine ‚neue' Verantwortungspartnerschaft zwischen Staat und Gesellschaft" hergestellt werden (Mezger/ West 2000: 8).

Die Aufgabe des Staates besteht nach Giddens (1999: 81) vornehmlich darin, die Motivation zur Arbeitsplatzsuche nicht auf Grund einer zu üppigen Ausgestaltung der Systeme sozialer Sicherung zu beeinträchtigen. Die Individuen sollen zwar mittels sozialer Befähigung durch den Wohlfahrtsstaat Unterstützung finden, betont wird allerdings deren Eigenverantwortung. Die Förderung von Beschäftigungsfähigkeit als zentrales Ziel aktivierender Arbeitsmarktpolitik sollte mittelfristig auf eine „Universalisierung von Arbeitsmarktteilhabe" hinwirken (Dingeldey 2008: 316).

---

[29] Das Armutsfallentheorem verbindet zwei Aspekte: Zum einen nimmt es Bezug auf die spezifischen sozialpolitischen Rahmenbedingungen, zum anderen hebt es auf die individuelle Entscheidung zwischen Arbeitsmarktteilhabe und Sozialleistungsbezug ab. Konkret bedeutet dies, dass sich der Leistungsberechtige unter der Bedingung, dass das durch die Aufnahme von Arbeit erzielbare Einkommen nicht oder nur wenig oberhalb des Sozialleistungsniveaus angesiedelt ist, für den langfristigen Verbleib im Leistungsbezug entscheiden wird. Dies ist auch dann der Fall, wenn durch eine ergänzende Arbeitsaufnahme die Sozialleistungen um den nahezu gleichen Betrag gekürzt werden, der auf dem Arbeitsmarkt erzielt wird. Im Ergebnis bringen sich die Betroffenen durch die Entscheidung zur Nichtaufnahme von Arbeit um die Chance längerfristigen materiellen Aufstiegs (Vobruba 2000: 87ff., 2001; Gebauer 2007: 27).

3 Bedeutung und Wesen wohlfahrtsstaatlicher Vergesellschaftung

Gemeinhin besteht die gesellschaftliche Erwartungshaltung gegenüber Sozialpolitik darin, dass diese Verteilungseffekte herbeiführt, „die die Marktwirtschaft, bliebe sie sich denn sich selbst überlassen, nicht ohnedies erzeugt hätte" (Rieger/ Leibfried 2001: 60). Folgt man Franz-Xaver Kaufmann, dann hat Sozialpolitik zur Aufgabe, durch staatliche Intervention

> „gesellschaftliche Verhältnisse herzustellen oder zu gewährleisten, in denen der individuelle und gemeine Nutzen nicht auseinandertreten, sondern im Sinne synergetischer Effekte einander verstärken" (Kaufmann 2009: 264).

Soziale Verhältnisse im Sinne neuerer Wohlfahrtsstaatsforschung nehmen Bezug auf die „‚Lebenslage' von Personen oder Personenmehrheiten" (Kaufmann 2009: 76) bzw. die

> „Lebensverhältnisse natürlicher Personen in der Perspektive ihrer Teilhabe an den unter bestimmten historischen Bedingungen gegebenen gesellschaftlichen Möglichkeiten, und zwar unter dem Gesichtspunkt ihrer Vergleichbarkeit" (Kaufmann 2009: 78).

Dieser Sichtweise entsprechend zielt Sozialpolitik prinzipiell auf die Herstellung bzw. Gewährleistung tendenziell egalitärer Teilhabemöglichkeiten von Individuen ab, die bestimmten – sozialpolitisch definierten – sozialen Gruppen angehören, z.B. Familien oder den Leistungsberechtigten nach SGB II.

Aus soziologischer Perspektive ist allerdings auch die strukturelle Ambivalenz sozialpolitischer Aktivitäten von Bedeutung. Diese resultiert daraus, so hebt Lessenich (2010: 557) hervor, dass von ihr weder im Ergebnis, noch von der Intention her immer und zwingenderweise – wie es Kaufmann (2009: 88f.) zu unterstellen scheint – ein gesellschaftspolitischer „Verbesserungsimpuls" ausgeht bzw. ausgehen muss. Zwar kann Sozialpolitik dahingehend wirken, dass der rechtliche Status sozial benachteiligter Personen gestärkt oder die ökonomische Lage von Personen mit unzureichenden (Markt-)Einkommen korrigiert wird. Auch kann Sozialpolitik die für individuelle Nutzungschancen lebenslagenrelevanten Infrastrukturen verbessern und die gesellschaftlichen Handlungskompetenzen der Personen, die mit geringem kulturellen oder sozialen Kapital ausgestattet sind, erweitern. Gleichwohl gehen von Sozialpolitik aber nicht ausschließlich positive Effekte aus, denn

> „[t]he welfare state is not just a mechanism that intervenes in, and possibly corrects, the structure of inequality; it is, in its own right, a system of stratification. It is an active force in the ordering of social relations" (Esping-Andersen 1990: 23).

Entsprechend dieser heute klassischen und vielzitierten Formulierung Esping-Andersens schafft der Wohlfahrtsstaat ein zum Markt additives, eigenes System sozialer Ungleichheit, das nicht nur den auf dem Markt konstituierten Klassenlagen (bis zu einem wie auch immer gearteten Ausmaß) entgegenwirkt, sondern stets auch bevorzugte und benachteiligte „Versorgungsklassen" erzeugt (Lepsius 1979; Esping-Andersen 1990; Marshall 1992; Alber 2001: 72; Lessenich 2010).

Wohlfahrtsstaatliche Institutionen stellen ein System gesellschaftlicher Steuerung, Kontrolle und Disziplinierung dar, sie teilen soziale Rechte und Pflichten höchst selektiv nach eigenen Regeln zu und schaffen dadurch eigenständige, neue Ungleichheitsverhältnisse zwischen berechtigten und belasteten sozialen Gruppen, zwischen denen mit sicheren und jenen mit unsicheren Ansprüchen, wie den Mitgliedern von Sozialversicherungssystemen und den weniger stark abgesicherten Empfängern von Fürsorgeleistungen. Sozialpolitik schafft also zum einen mehr gesellschaftliche Gleichheit und ist zum anderen zugleich ein Generator neuerlicher sozialer Differenzierung und damit – um es auf den Begriff zu bringen – gleichermaßen ein Instrument sozialer Inklusion und Exklusion (Mohr 2007; Lessenich 2010: 562f.).

Die damit angedeuteten Ambivalenzen wohlfahrtsstaatlicher Vergesellschaftung sind Gegenstand dieses Kapitels. In Abschnitt 3.1 wird die Theorie sozialer Staatsbürgerrechte nach Marshall aufgegriffen, die die Institutionalisierung sozialer Rechte und deren Bedeutung als Instanz sozialer Inklusion für moderne kapitalistische Wohlfahrtsstaaten und deren Wirken auf soziale Ungleichheitsverhältnisse behandelt. Abschnitt 3.2 setzt sich zunächst mit „Dekommodifizierung" auseinander, einer konzeptionellen Weiterentwicklung der sozialen Rechte, welche maßgeblich durch Esping-Andersen geprägt wurde. Diesem ideellen Ansatz, der im Prinzip dem Markt entgegenwirkt und Individuen prinzipiell vom Zwang befreit, ihre Arbeitskraft auf dem Arbeitsmarkt verkaufen zu müssen, muss der Wohlfahrtsstaat allerdings nicht alleine genügen, hat er doch zudem die (Mit-)Verantwortung für die Aufrechterhaltung der wirtschaftlichen Produktionsweise und daher auch für Kommodifizierung Sorge zu tragen.

Kommodifizierend wirkt der Wohlfahrtsstaat zudem in Form von „Defamilialisierung", in dem er die Frauen aus der familialen Rollenzuweisung befreien und deren Erwerbstätigkeit fördern will. Das Mischungsverhältnis beider Funktionslogiken bzw. das Verhältnis zwischen sozialen Rechten und Markt gilt es, genauso wie die in Abschnitt 3.3 thematisierten sozialpolitischen Funktionen der sozialen Kontrolle und Disziplinierung unter der Bedingung des veränderten sozialpolitischen Leitbildes der Aktivierung, Sozialinvestition und Eigenverantwortung einzuordnen, wenn es im Anschluss um die Analyse der Wirkung der SGB II-Grundsicherung in Hinblick auf gesellschaftliche Inklusion und Exklusion gehen soll.

3.1 Soziale Staatsbürgerrechte

Ende der 1940er Jahre unternahm der Brite Thomas H. Marshall den ersten grundlegenden Versuch einer soziologischen Analyse der systematischen Bedeutung staatlicher Sozialpolitik für die Sozialstruktur und die politische Ordnung fortgeschrittener und demokratisch verfasster Industriegesellschaften (Rieger 1992: 21f.). In „Staatsbürgerrechte und soziale Klassen" zeichnet Marshall (1992) die Genese des Wohlfahrtsstaats als schrittweise Entwicklung des modernen Bürgerstatus (engl. „citizenship") nach und reflektiert dessen Auswirkungen auf die Ungleichheitsrelationen sozialer Klassen.

Marshall konstatiert eine zunehmende, wenngleich widersprüchliche soziale Einbindung der arbeitenden Klassen, die auf der Expansion von Staatsbürgerrechten beruht. Dabei unterscheidet er zwischen bürgerlichen, politischen und sozialen Elementen des Staatsbürgerstatus. Bürgerliche Rechte verbriefen individuelle Freiheiten wie die Freiheit der Person, das Recht auf Glaubens-, Rede- oder Gedankenfreiheit sowie das Recht auf Vertragsfreiheit und Eigentum, einschließlich der eigenen Arbeitskraft. Mit den politischen Rechten sind demokratische Teilhaberechte gemeint, insbesondere das aktive und passive Wahlrecht (Marshall 1992: 40). Marshall legt dar, wie sich die Entwicklung bürgerlicher und politischer Rechte auf die arbeitenden Klassen als Resultat lang andauernder Kämpfe seit dem 18. Jahrhundert vollzogen hat. Diese allein vermochten an den fortbestehenden Klassenunterschieden und den Strukturen sozialer Ungleichheit allerdings noch wenig zu verändern:

> „Ein Eigentumsrecht ist kein Recht auf Eigentum, sondern das Recht es zu erwerben, wenn man dazu in der Lage ist, und, wenn man es hat, es zu verteidigen (…). Ähnlich hat auch das Recht auf Redefreiheit wenig Substanz, wenn Sie auf Grund fehlender Erziehung nichts zu sagen haben, was der Rede wert ist, und Sie nicht die Mittel haben, sich Gehör zu verschaffen. Diese offensichtlichen Ungleichheiten sind aber nicht auf unzureichende Freiheitsrechte zurückzuführen, sondern auf das Fehlen sozialer Rechte" (Marshall 1992: 57f.).[30]

Erst mit der Etablierung sozialer Rechte entstand ein Element des Staatsbürgerstatus, welches der Klassenungleichheit bis zu einem gewissen Grad entgegenzuwirken vermochte. Marshall zufolge stellen soziale Rechte die letzte Stufe der Entwicklung des Staatsbürgerstatus dar (Marshall 1992: 40). Die zentrale Bedeutung sozialer Rechte besteht darin, dass sich diese nicht mehr ausschließlich auf die Minderung absoluter Armut beschränken, sondern vielmehr auf die generelle Veränderung der Strukturen sozialer Ungleichheit abzielen (Marshall 1992: 67). Das soziale Element der Staatsbürgerrechte beinhaltet daher

> „eine ganze Reihe von sozialen Rechten, vom Recht auf ein Mindestmaß an wirtschaftlicher Wohlfahrt und Sicherheit, über das Recht auf einen vollen Anteil am gesellschaftlichen Erbe, bis zum Recht auf ein Leben als zivilisiertes Wesen entsprechend der gesellschaftlich vorherrschenden Standards" (Marshall 1992: 40).

Soziale Rechte wirken nach dem Grundsatz sozialer Gerechtigkeit den Einflüssen freier Marktwirtschaft prinzipiell entgegen (Marshall 1992: 82). Je umfassender diese ausgestaltet sind, umso eher vermögen sie der Klassenungleichheit entgegenzuwirken

---

[30] Ähnlicher Ansicht ist auch Dahrendorf, welcher die Ausdehnung sozialer Rechte unter dem Aspekt erweiterter Optionen und Lebenschancen betrachtet: „Solange nicht jeder Mensch ein Leben frei von elementarer Not und Furcht lebt, bleiben Verfassungsrechte ein leeres Versprechen, ja schlimmer, sie werden zum zynischen Vorwand, hinter dem sich die Tatsache des Schutzes von Privilegien verbirgt" (Dahrendorf 1992: 65).

und die Individuen vor den Einflüssen des Marktes zu schützen. Zudem berühren sie den Herrschaftsaspekt sozialer Ungleichheit, da sie Rechtsansprüche auf staatlich garantierte Versorgungsleistungen etablieren (Kronauer 2010: 85). Soziale Rechte sind allerdings weder in Gänze noch von ihrer Intention her gegen den Markt gerichtet. Ihr Sinn besteht zwar darin, vererbten sozialen Ungleichheiten entgegenzuwirken (Marshall 1992: 80) und dabei auch ein von Erwerbsarbeit unabhängiges Einkommen zu gewährleisten (Marshall 1992: 71f.), gleichzeitig stellt die Institutionalisierung sozialer Rechte aber den Ausgangspunkt für das Entstehen neuerlicher Formen sozialer Ungleichheit dar.

Das Wirken der Staatsbürgerrechte als eigenes Instrument sozialer Stratifizierung verdeutlicht Marshall (1992: 81) am Beispiel des Bildungssystems und dessen engen Zusammenwirkens von Arbeitsmarkt und Beschäftigungssystem: Obwohl die Volksschule zwar allgemein zugänglich war, bewahrte die Gliederung des Bildungssystems dennoch die soziale Klassenstruktur, da für die unteren Klassen lediglich die Volksschulbildung vorgesehen war. Erst die Schaffung und Erweiterung von Übergängen zwischen den Bildungsstufen wirkte in Richtung einer individuellen, d.h. von vererbten Klassenmerkmalen unabhängigen Statusgleichheit (Marshall 1992: 73f.). Der freie und diskriminierungsfreie Zugang zum Bildungssystem behebt allerdings nicht die qualitativen Unterschiede der Bildungszertifikate, auf deren Basis letztlich ungleiche Einkommensverhältnisse entstehen. Die gesellschaftliche Wirkung sozialer Rechte besteht nach Marshall also weniger in der vollständigen materiellen Angleichung der Lebensverhältnisse, sondern in der Selbstwahrnehmung der Bürger als einander gleichgestellt und der prinzipiellen Gewährleistung von Chancengleichheit (Marshall 1992: 73).[31]

Dieser Grundsatz lässt sich auch auf die sozialen Sicherungssysteme übertragen. Diese dürfen nicht diskriminierend angelegt sein und müssen überdies einen materiellen Mindeststandard gewährleisten, der den gesellschaftlich anerkannten Vorstellungen entspricht. Wird dieser Standard unterschritten, beginnt der Ausschluss von gesellschaftlicher Teilhabe trotz institutioneller Einbindung und Unterstützung. Soziale Rechte begründen eine „staatliche Mitverantwortung für die Schaffung und Erhaltung der realen Voraussetzungen für den Gebrauch der Grundrechte" (Denninger, zitiert nach Birk et al. 1994: 49). Der verfassungsrechtlich garantierte Anspruch auf ein soziokulturelles Existenzminimum

> „soll eine *materielle, individuelle* und *gemeinschaftliche Teilhabe* eines jeden Menschen an seiner Umwelt ermöglichen, das durch den notwendigen Lebensunterhalt und die notwendigen Hilfen in besonderen Lebenslagen zu konkretisieren ist" (Denninger, zitiert nach Birk et al. 1994: 49, H.i.O.).

Die Bekämpfung von Armut durch Sicherung eines Minimums an materiellem Lebensstandard zählt zu den wesentlichen sozialstaatlichen Teilhabegarantien. Im Be-

---

[31] „Die Ausdehnung der sozialen Einrichtungen ist nicht in erster Linie ein Mittel, die Einkommen aneinander anzugleichen. (…) Hier interessiert die allgemeine Bereicherung der konkreten Substanz eines zivilisierten Lebens, die generelle Verminderung der Risiken und Unsicherheiten, der Ausgleich zwischen den mehr oder weniger Glücklichen auf allen Ebenen (…). Die Gleichstellung geschieht weniger zwischen den Klassen als vielmehr zwischen den Individuen einer Bevölkerung, die jetzt für diesen Zweck so behandelt werden, als seien sie eine Klasse. Statusgleichheit ist wichtiger als Einkommensgleichheit" (Marshall 1992: 73).

darfsfall wird der Wohlfahrtsstaat damit zu einer Instanz sozialer Inklusion, auch wenn unzureichende Arbeitsmarkt- oder Sozialintegration im Grunde nur partiell ausgeglichen werden können (Bartelheimer 2005: 92).

Die sozialen Rechte weisen in der Analyse Marshalls allerdings insofern einen widersprüchlichen Charakter auf, als dass gewährte materielle Rechte an die grundsätzliche Pflicht zur Lohnarbeit gebunden sind. Obwohl nicht explizit von Marshall formuliert, wird der Grund aus den weiteren von Marshall aufgeführten Pflichten ersichtlich. Gemeint sind die Pflicht zur Entrichtung von Steuern, zur Zahlung von Versicherungsbeiträgen und der Entsprechung der Schul- und Militärdienstpflicht (Kronauer 2010: 90f.).

Weitergehend spricht Marshall (1992: 90) von einer „neuen Form", in der die Erwerbsarbeit mit dem Staatsbürgerstatus verbunden ist: Erwerbsarbeit wird zur Verpflichtung des Einzelnen gegenüber der Allgemeinheit, begründet durch ihre Verflechtung und wechselseitige Abhängigkeit. Erst durch das Ineinandergreifen unterschiedlicher Arbeitsakte kann die Wohlfahrt der Gesellschaft hergestellt werden (Marshall 1992: 90).

Marshalls Analyse reflektiert die Entwicklung Englands im Anschluss an den Zweiten Weltkrieg. Zu Beginn der durch ständiges Wirtschaftswachstum geprägten Ära der „Goldenen Jahre" (Hobsbawn 2007) konnte Vollbeschäftigung auch als mittelfristig gegeben angenommen werden. Die Möglichkeit, dass diese Voraussetzung einmal nicht mehr gegeben sein könnte, berücksichtigt Marshall in seinen Überlegungen hinsichtlich der Verpflichtung zur Erwerbsarbeit allerdings nicht.

Das Besondere an der Arbeitspflicht besteht darin, dass ihr kein Recht auf Erwerbsarbeit gegenübersteht und entspricht.[32] Basiert die Theorie sozialer Rechte auf der Grundannahme verallgemeinerter (männlicher) Arbeitsmarktpartizipation, so weist diese, wie Kronauer treffend herausstellt,

> „in der Theorie ebenso wie in der gesellschaftlichen Realität einen schwerwiegenden Konstruktionsfehler auf: Erwerbsarbeit selbst stellt als solche (d.h. unabhängig von den im Arbeitsrecht geregelten Vertragsverhältnissen) kein einklagbares Rechtsgut dar. An dem strategischen Punkt der Erwerbsarbeit lassen die sozialen Rechte in ihrer gegenwärtigen Fassung somit einen Eckpfeiler der Klassenungleichheit unberührt: die Macht von Unternehmen, Menschen Arbeit und damit Existenzmittel zu geben oder zu entziehen" (Kronauer 2010: 91f.).

Die staatliche Vollbeschäftigungspolitik nach Beendigung des Zweiten Weltkriegs vermochte die Machtunterschiede zwischen Kapital und Arbeit zeitweise zu korrigieren, mit dem massenhaften Wiederauftreten von Arbeitslosigkeit und Unterbeschäftigung (vgl. Abschnitt 2.2.1) wurde der Konstruktionsfehler allerdings offensichtlich. Seit den 1980er Jahren ist die enge Verbindung zwischen sozialen Rechten und Erwerbsarbeit brüchiger geworden. Dabei hat sich die Konstellation von sozialer Ausgrenzung verändert: Waren früher die zwar arbeitenden, aber weitestgehend rechtlosen

---

[32] Das „Recht auf Arbeit" kann theoretisch grundsätzlich auf zweierlei Weise Umsetzung finden: Zum einen kann der Staat das individuelle Recht auf Arbeit dadurch gewährleisten, dass er die Wirtschaft so stimuliert, dass diese eine ausreichende Anzahl an Arbeitsplätzen grundsätzlich bereitstellt. Zum anderen kann der Staat dadurch, dass er selbst als Nachfrager agiert, die benötigte Zahl an Arbeitsplätzen selbst schaffen. Der Staat hat also die Möglichkeit, entweder durch indirekte oder durch direkte Maßnahmen das Recht auf Arbeit durchzusetzen (Vobruba 2007: 18).

Armen besonders benachteiligt, stellt sich das heutige Phänomen sozialer Exklusion vor dem Hintergrund von Staatsbürgern dar, die zwar ausgestattet sind mit formalen sozialen Rechten, aber dennoch von hinreichender gesellschaftlichen Teilhabe ausgeschlossen bleiben, da sie entweder von der Arbeitsmarktpartizipation ausgeschlossen sind oder ihnen trotz (Vollzeit-)Erwerbsarbeit ein Mindestmaß an Wohlstand verwehrt bleibt (Kronauer 2010: 92).

Für den Analyserahmen wohlfahrtsstaatlich institutionalisierter Inklusion ist Marshalls Theorie der Staatsbürgerrechte dennoch von zentraler Bedeutung. Mit der annähernden Verallgemeinerung sozialer Rechte im Zuge der Entstehung des modernen Wohlfahrtsstaats in der zweiten Hälfte des 20. Jahrhunderts konnte ein bis dahin unbekanntes Maß an sozialer Inklusion realisiert werden. Marshalls Lesart von sozialen Rechten ist für die vorliegende Arbeit daher in zweierlei Hinsicht relevant. Zum einen sollen soziale Rechte allen Mitgliedern der Gesellschaft gleichen Zugang zu den wichtigsten gesellschaftlichen Institutionen verschaffen, vor allem den Institutionen der Bildung, des Gesundheitswesens und der sozialen Sicherung. Dadurch soll unter der Bedingung weiterbestehender Klassenungleichheit die grundsätzliche Statusgleichheit der Individuen hergestellt werden. Zum anderen geht es um die von den Institutionen zu erbringenden Leistungen. Diese müssen (in quantitativer und qualitativer Hinsicht) derart ausgestaltet sein, dass sie einem für alle geltenden „absolute[n] Recht auf einen bestimmten Kulturstandard" (Marshall 1992: 64) entsprechen und damit gesellschaftliche Teilhabe auch im Fall ökonomischer Hilfebedürftigkeit sicherstellen. Aus dieser Perspektive wird die Art und Weise institutioneller Einbindung selbst zu einem wesentlichen Gradmesser von sozialer Inklusion und Exklusion.

3.2 (De-)Kommodifizierung und (De-)Familialisierung

Die prominenteste Weiterentwicklung des Ansatzes, nach dem die Bedeutung sozialer Rechte im Verhältnis zur freien Marktwirtschaft analysiert wird, findet sich in Esping-Andersens „The Three Worlds of Welfare Capitalism" (1990), in dem der Autor eine Typisierung von Wohlfahrtsstaaten unternimmt. Esping-Andersen stimmt mit Marshall in der grundlegenden Betrachtung sozialer Rechte als Kernidee des modernen Wohlfahrtsstaats überein[33] und argumentiert mit direkter Bezugnahme auf Marshall:

> „If social rights are given the legal and practical status of property rights, if they are inviolable, and if they are granted on the basis of citizenship rather than performance, they will entail a de-commodification of the status *vis-à-vis* the market" (Esping-Andersen 1990: 21, H.i.O.).

Ein grundlegendes Merkmal kapitalistischer Gesellschaften besteht darin, dass die Individuen zum Zwecke ihrer Existenzsicherung durch das Marktsystem zum Verkauf ihrer Arbeitskraft gezwungen sind. Dabei wird „Arbeitskraft zur Ware [engl. commodity, M.N.], Arbeit zu Lohnarbeit, die Person *kommodifiziert*" (Lessenich 1998: 93, H.i.O.). Mit Dekommodifizierung bezeichnet Esping-Andersen das Ausmaß, in dem

---

33 „The extension of social rights has always been regarded as the essence of social policy. (...) We choose to view social rights in terms of their capacity for ‚de-commodification'" (Esping-Andersen 1990: 3).

der Wohlfahrtsstaat bestimmte Personen oder Personengruppen temporär oder dauerhaft aus dem Zwang der Erwerbsarbeit befreit und auf Basis der durch den Wohlfahrtsstaat erbrachten Leistungen zugleich ein Einkommen in Unabhängigkeit des (Arbeits-)Marktes gewährleistet: „De-commodification occurs when a service is rendered as a matter of right, and when a person can maintain a livelihood without reliance on the market" (Epsing-Andersen 1990: 21f.).

Das Konzept der Dekommodifizierung zielt dabei allerdings nicht auf die vollständige Abschaffung der Arbeitskraft als Ware ab[34], sondern „refers to the degree to which individuals, or families, can uphold a socially acceptable standard of living independently of market participation" (Esping-Andersen 1990: 37), und zwar auf Grund der staatlichen Sicherungsleistungen. Im Idealfall soll Dekommodifizierung nach Esping-Andersen (1990: 23) dazu führen, dass „citizens can freely, and without potential loss of job, income, or general welfare, opt out of work when they themselves consider it necessary".

Allein von der bloßen Existenz sozialer Sicherungssysteme geht daher auch noch keine dekommodifizierende Wirkung aus. Der Grad der Dekommodifizierung wird maßgeblich durch die Regelungen der Leistungsvergabe bestimmt, also durch die Anspruchsregeln und Anspruchsbegrenzungen, dem Niveau des Einkommensersatzes sowie ihrer Reichweite, d.h. des Adressatenkreises der Anspruchsrechte (Esping-Andersen 1990: 47). Abhängig von ihrer Ausgestaltung geht daher von den Sozialleistungen ein höchst unterschiedliches Maß an Dekommodifizierung aus. Zu unterscheiden sind grundsätzlich Fürsorge-, Sozialversicherungs- und universelle Sicherungssysteme.

So werden Fürsorgeleistungen zwar in Unabhängigkeit von vorheriger Erwerbsarbeit gewährt, sind allerdings an eine mehr oder weniger strenge Bedürftigkeitsregelung geknüpft. Die Geld- und Sachleistungen fallen in der Regel eher gering aus, da der Anreiz auf Seiten der Hilfebedürftigen zur Überwindung des Leistungsbezugs und zur Aufnahme von Erwerbsarbeit nicht gefährdet werden soll. Fürsorgeleistungen stellen für die Leistungsbeziehenden also keine Alternative zur Erwerbsarbeit dar und wirken daher auch nicht dekommodifizierend, sondern wirken hin auf eine prinzipielle Stärkung des Marktes und des Zwanges zur Erwerbsarbeit.

Weitaus höhere Lohnersatzleistungen werden im Rahmen von Sozialversicherungen gewährt. Diese Form der Sozialleistung ist allerdings gekoppelt an zuvor geleistete Phasen der Erwerbsarbeit und stellt daher eine selektive Befreiung der Individuen von Marktzwängen dar. Etwaige Lohnersatzleistungen entsprechen auch nur anteilig dem auf dem Arbeitsmarkt erzielten Einkommen, so dass der durch Sozialversicherungen bewirkte dekommodifizierende Effekt im Ergebnis als gering einzustufen ist (Lenhardt/ Offe 1977; Lessenich 1998; Knjin/ Ostner 2002).

Einzig im Fall von universalen Sicherungssystemen kann von einer deutlichen Dekommodifizierung ausgegangen werden. In Unabhängigkeit von vorhergegangenen Phasen der Erwerbstätigkeit und Beitragszahlungen sowie von Bedürftigkeitsprüfungen erfolgt eine voraussetzungslose, gleiche und am mittleren Wohlstandsniveau orientierte Grundsicherungsleistung. Erst ein derart ausgestaltetes System sozialer Sicherung entspricht der von Esping-Andersen formulierten Anforderung an dekommodifizierende Sozialpolitik.

---

[34] „[D]e-commodification should not be confused with the complete eradication of labour as a commodity" (Esping-Andersen 1990: 37).

Esping-Andersen betont, dass der Wohlfahrtsstaat nicht nur auf soziale Ungleichheit reagiert, sondern ein eigenes System der Stratifizierung darstellt (Esping-Andersen 1990: 23). Mit den unterschiedlichen Sicherungssystemen geht auch eine qualitativ variierende Wirkung auf die Strukturen sozialer Ungleichheit einher. Nur universalistische Sicherungssysteme, die die egalitäre Leistungsberechtigung aller Staatsbürger vorsehen, zielen auf eine generelle Statusgleichheit und klassenübergreifende Solidarität (Esping-Andersen 1990: 25). Von dem Stellenwert, der den einzelnen Sicherungssystemen in Wohlfahrtsstaaten zukommt, geht entsprechend auch eine unterschiedliche Wirkung auf soziale Stratifizierung aus.

Die Quintessenz moderner Wohlfahrtsstaatlichkeit liegt bei Esping-Andersen in dem Grad der Minderung von Marktabhängigkeit der Arbeitskraft, deren warenförmiger Verausgabung durch staatliche Sozialpolitik institutionelle Grenzen gesetzt werden. Der Wohlfahrtsstaat ist in dieser Sichtweise wesentlich ein Instrument zur politischen Begrenzung von Marktmechanismen, ihres Gestaltungsbereichs und ihrer Wirkungsweise (Esping-Andersen 1985). Die Bestimmtheit, mit der Esping-Andersen Dekommodifizierung zur „überzeitlichen Wesensbestimmung von Sozialpolitik (…) sowie letztlich zum politischen Ideal erhebt" (Lessenich 1999: 422) ist allerdings kaum haltbar. Die einseitige Interpretation von Sozialpolitik als „Politics against Markets" (Esping-Andersen 1985) führt dazu, den Wohlfahrtsstaat als Gegenstück zur freien Marktwirtschaft zu begreifen (Rieger 1998: 71; Lessenich 2011: 1430). Zwar hat der Wohlfahrtsstaat zum einen die Aufgabe, die Bedürfnisse der Bürger auf nicht-marktförmige Art zu befriedigen, also zu einem gewissen Grad für Dekommodifizierung zu sorgen, zum anderen befasst er sich aber stets auch mit der Hervorbringung und Aufrechterhaltung von Arbeitskraft in ihrer Warenform, also mit Kommodifizierung. Die Transformation von Arbeitskraft in Lohnarbeit ist ohne sozialstaatliches Hinzutun auch gar nicht denkbar (Lenhardt/ Offe 1977: 103), denn Sozialpolitik umfasst auch „all jene repressions-, sozialisations- und sicherungspolitischen Maßnahmen, Strategien und Institutionen" (Borchert/ Lessenich 2004: 576), die die Transformation von Arbeitskraftbesitzern in Lohnarbeitern erst ermöglichen, aufrechterhalten und gegebenenfalls auch wiederherzustellen vermögen. Hierfür wiederum ist die Existenz arbeitsmarkt-externer Daseinsformen, die z.B. die Reproduktionsarbeit in der Familie, Phasen der Aus- und Weiterbildung oder Wiedererlangung der physischen oder psychischen Arbeitsfähigkeit gewährleistet, erforderlich (Lenhardt/ Offe 1977: 104).

Darin liegt die „Pointe des auf die wohlfahrtsstaatliche Regulierung des kapitalistischen Systems der Lohnarbeit zielenden *Dekommodifizierungs-Theorems*" (Borchert/ Lessenich 2006: 15, H.i.O.). Es sind jene „Paradoxien dekommodifizierender Politik" (Borchert/ Lessenich 2006: 16, Fn 2), die Esping-Andersen eben nicht thematisiert, aber bereits von Claus Offe, dem eigentlichen Begründer des Dekommodifizierungsbegriffs (Knijn/ Ostner 2002: 141; Brütt 2011: 24f.), im Rahmen dessen Spätkapitalismustheorie in den Vordergrund gestellt wurden (Offe 1972, 1984, 2006): Demnach muss der kapitalistische Wohlfahrtsstaat gleichermaßen die politische Legitimität des gesellschaftlichen Arrangements und die ökonomische Effizienz schützen. Nur dann stehen die finanziellen Mittel zur Verfügung, die sozialpolitische Interventionen überhaupt erst ermöglichen. Den Mechanismen kapitalistischer Marktwirtschaft setzt der Wohlfahrtsstaat eine Programmatik bewusster Steuerung und gezielter sozialer Kontrolle entgegen. Das grundlegende Problem des den Kapitalismus moderierenden Wohlfahrtsstaats besteht also in einem stets prekären Mischungsverhältnis wirtschaftlichen Wettbewerbs und demokratischer Legitimation, welches leicht aus dem Gleich-gewicht gebracht werden kann: Erfolgt eine Ausweitung des Wohlfahrtsstaats und werden die zu diesem Zweck notwendigen finanziellen Mittel der privaten Verwertung zunehmend entzogen, befördert dies die altbekannte Kritik am überbordenden und leistungsfeindlichen Wohlfahrtsstaat. Bleiben die wohlfahrtsstaatlichen Versprechen hingegen allzu weit hinter der gesellschaftlichen Erwartungshaltung zurück, dann ge-fährdet dies die Legitimation des demokratisch verfassten Wohlfahrtsstaats. Genau dieser Umstand verdeutlicht die für den Spätkapitalismus charakteristische Wider-sprüchlichkeit: Im Grunde laufen die Instrumente wohlfahrtsstaatlicher Inklusion der kapitalistischen Logik entgegen, im Sinne der angestrebten Systemstabilität erweisen sich diese aber gleichzeitig als unverzichtbar (Offe 1984: 330).

Sozialpolitische Intervention muss also sowohl dekommodifizierend als auch kommodifizierend wirken, eine Reduktion auf lediglich eine der beiden Funktionen ist im Grunde unmöglich (Lessenich 1999: 422; Knijn/ Ostner 2002: 146). Vielmehr stellt der moderne Wohlfahrtsstaat einen „institutionalisierte[n] Modus der permanenten Akzentverschiebung zwischen Kommodifizierung und Dekommodifizierung" (Lesse-nich 1999: 424) dar. Im Fokus wissenschaftlicher Analysen stehen daher die Verschie-bungen innerhalb des Mischungsverhältnisses beider Funktionslogiken und der daran geknüpfte wohlfahrtsstaatliche Kurswechsel (Mohr 2007: 57).

Defamilialisierung

Massive Kritik erfuhr Esping-Andersens Dekommodifizierungskonzept zudem auf Grund dessen „‚Gender'- und Familienblindheit" (Ullrich 2005: 49). Insbesondere aus feministischer Perspektive wurde auf die unzureichende Berücksichtigung der Aus-wirkungen wohlfahrtsstaatlicher Strukturen auf die Lage von Frauen hingewiesen (Lewis/ Ostner 1994; Leitner 1997; Knijn/ Ostner 2002).

Tatsächlich beschränken sich wohlfahrtsstaatliche Leistungen nicht auf die De-kommodifizierung von Arbeitskraft, sondern dienen zudem auch einer Reduktion fa-milialer Abhängigkeit. Effekte der sozialen Sicherung dieser Art werden unter dem Begriff der „Defamilialisierung" behandelt (Lister 1994; McLaughlin/ Glendinning 1994; Leitner et al. 2004). Während mit dem Begriff der Dekommodifizierung erfasst wird, welche alternativen Optionen der Existenzsicherung außerhalb des Marktes be-stehen, fokussiert Defamilialisierung die Formen der Existenzsicherung von Frauen außerhalb der Zuschreibung ihrer Rolle innerhalb der Familie. Damit verschiebt sich die Sichtweise weiblicher Existenzsicherung von der Existenzsicherung *durch* die Fa-milie zu einer alternativen Sicherung *außerhalb* der Familie. Mit direkter Bezugnahme auf Esping-Andersen bestimmt Lister Defamilialisierung als

> „the degree to which individual adults can uphold a socially acceptable standard of living, independently of family relationships, either through paid work or through the social security system" (Lister 1994: 37).

Damit gerät die ökonomische (Un-)Abhängigkeit der Frauen von ihren männlichen Partnern in den Blickpunkt. Erwerbstätigkeit ermöglicht ein eigenes Markteinkommen, daraus entwächst zudem der Anspruch auf eigene Sozialleistungen im Fall der Hilfe-bedürftigkeit. Will Sozialpolitik der Frau eine dem Mann vergleichbare Möglichkeit zur Kommodifizierung ihrer Arbeitskraft verschaffen, gilt es allerdings, diese von der Pflicht zur Sorge- und Pflegearbeit für Kinder und ältere Familienangehörige zu Hause zu befreien (Leitner et al. 2004: 16). Dementsprechend rücken jene sozialpolitischen Programme und Instrumente in den Fokus, die Frauen die Arbeitsmarktteilhabe dadurch erlauben, indem diese die häuslich-familialen Pflichten der Erziehung, Betreuung und Pflege grundsätzlich übernehmen. Dies betrifft im Wesentlichen öffentliche Kinderbetreuungsangebote (insbesondere für Kleinkinder), aber auch Pflegeeinrichtungen für Ältere und sämtliche Formen sozialer Dienste, die eine professionelle häusliche Versorgung bedürftiger Angehöriger gewährleisten können (Leitner 2003; Evers et al. 2011).

Die feministische Kritik wurde von Esping-Andersen allerdings aufgenommen und findet in seinen späteren Arbeiten zum Konzept des „postindustriellen Wohlfahrtsstaats" (Esping-Andersen 1999, 2002, 2004) breite Berücksichtigung. Entsprechend stellt Esping-Andersen heraus, dass Frauen oftmals in einem präkommodifizierten Status verharren und weitestgehend auf eine soziale Absicherung durch die Familie angewiesen sind: „The functional equivalent of market dependency for many women is family dependency" (Esping-Andersen 1999: 45).

Folgt man Esping-Andersen, dann stellt Familialismus in Form des politisch ausgehandelten Vorrangs der Familie bei der Betreuung hilfebedürftiger Angehöriger den Kern einer veralteten Wohlfahrtsstaatlichkeit dar, da dieser die Ausweitung der Beschäftigungsmöglichkeiten für Frauen negativ beeinflusst und die mit dem Aufziehen von Kindern verbundenen Kosten erhöht. Resultat sind demnach die niedrigen Geburtenraten und in deren Konsequenz die Krise der auf dem Generationenvertrag basierenden Systeme sozialer Sicherung. Ein der postindustriellen Ära sozialpolitischer Entwicklung angepasstes Verständnis von Familie erfordert nach Esping-Andersen das Lösen von diesem Familialismus.

Die Befreiung der Familie von ihren Betreuungspflichten und die „Kommodifizierung der Betreuung" (Leitner et al. 2004: 16) soll gleich mehreren sozialpolitischen Zielen entsprechen. Zum einen soll dadurch die Frauenerwerbstätigkeit erhöht und eine Steigerung der Geburtenrate herbeigeführt werden. Zum anderen soll auf diese Weise familial bedingter sozialer Ungleichheit und Kinderarmut entgegengewirkt werden.

In Zeiten neuer sozialpolitischer Herausforderungen ist dies grundlegend für den Umbau des Wohlfahrtsstaates (Esping-Andersen 2002, 2004). Die auf dieser defamiliarisierenden Politik aufbauende und die Nutzung des weiblichen Humankapitals hervorhebende Sozialinvestitionsstrategie (Giddens 1999) zielt angesichts der weltwirtschaftlichen Konkurrenzzunahme und des demografischen Wandels (vgl. Abschnitt 2.2.2) strategisch vor allem auf die produktiven Potenziale von Frauen und Kindern ab (Lessenich 2012: 122) und begründet den normativen Wandel vom männlichen Ernährer- zu einem Zweiverdienermodell (engl. „adult worker model") (Lewis 2004), welches von zwei arbeitenden Partnern ausgeht und deren individuelle Ansprüche auf Sozialleistungen vorrangig aus dem Erwerbstätigenstatus resultieren.

Nach Esping-Andersen muss den neuen Anforderungen einer postindustriellen Gesellschaft dadurch entsprochen werden, dass sich der wohlfahrtsstaatliche Fokus zusehends in Richtung einer kommodifizierenden Sozialpolitik verschiebt. In der Vorstellung eines neuen, auf einer defamilialisierenden Politik aufbauenden Sozialinvestitionsstaates findet damit auch jene wohlfahrtsstaatliche Funktion zunehmende Berücksichtigung, die in seinem bislang rein gegen den Markt gerichteten Dekommodifizierungskonzept unberücksichtigt blieb. Auch Esping-Andersen betont jetzt die Bedeutung von Kommodifizierung, ohne die eine Dekommodifizierung gar nicht erst möglich ist (Esping-Andersen 1999: 44) und vollzieht damit eine relative Verschiebung in der Zweckbestimmung staatlicher Sozialpolitik: Neben der kompensierenden Funktion von Sozialpolitik gewinnt die konstituierende Funktion zunehmend an Bedeutung, „hin zu einer produktivistischen Inklusion in die postindustrielle Gesellschaft via Arbeitsmarktteilhabe" (Brütt 2011: 41).

3.3 Sozialpolitik als soziale Kontrolle und Disziplinierung

Die Tatsache, dass Sozialpolitik niemals nur durch institutionelle Hilfe, sondern immer auch durch Elemente sozialer Kontrolle und Disziplinierung gekennzeichnet ist, stellt keine neue Erkenntnis dar. Gemäß Heimanns (1980: 172) klassischer Formulierung besteht das „konservativ-revolutionäre Doppelwesen" von Sozialpolitik gerade darin, auf der einen Seite zwar gesellschaftlich unverträgliche Folgen der kapitalistischen Wirtschaftsform zu korrigieren, auf der anderen Seite aber auch dem Gebot zu unterliegen, dafür Sorge zu tragen, dass die gesellschaftliche Akzeptanz gegenüber der Wirtschaftsweise aufrecht erhalten bleibt.

Voraussetzung ist daher, dass sich die Individuen an die Spielregeln des demokratischen Rechtsstaats inklusive seiner Garantie des Schutzes privaten Eigentums halten und den in der kapitalistischen Wirtschaftsordnung strukturell verankerten Zwang zum Verkauf ihrer Arbeitskraft akzeptieren (Rödel/ Guldimann 1978: 16). Der Sozialpolitik kommt dann die Aufgabe der staatlich organisierten, sozialisatorischen „Vermittlung von Normen und Werten [zu], deren Befolgung auf den Übergang ins Lohnarbeitsverhältnis zwingend hinausläuft" (Lenhardt/ Offe 1977: 105). Damit wird sichergestellt, dass die Lohnarbeiterschaft „aus Erziehung, Tradition, Gewohnheit die Anforderungen jener Produktionsweise als selbstverständliche Naturgesetze anerkennt" (Marx 1975: 765).

In kapitalistischen Gesellschaften sorgen in der Regel die Mechanismen des Marktes dafür, Menschen zur Aufnahme von Erwerbsarbeit zu motivieren, diese an ihre beruflichen Aufgaben zu binden und dadurch auf dem systemkonformen Weg zu halten (Leibfried 1977: 12ff.; Dahrendorf 2000: 1065). Unter der Bedingung wirtschaftlicher Krisen und ansteigender Arbeitslosigkeit kann diese durch den Markt regulierte Kontrolle allerdings brüchig werden. In diesem Fall fungiert Sozialpolitik als eine Art „Ersatzsystem sozialer Kontrolle" (Piven/ Cloward 1977: 80). Dabei verschiebt sich der Fokus von der Bewahrung der Arbeitsethik zur Aufrechterhaltung der kapitalistischen Wirtschafts- und Sozialordnung.

Den aus dem Arbeitsmarkt herausgefallenen Personen werden staatliche Unterstützungsleistungen gewährt. Der soziale Sinn dieser Fürsorge gegenüber den Hilfebedürftigen liegt allerdings, wie bereits Simmel (1992: 517) mit Blick auf den Armen hervorhob, nicht (oder zumindest nicht primär) im Interesse am Bedürftigen selbst, sondern vielmehr im Interesse des Gemeinwesens. Im Fokus der Abfederung individueller Notlagen steht damit die Sicherung der Legitimität bzw. der Akzeptanz bestehender gesellschaftlicher Ungleichheitsrelationen. In der Konsequenz gilt es aus sozialpolitischer Perspektive daher, ein derartiges Ausmaß sozialer Differenzierung zu vermeiden, welches über die Grenzen einer solchen gesellschaftlichen Akzeptanz hinausgeht und in Folge dessen dazu führen kann, dass das bestehende Wirtschafts- und Sozialmodell in seiner Grundsätzlichkeit in Frage gestellt wird (Barlösius 2001).

Mit der Gewährung von staatlichen Unterstützungsleistungen verbindet sich aus der Perspektive sozialpolitischer Agenturen allerdings ein normatives Dilemma: Denn wenn durch staatlich garantierte Sicherungsleistungen grundsätzlich die Möglichkeit einer nicht-tauschförmigen Reproduktion der Arbeitskraft resultiert, dann steht dies im Widerspruch zur Prämisse präventiver sozialer Kontrolle, nach der die Reproduktion der Ware Arbeitskraft im Rahmen tauschförmiger Verkehrsformen als normale Lebensform durchzusetzen ist (Rödel/ Guldimann 1978: 31). Zwar bleibt das Dilemma latent, solange dem einzelnen Lohnarbeiter der kontinuierliche Verkauf seiner Arbeitskraft gelingt, staatliche Sozialpolitik soziale Sicherheit bei gegebener Hilfebedürftigkeit verspricht und der Lohnarbeiter in Folge dessen bereit ist, sich den Disziplinierungen seiner Rolle ohne Aufbegehren zu unterwerfen. Kommt es jedoch zu einer Phase der unfreiwilligen Arbeitslosigkeit und treten damit die Reproduktionskosten ein, dann kann sich das Dilemma durchaus manifestieren. Dies kann dann der Fall sein, wenn sich die Arbeitskraft auch ohne deren Veräußerung reproduzieren lässt und daraus resultierend die Bereitschaft schwindet, die mit der Erwerbstätigkeit strukturell verbundenen Unannehmlichkeiten auf sich zu nehmen (Rödel/ Guldimann 1978: 31f.). Daher ist das Ersatzsystem sozialer Kontrolle grundsätzlich so angelegt, dass von Sozialpolitik nicht nur eine dekommodifizierende Wirkung ausgeht, sondern dass sie gleichzeitig auch den Druck zur Kommodifizierung aufrecht erhält und dafür Sorge trägt, dass die Kompetenzen, die zum Verkauf individueller Arbeitskraft notwendig sind, nicht verloren gehen bzw. wieder hergestellt werden.

Die sozialpolitische Kontrollfunktion umfasst also zwei zentrale Elemente: Zum einen wird soziale Kontrolle zum Zwecke der Sicherung der Legitimation der politischen Ordnung ausgeübt. Die Intervention ist dabei präventiven Charakters und soll die gesellschaftliche Akzeptanz gegenüber dem politischen System aufrechterhalten und dem Entstehen sozialer Konflikte entgegenwirken. Zum anderen verkörpern die sozialstaatlichen Sicherungssysteme aber auch konkrete Kontroll- und Disziplinierungsmechanismen, die darauf abzielen, dass es sich die Bezieher staatlicher Unterstützungsleistungen in der imaginären „sozialen Hängematte" nicht allzu bequem machen können (Mohr 2007: 60).

Die soziale Kontrolle der Hilfebedürftigen erfolgt zum einen auf indirektem Weg über die nicht zu üppige Ausgestaltung der Sozialleistungen und die allgemeinen Bedingungen des Leistungsbezugs. Sowohl die Leistungshöhe als auch die Rahmenbedingungen des Leistungsbezugs sollen darauf hinwirken, dass auf Seiten der Leistungsberechtigten der Anreiz zur Beendigung des Leistungsbezugs möglichst hoch ist. Zum anderen existieren aber auch ganz offensichtliche und direkte Kontrollmechanismen wie z.B. an den Leistungsbezug gekoppelte Pflichten zur Arbeit, der Nachweis von Arbeitsuche oder aber Meldepflichten, deren Nichterfüllung durch entsprechende Sanktionen wie Kürzung oder Streichung der Hilfeleistung geahndet wird, oder die amtliche Überprüfung der finanziellen (familiären) Lebensverhältnisse. Diese direkten Kontroll- und Disziplinierungsmechanismen lassen den Leistungsbezug zu einer entwürdigenden und stigmatisierenden Angelegenheit werden und können, angesichts einer scheiternden Rückkehr auf den regulären Arbeitsmarkt, Erfahrungen sozialer Marginalisierung und Exklusion verstärken oder zementieren (Mohr 2007: 60). Mit dem sich vollziehenden Wandel zum aktivierenden Sozialstaat entstanden neuere Diskurse, die auf dessen Philosophie und den Gestaltwandel sozialer Absicherung abheben. Das Ziel jener neuen sozialstaatlichen Programmatik, deren konkrete Umsetzung nicht nur im Feld der Arbeitsmarktpolitik durch Einführung des SGB II, sondern zunehmend auch in anderen Politikfeldern wie der Alterssicherung oder der Gesundheits- und Familienpolitik auszumachen sind (Nullmeier 2004; Evers/ Heinze 2008), besteht in der Herstellung eines sozialpolitischen Arrangements, das auf die marktorientierte Umformung der Individuen hinsichtlich ihres Denkens und Verhaltens abzielt (Nullmeier 2004: 497) und auf dem Leitbild des „selbstverantwortlichen Arbeitsbürgers" (Manske 2005: 245) bzw. des „unternehmerischen Selbst" (Bröckling 2007) beruht, nach dem das Individuum als Unternehmer seiner Arbeitskraft und Daseinsvorsorge fungiert.

Wesentlich für diese gesellschaftspolitische Neujustierung, die Lessenich (2008) als „Neuerfindung des Sozialen" charakterisiert, ist eine neue sozialpolitische Programmatik, die auf eine „Konstruktion verantwortlicher Subjekte" (Lemke 2000: 38) abhebt, welche sich durch mehr Eigenverantwortung und Eigenaktivität auszeichnen und dadurch mehr Verantwortung nicht nur gegenüber sich selbst, sondern vor allem gegenüber der Gesellschaft übernehmen (Lessenich 2003b, 2008). Die „Gouvernementalität[35] der Gegenwart" (Bröckling et al. 2012) schafft „eine neue (‚autonome') Subjektivität (…) und (…) zielt [darauf ab, M.N.], diese Subjektivität mit politischen Imperativen auszustatten" (Lemke 2011: 251). Als „sozial" wird folglich nicht mehr eine kollektive Absicherung individueller Bedürfnisse betrachtet, sondern das eigenverantwortliche Verhalten im Interesse der Gemeinschaft (Lessenich 2008: 17).

Sämtliche Varianten der Aktivierung von Eigenverantwortung sind im Rahmen dieser Programmatik in gleichem Maße Zeichen persönlicher Autonomie als auch Ausweis sozialer Verantwortlichkeit und folgen sowohl subjektiver als auch sozialer Rationalität (Lessenich 2008: 82f.). Die individuelle Eigenverantwortung auf Märkten, d.h. das eigenverantwortliche Bemühen um Arbeitsmarktintegration, private Altersvorsorge sowie das selbstständige Wahrnehmen von Angeboten der Gesundheitsvorsorge wird auf diese Weise zugleich zur praktischen sozialen Verantwortung (Lessenich 2011: 1438).

Der Umkehrschluss dieser Logik besteht entsprechend darin, dass ein jeder Akt unterlassener Hilfeleistung der Individuen gegenüber sich selbst als irrationales und zudem unmoralisches Verhalten wahrgenommen werden muss, da ein jedes Anzeichen fehlender oder mangelnder Aktivitätsbereitschaft nicht nur als unökonomisch, sondern als Ausweis individueller Unfähigkeit oder fehlender Bereitschaft des Individuums dahingehend interpretiert werden muss, weder die von der Gesellschaft angebotenen Chancen aufzugreifen, noch die Verantwortung gegenüber der Gesellschaft anzunehmen (Lessenich 2008: 83). Derartige Verhaltensweisen zeugen von einer (noch) unzureichend ausgeprägten Fähigkeit zur Selbstführung, die augenscheinlich einer (noch) stärkeren) Fremdführung bedarf (Lessenich 2008: 83). Das Programm einer (in der

---

[35] In dem auf Foucault zurückgehenden Begriff der Gouvernementalität verschmelzen die Begriffe des Regierens (franz.: Gouverner) und der Denkweise (franz.: Mentalité) zum Begriff des „Regierungs(denk)stils" (Lessenich 2003b: 82).

Selbstwahrnehmung) modernen Sozialpolitik besteht im Umbau sozialpolitischer Institutionen zu „Ermöglichungsagenturen aktiver Eigenverantwortung" (Lessenich
2008: 84), die im Idealfall nicht mit Kontrolle oder Disziplinierung, sondern mit „weichen" bzw. produktiven Interventionsformen agieren (Lessenich 2008: 83).

Im Strukturdilemma des spätkapitalistischen Wohlfahrtsstaats, der in seiner Pflicht
um Sorge für sowohl die ökonomische als auch soziale Rationalität dem doppelten
Imperativ unterliegt, bietet die „neosoziale"[36] (Lessenich 2008) Aktivierungsprogram-
matik eine „Chance zumindest vorübergehend gelungenen Krisenmanagements, denn
sie schafft marktgängige *und* gesellschaftsfähige Subjekte zugleich" (Lessenich 2008:
85, H.i.O.).

Allerdings setzt die marktorientierte Makrosteuerung dringend voraus, dass die
marktbezogene Selbststeuerung der Individuen auf der Mikroebene gelingt (Nullmeier
2004: 497). Ist die Marktfähigkeit aller Mitglieder einer Gesellschaft nicht gegeben,
und ist diese auch nicht mittels marktbezogener Erziehung zu erreichen, dann muss die
primär auf Beratung und Pädagogik setzende Sozialpolitik einen im steigenden Maße
marktinkompatiblen Kurswechsel vollziehen, der zwangsläufig in einer öffentlichen
Kontroll- bzw. Strafpolitik mündet (Nullmeier 2004: 497). Wenn im Zuge dessen aber
lebenslanges Lernen und permanente Weiterqualifizierung immer weniger eine Option
darstellen, sondern zur überlebensnotwendigen Pflicht werden, und zudem der Zwang,
weitreichende und zum Teil irreversible Entscheidungen selbst treffen und verantworten zu müssen, zum biografischen Dauerstress für die Hilfebedürftigen wird, dann
führt der beschrittene sozialpolitische Weg geraderweise zu einem „totalitären Akti-
vierungsstaat" (Ullrich 2004: 156).

Die sozialen Rechte auf der einen sowie das Wesen und die Funktionslogiken sozialpolitischer Intervention auf der anderen Seite stellen sich also in höchstem Maße
ambivalent dar. Die Ausführungen dieses Kapitels bilden den theoretischen Interpretationsrahmen, in dem im Folgenden das sozialpolitische Instrument der Grundsicherung
für Arbeitsuchende analysiert werden soll. Mit Fokus auf die inkludierende Wirkung
der Hartz IV-Reform werden die sozialen Rechte bei Arbeitslosigkeit im Allgemeinen
und die Anspruchsberechtigung auf Leistungen nach dem SGB II im Speziellen in den
Blick genommen. Dabei werden auch die an eine Leistungsgewährung geknüpften
Pflichten einer näheren Betrachtung unterzogen. Von Bedeutung ist dabei der Grad
sowohl dekommodifizierender als auch defamilialisierender Wirkung, die vom SGB II
ausgeht. Im Vorfeld erfolgt im anschließenden Kapitel 4 die für die Analyse notwendige Skizzierung der wesentlichen Grundzüge der rechtlichen Ausgestaltung der
Grundsicherung für Arbeitsuchende.

---

[36] Der Wandel der Gestalt wohlfahrtsstaatlicher Politik wird in den Gouvernementalitätsstudien gemeinhin im Kontext des Neoliberalismus verortet. Die veränderten sozialpolitischen Regulationsformen sind allerdings nicht durch einen sozialstaatlichen Rückzug auf dessen Kernbereiche geprägt. Da
weder Präsenz noch staatliche Interventionsbereitschaft an Bedeutung verloren haben, erscheint es
treffender, den sozialstaatlichen Gezeitenwechsel nicht durch eine „neoliberale", sondern durch eine
„neosoziale" Gouvernementalität zu charakterisieren (Lessenich 2003b, 2008).

4 Grundzüge der Grundsicherung für Arbeitsuchende (SGB II)

Wenn im Rahmen dieser Arbeit die Inklusionswirkung der Grundsicherung für Arbeitsuchende untersucht wird, so muss vor einer diesbezüglichen Einschätzung und sozialpolitischen Einordnung ihrer institutionellen Elemente hinsichtlich der Wirkung auf soziale Inklusion eine Erörterung der Grundzüge des SGB II erfolgen. In diesem Kapitel wird daher zunächst die Zusammenführung der alten Sicherungssysteme von Arbeitslosen- und Sozialhilfe erörtert (Abschnitt 4.1). Im Anschluss werden die beiden konstitutiven Grundsätze des SGB II – „Fördern und Fordern" – erläutert (Abschnitt 4.2) und der grundsätzlich hinsichtlich der SGB II-Leistungen anspruchsberechtige Personenkreis dargestellt (Abschnitt 4.3). In Folge werden sowohl die im SGB II geregelten Eingliederungsleistungen (Abschnitt 4.4) als auch die Geld- und Sachleistungen zur Sicherung des soziokulturellen Existenzminimums zusammengefasst (Abschnitt 4.5). Abschnitt 4.6 thematisiert die Leistungsbeschränkungen, die mit einer Nichtbefolgung der Aufgaben auf Seiten der Leistungsbeziehenden verbunden sein können.

Den Ausführungen zugrunde liegt der Gesetzesstand vom 1. Januar 2012, wobei auch einige relevante Änderungen seit der Einführung der Grundsicherung zum Jahresbeginn 2005 aufgegriffen werden.

4.1 Ausgangslage: Zusammenführung von Arbeitslosenhilfe und Sozialhilfe

Über einen langen Zeitraum wurde in Deutschland über die Notwendigkeit der Novellierung des Bundessozialhilfegesetzes, die Zusammenführung von Sozial- und Arbeitslosenhilfe und in diesem Kontext über eine engere Kooperation zwischen Arbeitsämtern und kommunalen Sozialämtern diskutiert. Im Januar 2005 wurde die Zusammenlegung von Arbeitslosen- und Sozialhilfe im Rahmen des „Vierten Gesetzes für moderne Dienstleistungen am Arbeitsmarkt" mit der Einführung der Grundsicherung für Arbeitsuchende umgesetzt. Seither werden die Leistungsansprüche aller hilfebedürftigen Erwerbsfähigen und deren Angehörigen im Rechtskreis des zweiten Buches des Sozialgesetzbuches (SGB II) geregelt. Damit wurden die Arbeitslosenhilfe nach dem SGB III und die Sozialhilfe zu einem Leistungssystem zusammengeschlossen. Die erwerbsfähigen, im Wesentlichen wegen Arbeitslosigkeit aber nicht erwerbstätigen Sozialhilfeempfänger erhalten seitdem Leistungen der bedürftigkeitsabhängigen Grundsicherung für Arbeitsuchende (SGB II). Im Unterschied zur ehemaligen Arbeitslosenhilfe, deren Höhe vom letzten Nettolohn abhängig war, orientiert sich die

steuerfinanzierte Fürsorgeleistung der Grundsicherung für Arbeitsuchende ausschließlich am Bedarf der Leistungsberechtigten (Bäcker et al. 2010a: 336f.).
Die ehemalige, vom Bund getragene Arbeitslosenhilfe, stellte eine auf Langzeitarbeitslose zugeschnittene Leistung dar, welche im Anschluss an den beitragsfinanzierten Versicherungsanspruch auf Arbeitslosengeld bezogen werden konnte. Im Unterschied zur befristeten Versicherungsleistung des Arbeitslosengelds war die Arbeitslosenhilfe zeitlich unbefristet, aber bedürftigkeitsgeprüft. Und im Unterschied zu der von den Kommunen getragenen Sozialhilfe wurde die Leistungshöhe nicht auf den Bedarf des Haushalts bezogen, sondern als Individualleistung auf das zuletzt erzielte Nettoarbeitsentgelt. Damit kam der Arbeitslosenhilfe gewissermaßen eine Stellung zwischen Versicherungs- und Fürsorgeleistung zu, denn die Bedürftigkeitsprüfung, bei welcher Einkommen und Vermögen Berücksichtigung finden, und die Zumutbarkeitsanforderungen waren im Vergleich zur Sozialhilfe weniger streng (Bäcker et al. 2010a: 337f.).

Abbildung 5:   Leistungsbeziehende von Arbeitslosengeld und Arbeitslosenhilfe, Deutschland 1991-2004[*)]

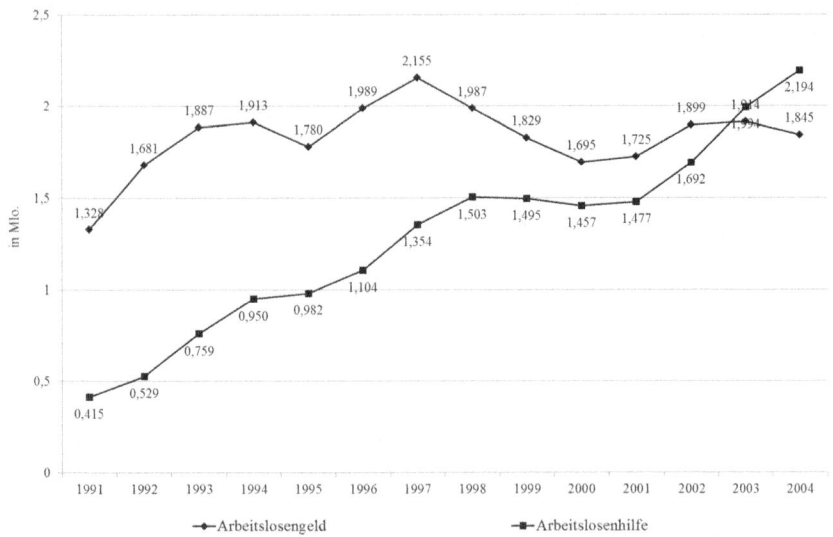

[*)] Jahresdurchschnitte.
Datenbasis: Statistik der Bundesagentur für Arbeit, Datenstand Februar 2013; eigene Darstellung.

Abbildung 5 demonstriert die Entwicklung der Zahl der Leistungsbeziehenden von Arbeitslosengeld und Arbeitslosenhilfe während des Zeitraums von 1991 bis 2004. Auf Grund der im Zeitverlauf deutlich angestiegenen Arbeitslosigkeit und dabei vor allem der Langzeitarbeitslosigkeit (vgl. Abschnitt 2.2.1) ist die Zahl der Arbeitslosenhilfebeziehenden erheblich gewachsen. Mit einem Anstieg auf 2,194 Mio. Leistungsbeziehern im Jahr 2004 erhöhte sich der Bestand gegenüber 1991 um mehr als das Fünffache.

Die Entscheidung, Arbeitslosenhilfe und Sozialhilfe zusammenzulegen, resultierte aus diversen wachsenden Problemen, die sich aus dem Nebeneinander beider Leistungssysteme ergaben (Bäcker et al. 2010a: 338).

Zunächst führte die Zweigleisigkeit bei der sozialen Absicherung von Langzeitarbeitslosen zu einer Doppelung der Maßnahmen aktiver Arbeitsmarktpolitik, da parallel zu den Instrumenten der Arbeitsförderung nach dem SGB III auf der Grundlage des Sozialhilfegesetzes Maßnahmen der kommunalen Arbeitsmarktpolitik entwickelt wurden. Im Ergebnis führte dies zu einem doppelten Arbeits- und Bürokratieaufwand in der Arbeits- und Sozialverwaltung. Zuständigkeiten blieben oftmals ungeklärt, arbeitsmarktpolitische Schwerpunktsetzungen bei der Vermittlung und Förderung von Langzeitarbeitslosen blieben unzureichend und „Verschiebebahnhöfe", d.h. wechselseitige Kontenverschiebungen zwischen dem für die Arbeitslosenhilfe zuständigen Bund und den die Sozialhilfe tragenden Kommunen, waren die Folge (Knuth 2006: 163; Hassel/ Schiller 2010: 36).

Auf Grund der nicht bedarfsorientierten Ausrichtung der Arbeitslosenhilfe war ein wachsender Anteil der Leistungsberechtigten zusätzlich auf Leistungen der Sozialhilfe angewiesen, die sich so entgegen ihrer ursprünglich zugewiesenen nachrangigen Funktion der Armutsvermeidung im Fall atypischer Not- und Bedarfslagen faktisch zu einer sozialen Grundsicherung entwickelte (Bäcker et al. 2010a 532). Die betroffenen Doppelleistungsbeziehenden waren mit zwei Leistungsgesetzen und zwei Verwaltungen konfrontiert. Die administrativen Strukturen, aber auch Informationsmängel und Stigmatisierungsängste führten zu dem Ergebnis, dass eine Vielzahl von Arbeitslosenhilfempfängern ihren Anspruch auf „aufstockende" Sozialhilfe nicht gültig machte (Becker 2009/ Bäcker et al. 2010a: 338).

Die Finanzierung der wachsenden kommunalen Sozialhilfeausgaben brachte eine zunehmende Überforderung der Städte und Gemeinden mit sich und verstärkte regionale Disparitäten. Ausgerechnet jene Städte und Gemeinden, die mit einer vergleichsweise schlechten ökonomischen Lage samt hoher Arbeitslosenquote und prekärer Finanzlage konfrontiert waren, hatten die wachsenden Ausgaben für die Sozialhilfe zu stemmen und entwickelten sich zu „Lückenbüßern" (Bäcker et al. 2010a: 338), da sie als Sozialhilfeträger die unzureichende soziale Sicherung der Arbeitslosenhilfebeziehenden zu kompensieren hatten (Hanesch 1997; Bäcker et al. 2010a; Hassel/ Schiller 2010: 81ff.).

Die SGB II-Grundsicherung wird in geteilter Trägerschaft erbracht. Im gesetzlichen Regelfall sind die Bundesagentur für Arbeit und die jeweilige Kommune (Landkreis oder kreisfreie Stadt) Leistungsträger der Grundsicherungsleistungen nach dem SGB II. Sie bilden eine gemeinsame Einrichtung (gE)[37] nach § 44b SGB II, die nach § 6d SGB II als „Jobcenter" bezeichnet werden. Der Bund trägt die Aufwendungen der SGB II-Grundsicherung einschließlich der Verwaltungskosten, soweit diese Leistungen durch die Bundesagentur für Arbeit erbracht werden (§ 46 Abs. 1 Satz 1 SGB II). Für die konkrete Umsetzung des SGB II ist grundsätzlich die Bundesagentur für Arbeit zuständig. Bei ihr liegt die Verantwortlichkeit für Leistungen der Grundsicherung, insbesondere für die Leistungen zur Sicherung des Lebensunterhalts und die Bereitstellung von Leistungen zur Eingliederung in Arbeit. Die Leistungen von Unterkunft

---

[37] Bis zum 31. Dezember 2010 wurden die gemeinsamen Einrichtungen als „Arbeitsgemeinschaften" (ARGEn) bezeichnet.

und Heizung, einmalige Bedarfe sowie die Bereitstellung der kommunalen Eingliederungsmaßnahmen wie Kinderbetreuung, Schuldner- oder Suchtberatung tragen grundsätzlich die kommunalen Träger, wobei sich der Bund an den Kosten für Unterkunft
und Heizung prozentual beteiligt (§ 46 Absatz 5 Satz 1 SGB II).[38]

Eine zweite Form des Jobcenters[39] stellen jene Kommunen dar, denen im Rahmen
des sogenannten „Optionsmodells" die Möglichkeit eingeräumt wird, als zugelassener
kommunaler Träger (zkT) in alleiniger Zuständigkeit die Aufgaben des SGB II wahr-
zunehmen.[40] Die Finanzierung der SGB II-Kosten bei den Optionskommunen entspricht der in den gemeinsamen Einrichtungen: Den Großteil der Aufwendungen trägt
der Bund, wobei die Abwicklung des Mittelflusses allerdings nicht über die Bundesagentur für Arbeit, sondern direkt über den Bundeshaushalt erfolgt (DLKT 2010: 3).

4.2 Aufgaben und Ziele: „Fördern und Fordern"

§ 1 SGB II bezeichnet die Aufgabe und das Ziel der Grundsicherung für Arbeitsuchende. Danach soll die Grundsicherung für Arbeitsuchende es ermöglichen, ein Leben zu führen, das der Würde des Menschen entspricht. Außerdem soll die Grundsicherung die Eigenverantwortung von erwerbsfähigen Hilfebedürftigen und Personen,
die mit ihnen in einer Bedarfsgemeinschaft leben, stärken. Die Grundsicherung soll
dazu beitragen, dass diese ihren Lebensunterhalt in Unabhängigkeit von den
Unterstützungsleistungen, also aus eigenen Mitteln und Kräften bestreiten können.
Weitergehend wird in § 1 SGB II bestimmt, dass die Grundsicherung für
Arbeitsuchende die erwerbsfähigen Leistungsberechtigten bei der Aufnahme oder
Beibehaltung einer Erwerbstätigkeit unterstützen und den Lebensunterhalt sichern soll,
sofern die Leistungsberechtigten diesen nicht auf andere Weise bestreiten können. Das
SGB II zielt also darauf ab, dass die Leistungsberechtigten so schnell wie möglich
wieder ohne Fürsorgeleistung leben können, also wieder allein für sich sorgen und den
Lebensunterhalt mittels Erwerbsarbeit bestreiten können.

Die Zusammenfassung von Sozial- und Arbeitslosenhilfe zur Grundsicherung für
Arbeitsuchende steht in einem engen Zusammenhang mit der Neuausrichtung der Arbeitsmarktpolitik. Ziel des neuen Leistungssystems ist es, bei der wachsenden Gruppe
der Langzeitarbeitslosen die Bedingungen für eine Reintegration in den Arbeitsmarkt
zu verbessern. Vorrang vor der Geldleistung hat die Eingliederung in Arbeit. Daher
sieht die Grundsicherung für Arbeitsuchende einerseits einen Leistungsanspruch auf
geeignete Fördermaßnahmen und Unterstützungsleistungen (§ 14ff. SGB II) vor,

---

[38] Zwischen 2011 und 2013 beträgt der entsprechende Anteil 30,4%, in Baden-Württemberg 34,4%
und in Rheinland-Pfalz 40,4% (§ 46 Absatz 5 Satz 2 SGB II).
[39] Die Jobcenterform der Träger in getrennter Aufgabenwahrnehmung (gAw) wurde zum 1. Januar
2012 in zugelassene kommunale Träger oder gemeinsame Einrichtungen überführt.
[40] Nach der „Experimentierklausel" (§ 6a SGB II) konnten zur Einführung der Grundsicherung für
Arbeitsuchende im Januar 2005 zunächst 69 Kommunen (63 Landkreise und sechs kreisfreie Städte)
die alleinige Trägerschaft beantragen (vgl. Marburger 2011: 110f.). Ziel dieser Regelung war die Er-
probung alternativer Modelle zur Eingliederung von Arbeitsuchenden. Zunächst auf eine Laufzeit von
sechs Jahren beschränkt, ist die alleinige Trägerschaft der Optionskommunen zum 1. Januar 2011
entfristet worden. Seit Jahresbeginn 2012 verantworten 41 weitere zugelassene kommunale Träger die
Leistungen nach dem SGB II in alleiniger Zuständigkeit (vgl. Marburger 2012: 110f.).

andererseits gibt es aber auch den Grundsatz des Forderns (§ 2 SGB II). Demnach müssen leistungsberechtigte Personen alle Möglichkeiten zur Beendigung und Verringerung ihrer Hilfebedürftigkeit ausschöpfen. Die erwerbsfähige leistungsberechtigte Person muss aktiv an allen Maßnahmen zur ihrer Eingliederung in Arbeit mitwirken. Zur entsprechenden Steuerung bedient sich das Gesetz verschiedener Instrumentarien des „Förderns und Forderns". Eine Zusammenstellung der zentralen Elemente dieses Grundsatzes ist Tabelle 1 zu entnehmen.

Tabelle 1: 		„Fördern und Fordern" im SGB II

„Fördern"	„Fordern"
• Dienstleistungen zur Eingliederung in Arbeit (§ 14ff. SGB II), z.B. Beratung, Vermittlung, Fördermaßnahmen	• Eigenbemühungen, Eigenverantwortung (§ 2 SGB II)
	• Eingliederungsvereinbarung (§ 15 SGB II)
• Flankierende Maßnahmen (§ 16a SGB II), insbesondere Kinderbetreuung, häusliche Betreuung von Angehörigen, Schuldnerberatung, psychosoziale Betreuung, Suchtberatung	• Aufnahme jeder zumutbaren Arbeit (§ 2 SGB II)
	• Aufnahme von Arbeitsgelegenheiten (§ 16d SGB II)
• (Geld-)Leistungen zur Sicherung des Lebensunterhalts (§ 19 ff. SGB II): Arbeitslosengeld II, Sozialgeld, Mehrbedarfe, Unterkunft und Heizung, Leistungen für Bildung und Teilhabe (Anstelle von Geld-können auch Sachleistungen gewährt werden)	
Bei Nichtaufnahme oder Abbruch der Maßnahmen (Pflichtverletzungen) sind Leistungsbeschränkungen möglich (§ 31 und § 32 SGB II)	

Quelle: SGB II; eigene Darstellung in Anlehnung an Marburger (2012: 15).

Die für jeweils sechs Monate abzuschließende Eingliederungsvereinbarung (§ 15 SGB II) umfasst insbesondere diejenigen Leistungen, die der erwerbsfähige Leistungsberechtigte zu seiner Eingliederung erhalten soll, welche Eigenbemühungen in welchem Umfang von ihm mindestens zu leisten sind und in welcher Form diese zu belegen sind. Außerdem ist zu vereinbaren, welche Leistungen Dritter, insbesondere anderer Sozialleistungsträger, der Leistungsberechtigte zu beantragen hat. Bezogen auf Bildungsmaßnahmen soll darüber hinaus festgelegt werden, ob im Fall eines Abbruchs der Maßnahme ohne wichtigen Grund von Seiten des Leistungsberechtigten eine Schadensersatzpflicht besteht und wie hoch diese ggf. ausfallen wird. Die Eingliederungsvereinbarung umfasst lediglich die Bemühungen zur Eingliederung in Arbeit, die Leistungen zur Sicherung des Lebensunterhalts werden damit nicht berührt.

Der erwerbsfähige Leistungsberechtigte sowie die seiner Bedarfsgemeinschaft angehörigen Personen müssen in Eigenverantwortung alle Möglichkeiten nutzen, ihren Lebensunterhalt selbst zu bestreiten. Dazu haben die erwerbsfähigen Hilfebedürftigen ihre Arbeitskraft einzusetzen, wobei jede als zumutbar betrachtete Arbeit aufzunehmen ist. Dabei gilt auch für bislang nicht Arbeit suchende Partner des Leistungsberechtigten, dass diese prinzipiell dazu verpflichtet sind, jede ihnen angebotene zumutbare Beschäftigung aufzunehmen (Marburger 2012: 14). Die in § 10 SGB II geregelte Zumutbarkeit gilt grundsätzlich für jede Arbeit, soweit diese nicht gegen Gesetz und gute Sitten verstößt. Allerdings existiert auch eine Reihe von Ausnahmen. Eine der Ausnahmen besteht darin, dass Leistungsberechtigte die ihnen angebotene Beschäftigung nicht aufzunehmen brauchen, wenn sie aus körperlichen, geistigen oder seelischen Gründen dazu nicht in der Lage sind. Unzumutbarkeit liegt auch dann vor, wenn dem

Hilfebedürftigen die künftige Ausübung seine bisherige Tätigkeit erschweren würde, wenn deren Ausübung mit der Pflege von Angehörigen nicht vereinbar ist und die Pflege nicht auf andere Weise sichergestellt werden kann. Auch darf die Ausübung die Erziehung des eigenen Kindes oder Kindes des Partners nicht gefährdet werden. Bei Kindern ab drei Jahren wird die Erziehung in der Regel als nicht gefährdet erachtet, sofern eine Betreuung in einer Tageseinrichtung oder Tagespflege gewährleistet ist (§ 10 Abs. 1 SGB II).

Dagegen gilt eine angebotene Beschäftigung grundsätzlich nicht ausschließlich aus dem Grund als unzumutbar, weil die angebotene Arbeit etwa nicht der früheren Tätigkeit oder Ausbildung des Leistungsberechtigten entspricht. Dies gilt auch, wenn die angebotene Beschäftigung bezüglich der Ausbildung des Leistungsberechtigten als minderwertig anzusehen ist. Als zumutbar gilt zudem eine Arbeit, deren Entlohnung unterhalb des Tariflohns bzw. des ortsüblichen Entgelts liegt oder bei welcher auf Grund niedriger Lohnsätze oder geringer Arbeitszeit das erzielte Einkommen das Grundsicherungsniveau unterschreitet, so z.B. bei Minijobs bis 400 Euro. Darüber hinaus kann die Ablehnung einer Beschäftigung auch nicht damit begründet werden, dass der Arbeitsort vom Wohnort weiter entfernt ist als bei einem vorigen Beschäftigungs- oder Ausbildungsverhältnis. Das Gesetz fordert also ein hohes Maß an Flexibilität hinsichtlich der Aufnahme von Erwerbstätigkeit. Das SGB II kennt keinen Einkommensschutz, d.h. dass der Hilfeempfänger zur Überwindung seiner Notlage also selbst dann eine ihm angebotene Arbeit aufnehmen muss, wenn diese mit einem gravierenden sozialen Abstieg verbunden ist (§ 10 Abs. 2 SGB II).

Ist eine Erwerbstätigkeit auf dem allgemeinen Arbeitsmarkt nicht möglich bzw. kann diese nicht gefunden werden, hat der erwerbsfähige Leistungsberechtigte mit dem Zweck zur Erhaltung oder Wiedererlangung der Beschäftigungsfähigkeit eine ihm angebotene Arbeitsgelegenheit (AGH) anzunehmen (§ 2 Abs. 1 SGB II). Die bereits im früheren Sozialhilferecht praktizierte Vergabe von gemeinnütziger oder zusätzlicher[41] Arbeit findet sich auch im SGB II wieder. Diese im öffentlichen Interesse liegenden, wettbewerbsneutralen[42] Tätigkeiten werden mit einer Mehraufwandsentschädigung (MAE) zusätzlich zum Arbeitslosengeld II gezahlt und mit ein bis zwei Euro je Arbeitsstunde vergütet („1-Euro-Jobs"). Arbeitsgelegenheiten begründen kein Arbeitsverhältnis im Sinne des Arbeitsrechts und kein Beschäftigungsverhältnis im Sinne des SGB IV (§16d Abs. 7 SGB II). Die Zuweisung von Arbeitsgelegenheiten ist zudem nachrangig gegenüber den Leistungen zur Eingliederung in Arbeit einzusetzen, mit denen die Aufnahme einer regulären Beschäftigung auf dem allgemeinen Arbeitsmarkt gefördert wird (§ 16d Abs. 5 SGB II).

---

[41] Eine Arbeit gilt als zusätzlich, wenn diese ohne die Förderung entweder gar nicht, nicht in diesem Umfang oder erst zu einem späteren Zeitpunkt verrichtet werden würde (§ 16d Absatz 2 SGB II).
[42] Arbeiten gelten als wettbewerbsneutral, wenn in Folge ihrer Förderung keine Beeinträchtigung der Wirtschaft zu befürchten ist und Erwerbstätigkeit auf dem allgemeinen Arbeitsmarkt weder verdrängt noch in ihrer Entstehung verhindert wird (§ 16d Absatz 4 SGB II).

4.3 Leistungsberechtigter Personenkreis und Anspruchsvoraussetzungen

Anspruch auf Leistungen nach dem SGB II haben erwerbsfähige Hilfebedürftige zwischen 15 und 65 Jahren[43] sowie deren Angehörige, sofern diese mit den erwerbsfähigen Hilfebedürftigen zusammen in einer Bedarfsgemeinschaft leben. Zu einer Bedarfsgemeinschaft gehören – neben dem erwerbsfähigen Hilfebedürftigen selbst – ein nicht dauerhaft getrennt lebender Ehepartner, ein Partner in einer eheähnlichen Gemeinschaft oder ein gleichgeschlechtlicher Lebenspartner. Zu der Bedarfsgemeinschaft zählen außerdem die dem Haushalt zugehörigen Kinder unter 25 Jahren, sofern sie die Mittel zur Sicherung ihres Lebensunterhaltes aus Einkommen oder Vermögen nicht eigenständig bestreiten (§ 7 Abs. 3 SGB II).

Die Bedarfsgemeinschaft ist strikt von der Haushaltsgemeinschaft abzugrenzen. Zur Haushaltsgemeinschaft zählen sämtliche Personen, die dauerhaft mit den Mitgliedern der Bedarfsgemeinschaft im gemeinsamen Haushalt leben und den Lebensunterhalt gemeinsam erwirtschaften. Als der Bedarfsgemeinschaft nicht angehörig gelten daher z.B. nicht verwandte Personen, sonstige verwandte Personen (z.B. Tante und Onkel) oder Kinder ab 25 Jahren, die weiterhin bei ihren hilfebedürftigen Eltern leben. Haushaltskonstellationen, in denen z.B. Großeltern mit ihren Enkelkindern zusammen leben, begründen ebenfalls keine Bedarfsgemeinschaft (Marburger 2012: 20).

Leistungsberechtigung setzt sowohl Erwerbsfähigkeit als auch Hilfebedürftigkeit voraus. Als erwerbsfähig gilt nach § 8 SGB II, „wer nicht wegen Krankheit oder Behinderung auf absehbare Zeit außerstande ist, unter den üblichen Bedingungen des Arbeitsmarktes mindestens drei Stunden täglich erwerbstätig zu sein". Dabei ist unerheblich, ob entsprechende Beschäftigungsmöglichkeiten auf dem Arbeitsmarkt zur Verfügung stehen oder ob eine Erwerbstätigkeit vorübergehend unzumutbar ist, z.B. wegen der Erziehung eines Kindes unter drei Jahren oder auf Grund einer schwerwiegenden Krankheit.

Ansprüche auf Leistungen setzen zudem Hilfebedürftigkeit voraus. Als hilfebedürftig gilt, wer seinen Bedarf und den Bedarf seiner Angehörigen nicht aus eigenen Mitteln und Kräften, insbesondere durch Aufnahme einer zumutbaren Arbeit oder aus Einkommen und Vermögen decken kann. Eine weitere Voraussetzung besteht darin, dass erforderliche Hilfe nicht von anderen, d.h. durch Angehörige gewährleistet wird. Die Mitglieder einer Bedarfsgemeinschaft sind einander in vollem Umfang unterhaltspflichtig. Daher wird im Rahmen der Bedürftigkeitsprüfung das Einkommen und Vermögen aller der Bedarfsgemeinschaft angehörigen Personen berücksichtigt. Darüber hinaus darf die benötigte Hilfe nicht bereits durch andere Träger von Sozialleistungen sichergestellt sein. Alle Leistungen des SGB II unterliegen dem Nachrangigkeitsgrundsatz gegenüber anderen Sozialleistungen (§ 9 SGB II).

---

[43] Bis zum 31. Dezember.2007 bestand die einheitliche Altersgrenze bei der Vollendung des 65. Lebensjahres. Seit dem 1. Januar 2008 erreichen lediglich noch Personen, die vor dem 1. Januar 1947 geboren wurden, die Altersgrenze mit Vollendung des 65. Lebensjahres (Marburger 2012: 11). Für später geborene Personen wurde die Altersgrenze stufenweise angehoben, so dass beispielsweise eine 1947 geborene Person die Altersgrenze mit 65 Jahren und einem Monat und eine 1957 geborene Person die Altersgrenze mit 65 Jahren und elf Monaten erreicht. Für 1964 und danach geborene Personen liegt die maximale Altersgrenze bei der Vollendung des 67. Lebensjahres (§ 7a SGB II).

Zu berücksichtigendes Einkommen

Anspruch auf Leistungen nach dem SGB II besteht unter der Voraussetzung der Hilfebedürftigkeit. Bei der Bedürftigkeitsprüfung findet das Einkommen aller Angehörigen der Bedarfsgemeinschaft, also des Hilfebedürftigen selbst, des Partners und der zur Bedarfsgemeinschaft gehörenden Kinder Berücksichtigung. Grundsätzlich werden sämtliche Einkommen in Geld oder Geldeswert als Einkommen berücksichtigt. Dazu zählen neben den Erwerbseinkommen[44] Einkünfte aus Vermietung und Verpachtung, Kapital- und Zinseinkünfte, Unterhaltsleistungen und Leistungen nach dem Unterhaltsvorschussgesetz sowie Entgeltersatzleistungen wie z.b. Krankengeld oder Arbeitslosengeld (Marburger 2012: 34f.) Nach § 11 Abs. 1 SGB II ist das Kindergeld für die der Bedarfsgemeinschaft angehörigen Kinder, sofern es bei dem jeweiligen Kind zur Sicherung des Lebensunterhalts (mit Ausnahme der Bedarfe für Bildung und Teilhabe) benötigt wird, als Einkommen des Kindes zu berücksichtigen. Es wird grundsätzlich den Kindergeldberechtigten zugeordnet (Marburger 2012: 35).

Auch bei Erwerbstätigkeit kann Hilfebedürftigkeit vorliegen und daraus ein Anspruch auf Arbeitslosengeld II entstehen. Voraussetzung ist, dass das Netto-Erwerbseinkommen nicht ausreicht, um den Haushaltsbedarf zu decken. Die Gruppe derer, die auf sogenannte „aufstockende" Leistungen nach dem SGB II grundsätzlich Anspruch haben, ist recht heterogen: So haben Leistungsempfänger, die arbeitslos gemeldet sind, die Möglichkeit, ihr Arbeitslosengeld II durch einen Minijob aufzustocken. Genauso können nicht arbeitslose Leistungsberechtigte, etwa Alleinerziehende mit Kindern unter drei Jahren, denen eine Erwerbstätigkeit nicht zugemutet wird, ihre ALG II-Leistungen durch einen Minijob aufbessern. Zudem können sowohl sozialversicherungspflichtig Beschäftigte als auch Selbstständige Leistungen nach dem SGB II erhalten, sofern das Einkommen der Bedarfsgemeinschaft unterhalb des SGB II-Niveaus angesiedelt ist.

Tabelle 2:   Anrechnungsfreibeträge bei Erwerbstätigkeit[*]

Bruttoeinkommen (in Euro)	Prozentualer Freibetrag	Maximaler Freibetrag (in Euro)
Bis 100	100%	100
Bis 1.000	Zzgl. 20% des Teils zwischen >100 Euro bis 1.000 Euro	280 (100+180)
Bis 1.200	Zzgl. 10% des Teils >1.000 Euro bis 1.200 Euro	300 (100+180+20)
Bis 1.500	Bei Vorhandensein eines minderjährigen Kindes zzgl. 10% des Teiles >1.000 Euro bis 1.500 Euro	330 (100+180+50)

[*] Stand: 1. Januar 2012.
Quelle: Eigene Darstellung nach § 11b SGB II.

Um einen Anreiz zur Aufnahme von Erwerbsarbeit zu geben, werden bei der Einkommensanrechnung besondere Freibeträge für Erwerbseinkommen eingeräumt. Erwerbstätige Hilfebedürftige sehen sich dadurch in ihrem Gesamteinkommen immer in

---

[44] Vom Einkommen sind nach § 11b SGB II abzusetzen: Steuern, Pflichtbeiträge zur Sozialversicherung bzw. bei Nichtversicherungspflichtigen Beiträge in angemessener Höhe, gesetzlich vorgeschriebene Versicherungen (z.B. Kfz-Haftpflichtversicherung) oder sonstige angemessene Versicherungen (z.B. Unfallversicherung), Beiträge zur Riester-Rente in Höhe der Mindestbeträge, Werbungskosten und der Erwerbstätigenfreibetrag.

einer etwas positiveren finanziellen Lage als nicht erwerbstätige Hilfebedürftige. Nach der Regelung (§ 11b SGB II) werden als Grundfreibetrag die ersten 100 Euro aus Erwerbseinkommen nicht angerechnet. Zusätzlich bleiben 20% des über 100 Euro, aber unter 1.000 Euro liegenden Teils des Bruttoeinkommens anrechnungsfrei und darüber hinaus werden zusätzlich zu den beiden Freibeträgen 10% des Bruttolohns über 1.000 Euro bis zur Verdienstobergrenze nicht angerechnet. Bei Hilfebedürftigen ohne Kind liegt die Verdienstobergrenze bei einem Bruttoeinkommen von 1.200 Euro, bei Hilfebedürftigen mit mindestens einem minderjährigen Kind beträgt die Obergrenze 1.500 Euro (vgl. Tabelle 2). Die Freibeträge gelten für jedes erwerbstätige Mitglied der Bedarfsgemeinschaft.

Zu berücksichtigendes Vermögen

Als Vermögen sind alle verwertbaren Vermögensgegenstände zu berücksichtigen, also u.a. Bargeld, Sparguthaben, Wertpapiere, Grundstücke, Häuser, Eigentumswohnungen oder Lebensversicherungen (§ 12 Abs. 1 SGB II). Dieses Vermögen muss zunächst aufgebraucht werden, bevor ein Anspruch auf Leistungen zur Sicherung des Lebensunterhalts nach dem SGB II entstehen kann. Berücksichtigung findet das Gesamtvermögen der Bedarfsgemeinschaft, verwertbar ist Vermögen, welches für den Eigentümer nutzbar ist, d.h., dass es für das Bestreiten des Lebensunterhalts durch Verbrauch, Verkauf, Vermietung oder Beleihung grundsätzlich Verwendung finden kann. Lediglich im Fall offensichtlicher Unwirtschaftlichkeit kann von einer solchen Vermögensverwertung abgesehen werden.

In die Berechnungen des konkreten Leistungsanspruchs werden das Einkommen und das Vermögen der Angehörigen einer Bedarfsgemeinschaft einbezogen, wobei allerdings Freigrenzen bestehen. Hinsichtlich des Vermögens existiert ein Grundfreibetrag von 150 Euro je Lebensjahr der in der Bedarfsgemeinschaft lebenden volljährigen Person und deren Partner (mindestens aber jeweils 3.100 Euro und maximal 9.750 Euro für Vermögen jeder Art. An die Stelle des Betrags von 9.750 Euro tritt für Personen, die nach dem 31. Dezember 1957 und vor dem 1. Januar 1964 geboren wurden ein Betrag von 9.900 Euro und für Personen, die nach dem 31. Dezember 1963 geboren wurden, darf der Grundfreibetrag den Wert von 10.050 Euro nicht überschreiten (§ 12 Abs. 2 SGB II).

Dazu kommt ein Grundfreibetrag in Höhe von 3.100 Euro für jedes hilfebedürftige minderjährige Kind. Neben der gesetzlichen Befreiung einer geförderten Altersvorsorge (Riester-Rente) sind geldwerte Ansprüche, die der Altersvorsorge dienen, abzusetzen, soweit sie vom Inhaber vor dem Eintritt in den Ruhestand auf Grund vertraglicher Vereinbarung nicht verwertet werden können. Die Höhe der geldwerten Ansprüche darf den Betrag von 750 Euro je vollendetem Lebensjahr des erwerbsfähigen Leistungsberechtigten und dessen Partner, maximal aber den Gesamtbetrag von jeweils 48.750 Euro nicht überschreiten. An die Stelle des Betrags von 48.750 Euro tritt bei Personen, die nach dem 31. Dezember 1957 und vor dem 1. Januar 1964 geboren wurden, ein Betrag von 49.500 Euro und für Personen, die nach dem 31. Dezember 1963 geboren wurden ein solcher von 50.250 Euro (§ 12 Abs. 2 SGB II).

Allgemein nicht berücksichtigt werden bei der Vermögensanrechnung u.a. ein als angemessen betrachteter Hausrat, ein angemessenes Auto oder ein selbst genutztes

Hausgrundstück angemessener Größe bzw. eine entsprechende Eigentumswohnung (§
12 Abs. 3 SGB II).

4.4 Leistungen zur Eingliederung in Arbeit

Leistungen nach dem SGB II können grundsätzlich in Form von Dienst-, Geld- und
Sachleistungen erbracht werden (§ 4 Abs. 1 SGB II). Zu den Dienstleistungen zur Eingliederung in Arbeit gehört das Spektrum der aktiven Arbeitsmarktpolitik einschließ-
lich der Beratungs-, Vermittlungs- und Qualifizierungsleistungen des SGB III (§ 16
SGB II). Hinsichtlich der Entscheidung über geeignete Eingliederungsmaßnahmen ist
vom Leistungsträger bzw. vom zuständigen Fallmanager die individuelle Lebenslage
des Leistungsberechtigten zu berücksichtigen. Dazu zählen die Eignung, die familiäre
Situation, die Dauerhaftigkeit der Eingliederung und die voraussichtliche Dauer der
Hilfebedürftigkeit. Vorrangig sollen Maßnahmen gewählt werden, die die unmittelbare
Aufnahme einer Erwerbstätigkeit ermöglichen. Hierbei sind insbesondere die aktuelle
Arbeitsmarktlage und die lokalen bzw. regionalen Bedürfnisse zu beachten.

Junge Leistungsberechtigte unter 25 Jahren sind schnellstmöglich in den Arbeits-
prozess einzugliedern. Unmittelbar nach der Beantragung von SGB II-Leistungen soll
eine Ausbildung oder Stelle vermittelt werden. Ist es nicht möglich, Leistungsberechtigten ohne vorhandenen Berufsabschluss eine Ausbildungsstelle anzubieten, soll die
vermittelte Arbeitsstelle zumindest zur Verbesserung der beruflichen Kenntnisse und
Fähigkeiten beitragen (§ 3 Abs. 2 SGB II).

Ein Sofortangebot ist zudem für erwerbsfähige Leistungsberechtigte vorgesehen,
die innerhalb der vergangenen zwei Jahre keine Leistungen nach SGB II oder SGB III
in Anspruch genommen haben. Ihnen soll bei der Beantragung von Leistungen der
Grundsicherung unverzüglich Angebote zur Eingliederung in Arbeit gemacht werden
(§ 15a SGB II).

Der kommunale Träger kann zudem durch erforderliche ergänzende persönliche
Hilfen wie die Betreuung von Kindern und der häuslichen Pflege von Angehörigen
sowie Schuldnerberatung, psychosoziale Betreuung und Suchtberatung die Arbeitsuche flankierende Leistungen erbringen und koordinieren (§ 16a SGB II).

4.5 Leistungen zur Sicherung des Lebensunterhalts

Die Geldleistungen der Grundsicherung für Arbeitsuchende werden gemäß § 19 bis 32
SGB II erbracht. Erwerbfähige Leistungsberechtigte erhalten Arbeitslosengeld II
(ALG II), und die mit ihnen in der Bedarfsgemeinschaft lebenden nicht erwerbsfähi-
gen Partner sowie Kinder unter 15 Jahren erhalten das sogenannte Sozialgeld. Die
Leistungshöhe von Arbeitslosengeld II und Sozialgeld umfasst pauschal die Kosten für
Ernährung, Kleidung, Körperpflege, Hausrat, persönliche Bedarfe des täglichen Le-
bens sowie in begrenztem Umfang zur gesellschaftlichen Teilhabe. [45]

---

[45] In besonderen Fällen, in denen sich die Leistungsberechtigten als ungeeignet erweisen, mit den
Geldleistungen ihren Bedarf zu decken, dies insbesondere im Fall von Drogen- oder Alkoholabhän-

Als Rechtsgrundlage für die Regelbedarfsermittlung dienen die mittels Einkommens- und Verbrauchsstichprobe (EVS) 2008 nachgewiesenen tatsächlichen Verbrauchsausgaben unterer Einkommensgruppen. Dem Regelbedarf liegen die regelbedarfsrelevanten mittleren Verbrauchsausgaben von Ein-Personen- und Familienhaushalten zugrunde. Hierfür stellt das Regelbedarfs-Ermittlungsgesetz (RBEG) die Rechtsgrundlage dar. Auf Basis des RBEG wurden nach Vorgabe des § 28 SGB XII die Regelbedarfsstufen ermittelt. Dabei fungiert das SGB XII als Referenzsystem zur Bestimmung von Höhe und Fortschreibung der Regelbedarfe (§§ 20 und 23 SGB II). Die Regelbedarfe werden jeweils zum 1. Januar eines Jahres gemäß § 28 SGB XII angepasst (§ 20 SGB II). Das bisherige Verfahren der Regelsatzverordnung (RSV), die Regelleistung für Kinder anhand von Prozentsätzen aus der Regelleistung für Alleinstehende oder Alleinerziehende zu ermitteln, wurde zum 1. Januar 2012 aufgegeben (Marburger 2012: 23).

Tabelle 3: Monatliche Regelbedarfe bei Arbeitslosengeld II und Sozialgeld[*)]

Regelbedarfsstufe (RBS)	Leistungsberechtigte in einer Bedarfsgemeinschaft	Regelbedarf (Euro)
RBS 1	Volljährige Alleinstehende, Alleinerziehende und volljährige Personen mit minderjährigem Lebenspartner	374
RBS 2	Volljährige Partner, jeweils	337
RBS 3	Sonstige volljährige Personen sowie Personen im Alter unter 25 Jahren, die ohne Zustimmung des kommunalen Trägers umziehen	299
RBS 4	Jugendliche im Alter von 14 bis unter 18 Jahren	287
RBS 5	Kinder im Alter von 6 bis unter 14 Jahren	251
RBS 6	Kinder im Alter unter 6 Jahren	219

[*)] Stand 1. Januar 2012.
Quelle: §§ 20, 23, 77 SGB II, § 28 SGB XII.

Der Regelbedarf beträgt 2012 für Alleinstehende, Alleinerziehende oder einen volljährigen erwerbsfähigen Hilfebedürftigen, dessen Partner minderjährig ist, bundesweit 374 Euro. Leben Hilfeempfänger nicht allein, sondern mit einem Partner und/ oder mit Kindern zusammen, wird dies bei der Festsetzung der Regelbedarfe der einzelnen Angehörigen einer Bedarfsgemeinschaft berücksichtigt. Nach dem RBEG werden die Regelbedarfe in sechs Stufen unterteilt (vgl. Tabelle 3).

Da bei einzelnen Personengruppen, die sich in besonderen Lebenslagen befinden, der im Regelbedarf pauschalisierte Bedarf den besonderen Verhältnissen nicht gerecht wird, sind den Regelbedarf ergänzende, laufende *Mehrbedarfszuschläge* vorgesehen (§ 21 SGB II): Anerkannt werden laufende Mehrbedarfszuschläge in Höhe von 17% des maßgeblichen Regelbedarfs für werdende Mütter nach der zwölften Schwangerschaftswoche. Alleinerziehende erhalten mindestens 12% und maximal 60% des Regelbedarfs, abhängig von Alter und Anzahl der minderjährigen Kinder. Alleinerziehende mit einem Kind unter sieben Jahren bzw. mit zwei oder drei Kindern unter 16 Jahren erhalten einen Zuschlag von 36% des maßgebenden Regelsatzes. Alleinerziehende mit einem vierten oder fünften Kind erhalten 12% je Kind, wenn sich hieraus ein höherer Prozentsatz als 36% ergibt. Insgesamt ist der Zuschlag auf maximal 60%

gigkeit sowie im Fall individuell unwirtschaftlichen Verhaltens, kann das Arbeitslosengeld II anteilig oder in voller Höhe in Form von Sachleistungen erbracht werden (§ 24 Absatz 2 SGB II).

beschränkt. Darüber hinaus erhalten erwerbsfähige behinderte Personen bei Teilnahme an einer Eingliederungsmaßnahme nach SGB IX 35% des maßgeblichen Regelbedarfes und im Fall der medizinischen Notwendigkeit einer kostenaufwändigeren Ernährung wird ein Mehrbedarf in angemessener Höhe gewährt. Insgesamt darf der Mehrbedarf den Regelbedarf allerdings nicht überschreiten (§ 21 Abs. 8 SGB II).

Auf Grund der Pauschalisierung der Regelbedarfe werden nach § 24 SGB II zudem gesondert zu beantragende *einmalige Leistungen* gewährt, die vom Regelbedarf nicht abgedeckt werden. Hierzu zählt die Erstausstattung einer Wohnung inklusive Haushaltsgeräte, die Erstausstattung für Bekleidung und Erstausstattung bei Schwangerschaft und Geburt oder die Anschaffung und Reparaturen orthopädischer Schuhe und therapeutischer Geräte und Ausrüstungen.

Gemäß § 22 SGB II werden auch die Bedarfe der *Unterkunft und Heizung*[46] übernommen. Diese werden in Höhe der tatsächlichen Kosten anerkannt, soweit diese als angemessen betrachtet werden. Sind die Aufwendungen unangemessen, in der Regel aus dem Grund, dass die Wohnung als zu groß für die Bedarfsgemeinschaft erachtet wird, sind die Kosten nur so lange zu berücksichtigen, bis es dem Leistungsberechtigten unmöglich und nicht zumutbar ist, diese Kosten etwa durch Umzug zu senken. Die Kostenübernahme beschränkt sich in diesem Fall normalerweise auf eine Laufzeit von sechs Monaten. Im Anschluss daran werden die Aufwendungen für Unterkunft und Heizung nur noch in angemessener Höhe übernommen, d.h. die Kosten werden nur noch anteilig durch den Leistungsträger gewährt. Die Angemessenheit wird nach individuellen Verhältnissen des Einzelfalls beurteilt. Neben der Anzahl der Personen in der Bedarfsgemeinschaft, der vertrauten Umgebung und Nachbarschaftshilfen bei Senioren werden bei der Beurteilung die Anzahl der Wohnräume, das örtliche Mietniveau bzw. der Mietspiegel und die Wohnungsmarktlage berücksichtigt. Da im SGB II keine Vorschrift diesbezüglich vorhanden ist, wird der Leistungsträger auf die im sozialen Wohnungsbau bzw. im Sozialhilferecht geltenden Größen für Wohnraum Bezug nehmen. Als angemessen gelten hiernach 45 Quadratmeter und für jede weitere Person 15 Quadratmeter (Marburger 2012: 25).

Neben den Regelbedarfen werden Kindern, Jugendlichen und jungen Erwachsenen unter 25 Jahren seit dem 1. Januar 2011 Bedarfe für *Bildung und Teilhabe* am sozialen und kulturellen Leben in der Gemeinschaft gewährt. Zu den anerkannten Aufwendungen zählen u.a. die tatsächlichen Aufwendungen für Ausflüge und Klassenfahrten, Schulbedarfe, schulische Angebote, ergänzende Lernförderungen oder für die Teilnahme an der gemeinschaftlichen Mittagsverpflegung in Schulen, Kindertagesstätten und in der Kindertagespflege sowie zur außerschulischen Bildung und Teilhabe, z.B. die Mitgliedschaft in Vereinen der Bereiche Sport, Spiel, Kultur und Gesellschaft, Musikunterricht oder die Teilnahme an Kursen oder Aktivitäten kultureller Bildung (§ 28 SGB II).

Eine Härtefallregelung, die am 22. April 2010 von Bundestag beschlossen wurde, geht auf das vielbeachtete Urteil des Bundesverfassungsgerichtes vom 9. Februar zurück (Lenze 2010: 15). Nach § 21 Abs. 6 SGB II können ALG II-Leistungsempfänger einen unabweisbaren, dauerhaft besonderen Bedarf geltend machen, wenn dieser ohne eine zusätzliche Kostenübernahme zu einer erheblichen Unterversorgung führen

---

[46] Stromkosten werden nicht im Rahmen von § 22 SGB II übernommen. Diese gelten als Bestandteil des Regelbedarfs.

würde. Hierzu zählen z.b. verschreibungspflichtige Arzneimittel bei besonders gravierenden Erkrankungen, Putz- und Haushaltshilfen für Rollstuhlfahrer oder Fahrt- und
Übernachtungskosten für getrennt lebende Eltern zur Wahrnehmung des Umgangs-
rechts mit ihren Kindern (Lenze 2010: 15).

Während des Bezugs von ALG II oder Sozialgeld bleibt der Kranken- und Pflege-
versicherungsschutz für alle gesetzlich oder privat Versicherten grundsätzlich bestehen. Für ALG II-Leistungsbeziehende, die unmittelbar vor dem Leistungsbezug der
gesetzlichen Krankenversicherung (GKV) zugeordnet waren, besteht, sofern kein Anspruch aus der Familienversicherung über einen Ehe- oder Lebenspartner bzw. über
die Eltern vorliegt und die Leistung nicht als Darlehen gewährt wird, weiterhin die
Versicherungspflicht in der GKV. Der pauschalisierte Krankenkassenbeitrag wird
durch den Träger der Grundsicherung für Arbeitsuchende übernommen. Dies gilt
gleichermaßen für die soziale Pflegeversicherung. Leistungsbeziehende von ALG II,
die zuletzt der Privaten Krankversicherung (PKV) angehörten, haben bei Hilfebedürftigkeit einen grundsätzlichen Anspruch auf einen angemessenen Zuschuss zu den Bei-
trägen ihrer privaten Kranken- und Pflegeversicherung (BMG 2012: 1). Für Leistungsberechtigte, die vor Beginn der Hilfebedürftigkeit freiwillig einer gesetzlichen
Versicherung angehörten, werden die Beiträge für die Dauer des Leistungsbezugs
übernommen (§ 26 Abs. 1 SGB II).

Für Sozialgeldbeziehende wurden die Kosten für notwendige Behandlungen im
Krankheitsfall zunächst durch die Sozialhilfeträger übernommen. Seit einer Gesetzes-
änderung aus dem Jahr 2007 verbleiben aber auch die Sozialgeldbezieher in der gesetzlichen oder privaten Krankenversicherung oder werden dieser zugeordnet, sofern
sie vor Eintritt in den Leistungsbezug nicht versichert waren (BMG 2012: 2).

Die Versicherungspflicht in der gesetzlichen Rentenversicherung ist für Leistungsbeziehende nach dem SGB II zum 1. Januar 2011 entfallen (Marburger 2012:
40). Grundsätzlich finden die Bezugszeiten von ALG II aber als Anrechnungszeiten
Berücksichtigung (§ 58 SGB VI), so dass von SGB II-Leistungsbeziehern bereits er-
worbene Ansprüche zur Erwerbsminderungsrente (§ 43 SGB VI) oder zur medizinischen Rehabilitation (§ 11 Abs. 2 SGB VI) bestehen bleiben. Neue Ansprüche werden
allerdings nicht erworben.

4.6 Leistungsbeschränkungen

Bei Verstößen auf Seiten des Leistungsberechtigten gegen die Verpflichtungen des
SGB II greifen Sanktionen, die bis hin zum völligen Wegfall von Leistungen führen
können. Eine Absenkung des ALG II ist u.a. in dem Fall möglich, wenn sich der erwerbsfähige Leistungsberechtigte trotz Belehrung hinsichtlich der rechtlichen Folgen
weigert, eine ihm angebotene Eingliederungsvereinbarung abzuschließen. Das Gleiche
gilt auch, wenn er sich weigert, den im Rahmen der Eingliederungsvereinbarung fest-
gelegten Pflichten nachzukommen. Die Rechtsfolgen treten weitergehend ein, wenn
sich der erwerbsfähige Leistungsberechtigte weigert, eine zumutbare Arbeit, Ausbildung, Eingliederungsmaßnahme oder Arbeitsgelegenheit aufzunehmen oder fortzuset-
zen. Außerdem treten die Rechtsfolgen ein, wenn eine zumutbare Maßnahme vom
Leistungsberechtigten nicht angetreten bzw. abgebrochen wird oder wenn der Leis-

tungsberechtigte Anlass für den Abbruch einer solchen Maßnahme gibt. Diese Regelung gilt allerdings nicht, wenn der Leistungsberechtige einen wichtigen Grund für sein Verhalten darlegen und nachweisen kann (§ 31 Abs. 1 SGB II). In Fall einer Pflichtverletzung drohen dem Leistungsberechtigten Kürzungen des maßgeblichen Regelbedarfs in Höhe von 30% (§ 31a SGB II). Die Dauer einer solchen Sanktion beträgt drei Monate. Im Wiederholungsfall[47] und bei jeder weiteren Pflichtverletzung erfolgt eine Kürzung um weitere 30%, wobei diese dann auch zu einer Einschränkung der Leistungen für Unterkunft und etwaiger Mehrbedarfe führen kann. Eine weitere Pflichtverletzung zieht die Minderung des ALG II um 100% nach sich. Ab einer Minderung des ALG II um mehr als 30% kann der zuständige Träger auf Antrag ergänzende Sachleistungen oder geldwerte Leistungen in angemessenen Umfang erbringen. Diese Leistungen hat der Leistungsträger zu erbringen, wenn der Bedarfsgemeinschaft des Hilfebedürftigen minderjährige Kinder angehören (§ 31a Abs. 3 SGB II).

Bei jüngeren Leistungsberechtigten im Alter von 15 bis unter 25 Jahren werden Pflichtverletzungen härter sanktioniert. Liegt kein wichtiger Grund für eine Pflichtverletzung vor, wird das Arbeitslosengeld II auf den Bedarf für Unterkunft und Heizung beschränkt. Bei einer wiederholten Pflichtverletzung innerhalb eines Jahres werden auch die Kosten für Wohnung und Heizung nicht mehr erstattet. Auch hier soll der Leistungsträger Sachleistungen und geldwerte Leistungen erbringen, wenn minderjährige Kinder in der Bedarfsgemeinschaft leben (§ 31a Abs. 2 SGB II).

Eine weitere Sanktionierung erfolgt im Fall von Meldeversäumnissen ohne wichtigen Grund. Kommen Leistungsempfänger der Aufforderung des Trägers, sich zu melden oder sich einem ärztlichen oder psychologischen Untersuchungstermin zu unterziehen, nicht nach, erfolgt eine Reduzierung des Arbeitslosengeldes II oder des Sozialgeldes um 10% des maßgeblichen Regelbedarfs (§ 32 SGB II).

---

[47] Eine wiederholte Pflichtverletzung liegt vor, wenn der Beginn des vorangegangen Minderungszeitraums weniger als ein Jahr zurückliegt (§ 31a Absatz 1 SGB II).

5 Soziale Inklusion mittels SGB II-Grundsicherung?

Wesentlich für die Frage, ob und inwiefern der Sozialstaat gesellschaftliche Inklusion gewährleistet, ist die Ausgestaltung der sozialen Rechte, d.h. die Qualität der sozialen Sicherungsleistungen, die sozialer Exklusion und Armut entgegenwirken, gesellschaftliche Marginalisierung und Stigmatisierung verhindern sowie gesellschaftliche Teilhabe sicherstellen. Die Konstitution des „wohlfahrtsstaatlichen ,Inklusionsbereichs'" (Mohr 2007: 153) ist maßgeblich dafür, ob soziale Ausgrenzung durch die sozialstaatlichen Institutionen lediglich verwaltet, kontrolliert und reproduziert wird, oder ob Exklusionsprozesse gestoppt und in sozialstaatlich induzierte Inklusion überführt werden können (Mohr 2007: 153).

Wohlfahrtsstaatlich induzierte Inklusion kennt grundsätzlich zwei Gangarten: Die indirekte Weise, in der die SGB II-Grundsicherung inkludierend wirken kann, nimmt Bezug auf die Zielsetzung des SGB II, der (Re-)Integration der Hilfebedürftigen in den ersten Arbeitsmarkt und die Überwindung der Hilfebedürftigkeit. Die Frage, inwiefern dieser Zielsetzung entsprochen wird, ist Gegenstand der empirischen Analyse in Kapitel 6. Mit diesem Kapitel soll zunächst untersucht werden, in welchem Ausmaß durch die Grundsicherung selbst sozialstaatlich induzierte Teilhabe gewährleistet wird. Sind die wohlfahrtsstaatlichen Leistungen in qualitativer Hinsicht derartig ausgestaltet, dass sie umfassende soziale Teilhabe der Betroffenen direkt, d.h. auf Basis der sozialen Sicherungsleistungen, zu gewährleisten vermögen und damit auch bei Hilfebedürftigkeit sozialer Exklusion entgegenwirken? Von entscheidender Relevanz ist hier also die Qualität der Ausgestaltung sozialer Rechte in Form der Leistungshöhe und Anspruchsregelungen, die Prozesse sozialer Exklusion vermeiden, verlangsamen, kompensieren und umkehren, aber eben auch in Gang setzen, beschleunigen und zementieren können (Mohr 2007: 23).

Im Fall von eintretender Arbeitslosigkeit spielt der institutionelle Abstieg im sozialen Netz eine besondere Rolle. Die Frage ist, wie gut das soziale Netz bei Eintritt von Arbeitslosigkeit die Betroffenen auffängt. Neben der Höhe der Geld- und Sachleistungen sind die Anspruchsregelungen, also Anspruchsbedingungen und -zeiten ausschlaggebend für die Dynamik eines Statusverlustes und damit für den Prozess sozialer Exklusion. Diese sozialstaatliche Strukturierung sozialer Exklusion in zeitlicher Hinsicht wird zunächst in Abschnitt 5.1 behandelt.

Arbeitslosigkeit ist, trotz der etwas irreführenden Bezeichnung des Arbeitslosengelds II, zwar der häufigste Grund, aber nicht die alleinige Voraussetzung für den Bezug von SGB II-Leistungen. Diese werden grundsätzlich dann gewährt, wenn eine Bedarfsgemeinschaft ihren Lebensunterhalt nicht aus eigenen Mitteln bestreiten kann. So kommt es zu einer Konstellation, in der Mitglieder einer Bedarfsgemeinschaft zwar erwerbstätig sind und dennoch auf Leistungen nach dem SGB II angewiesen sind. Der mit Blick auf Inklusion und Exklusion ambivalente Charakter des Status der stetig steigenden Zahl sogenannter „Aufstocker" wird in Abschnitt 5.2 näher betrachtet.

Bevor in Kapitel 6 die Überwindung des Leistungsbezugs in den Mittelpunkt des Interesses rückt, werden in Abschnitt 5.3 die Geldleistungen im SGB II dahingehend untersucht, ob diese hinreichend sind, um den Hilfebedürftigen einen kulturell angemessenen Lebensstandard zu sichern und daher als armutsvermeidend und sozialer Ausgrenzung entgegenwirkend betrachtet werden können. Es wird untersucht, inwieweit eine dekommodifizierende Wirkung von den Transferleistungen ausgeht und welche Bedarfsgemeinschaftstypen ggf. bevorzugt oder benachteiligt werden. Mit Abschnitt 5.4 schließt das Kapitel in Form eines kurzen Zwischenfazits.

5.1 Das Netz sozialer Sicherung bei Arbeitslosigkeit

Vor der Restrukturierung der Arbeitslosenunterstützung im Rahmen des Vierten Gesetzes für moderne Dienstleistungen am Arbeitsmarkt basierte das System sozialer Sicherung im Fall von Arbeitslosigkeit auf dem Arbeitslosengeld als zeitlich befristeter, beitragsfinanzierter Versicherungsleistung sowie auf den zeitlich unbefristeten, steuerfinanzierten Leistungen der Arbeitslosen- und Sozialhilfe.

Während das Arbeitslosengeld ausschließlich an ausreichend lange Versicherte gezahlt wurde, schloss die bedürftigkeitsgeprüfte Arbeitslosenhilfe nach Auslaufen bzw. bei Nichterfüllen des Anspruchs auf Arbeitslosengeld an. Für den Fall, dass weder Anspruch auf Arbeitslosengeld noch auf Arbeitslosenhilfe bestand, wurde die Existenzsicherung durch die Sozialhilfe gewährleistet. Diese wurde zudem in Form einer „aufstockenden" Leistung gewährt, sofern Arbeitslosengeld oder Arbeitslosenhilfe allein nicht ausreichend waren, um die Absicherung des soziokulturellen Existenzminimums sicherzustellen.

Vor den Hartz-Reformen mussten als Bedingung zum Anspruch auf Bezug von sechs Monaten Arbeitslosengeld mindestens zwölf Monate innerhalb der letzten drei Jahre vor Eintritt der Arbeitslosigkeit Beiträge zur Sozialversicherung geleistet worden sein. Nach einer Beschäftigungsdauer von zwei Jahren wurde ein Jahr Arbeitslosengeld bewilligt (Bothfeld et al. 2005: 6). Die Bezugsdauer des Arbeitslosengeldes war im Regelfall auf 12 Monate beschränkt, älteren Leistungsbeziehenden wurden allerdings längere Bezugsdauern gewährt: Arbeitslose im Alter zwischen 45 und 56 Jahren konnten maximal 26 Monate und Arbeitslose ab 57 Jahre bis zu 32 Monate Arbeitslosengeld erhalten, selbst wenn sie nach § 428 SGB III der Arbeitsvermittlung nicht zur Verfügung standen (Bothfeld et al. 2005: 6).

Im Zuge der Arbeitsmarktreformen wurden zum 1. Februar 2006 auch die versicherungsbasierten Leistungen der Arbeitslosenunterstützung umstrukturiert. Die Anwartschaften wurden dahingehend geändert, dass Arbeitslose seitdem innerhalb der Rahmenfrist von zwei Jahren (§ 143 Abs. 1 SGB III) mindestens 12 Monate sozialversicherungspflichtig beschäftigt gewesen sein mussten, um damit einen Anspruch auf Arbeitslosengeld für die Dauer von sechs Monaten zu erwerben, ein sozialversicherungspflichtiges Beschäftigungsverhältnis von mindestens 24 Monaten ist mit dem Anspruch auf Arbeitslosengeld für die Dauer von 12 Monaten verbunden (§ 147 SGB III). Die maximal mögliche Bezugsdauer von Arbeitslosengeld für ältere Erwerbslose ist zudem verkürzt worden. Derzeit beträgt die Dauer des Anspruchs auf Arbeitslosengeld bei Leistungsberechtigten ab 50 Jahren 15 Monate, ab 55 Jahren 18 Monate und bei Arbeitslosen ab 58 Jahren maximal 24 Monate (§ 147 SGB III). Entfallen sind darüber hinaus nahezu sämtliche Erweiterungsmöglichkeiten der Rahmenfrist. Vor dem 1. Februar 2006 war es noch möglich, z.B. wegen Weiterbildung oder Selbstständigkeit, die Rahmenfrist auf bis zu fünf Jahre auszudehnen. Bei Pflegeaufgaben gab es keinerlei Höchstgrenze (Bothfeld et al. 2005: 7). Seitdem kann allerdings nur derjenige, welcher auf Grund einer berufsfördernden Reha-Maßnahme Übergangsgeld bezieht, die Rahmenfrist wie früher auf bis zu fünf Jahre ausdehnen (§ 143 Abs. 3 SGB III).

Die beitragsabhängige Leistung des Arbeitslosengeldes sorgt weitestgehend dafür, dass im Fall des Eintretens von Arbeitslosigkeit der Lebensstandard der meisten Erwerbslosen für die Dauer des Leistungsbezugs aufrechterhalten werden kann. Die Höhe der entgeltbezogenen Leistungen des Arbeitslosengeldes entspricht bei Alleinstehenden 60%, bei Erwerbslosen mit unterhaltspflichtigen Kindern 67% des letzten Nettoeinkommens. Vor Inkrafttreten des SGB II bewahrte auch die Arbeitslosenhilfe, die im Anschluss an die maximale Bezugsdauer von Arbeitslosengeld bei fortbestehender Arbeitslosigkeit ohne Befristung gezahlt wurde, die Aufrechterhaltung von Statusunterschieden unter den Erwerbslosen. Die Arbeitslosenhilfe betrug entsprechend 53% des letzten erzielten Einkommens im Fall von Alleinstehenden bzw. 57% bei Erwerbslosen mit unterhaltspflichtigen Kindern. Auf Grund der Abhängigkeit vom erzielten Erwerbseinkommen vermochte die Arbeitslosenhilfe einen Teil der Leistungsbeziehenden vor dem Absturz auf Sozialhilfeniveau zu bewahren. Dazu waren die Anspruchsregelungen so ausgestaltet, dass der Anspruch nicht bereits bei einem geringen Einkommen des Lebenspartners erlosch. Selbst eine vergleichsweise gering ausfallende Arbeitslosenhilfe gewährleistete somit eine Aufbesserung des Familieneinkommens.

Der Systemwechsel von Arbeitslosen- und Sozialhilfe zum Arbeitslosengeld II hat zu einer spürbaren Veränderung hinsichtlich des institutionellen Abstiegs im sozialen Netz bei Arbeitslosigkeit geführt. Mit dem Verlust des Anspruchs auf Arbeitslosengeld fallen seit der Reform alle Erwerbslosen, unabhängig von dem vor Eintritt in die Arbeitslosigkeit erzielten Erwerbseinkommen, auf das Niveau von Arbeitslosengeld II, das etwa der alten Sozialhilfe entspricht. Etwaige Statusunterschiede zwischen Langzeitarbeitslosen, die aus früheren Beschäftigungsverhältnissen resultieren, wurden damit weitestgehend aufgehoben. Durch die Einführung des ALG II wurden im Vergleich zur früheren Regelung bei der Arbeitslosenhilfe die Regeln zur Anrechnung von Einkommen und Vermögen des Leistungsberechtigten sowie seines Partners deutlich verschärft (Bäcker/ Koch 2004).[48]

Mit Einführung der Grundsicherung für Arbeitsuchende wurde zunächst ein beim Übergang vom Bezug des regulären Arbeitslosengeldes zum Arbeitslosengeld II wirksamer, sogenannter „Armutsgewöhnungszuschlag" (Arndt et al. 2013: 102, Fn 132) gewährt, der einen eventuell erheblichen Einkommensabfall abfedern sollte. Der auf zwei Jahre befristete degressive Zuschlag betrug im ersten Jahr zwei Drittel des Unter-

---

[48] Zu beachten ist hierbei, dass die der Berechnung der Arbeitslosenhilfe zugrunde liegenden Vermögensfreibeträge schon 2003 deutlich heruntergesetzt wurden, so dass dadurch bereits eine Anpassung an die später in Kraft getretenen ALG II-Vermögensfreibeträge erzielt wurde (Arndt et al. 2013: 102, Fn 133).

schieds zum zuletzt bezogenen Arbeitslosengeld und entsprach im zweiten Jahr einem Drittel dieser Differenz, maximal aber 160 Euro bzw. 320 Euro für Ehepartner, zuzüglich 60 Euro für jedes Kind im Alter von unter 18 Jahren. Der „Armutsgewöhnungszuschlag" gemäß § 24 SGB II a.F. ist zum 1. Januar 2011 weggefallen (Arndt et al. 2013: 102, Fn. 132). Neben den zeitlichen Verkürzungsregelungen in der Arbeitslosenversicherung ist dadurch die Fallhöhe beim Übergang von SGB III- zum SGB II-Leistungsbezug deutlich angestiegen.

Die Umgestaltung der deutschen Systeme der Arbeitslosensicherung hat folglich den Abstiegsverlauf im sozialen Netz für jene Erwerbslose, die einen Anspruch auf versicherungsbasierte Transferleistungen haben, deutlich steiler gemacht. In der Regel besteht der Anspruch auf eine annähernde Lebensstandardsicherung durch Gewährung des Arbeitslosengeldes nach SGB III nur noch für 12 Monate. Die Abschaffung der skizzierten degressiven Zuschlagsregelung ist für die meisten Arbeitslosen gleichbedeutend mit dem Abrutschen auf „Sozialhilfeniveau" nach nur einem beschäftigungslosen Jahr. Auch für ältere Arbeitslose, die die maximale Bezugsdauer von Arbeitslosengeld beanspruchen können, hat die Verkürzung der Anspruchsdauern eine signifikante Beschleunigung des Abstiegsprozesses im sozialen Sicherungsnetz herbeigeführt.

Die im Rahmen und auch in Folge der Hartz-Reformen vollzogenen Leistungsverschlechterungen haben zu einer beträchtlichen Beschneidung der Arbeitslosenversicherung hinsichtlich ihrer Schutzwirkung geführt. Dieser merkliche Kurswechsel in der Arbeitsmarktpolitik spiegelt sich deutlich in dem als massiv zu betrachtenden Bedeutungsverlust des SGB III wider: Die Zahl der registrierten Arbeitslosen ist zwischen 2005 und 2012 von jahresdurchschnittlichen 4,861 Mio. auf 2,897 Mio. gesunken, ein Rückgang um 40,3%.

Betrachtet man die Arbeitslosenzahlen differenziert nach den Rechtskreisen des SGB III und SGB II, ist eine erhebliche strukturelle Verschiebung auszumachen: Der Rückgang der Arbeitslosenzahlen hat sich vornehmlich im Rechtskreis des SGB III vollzogen, was darauf zurückzuführen ist, dass die Entwicklung des SGB III-Arbeitslosenbestandes enger an die gesamtwirtschaftliche Arbeitskräftenachfrage gekoppelt ist (Brenke 2010: 13) und sich die SGB II-Arbeitslosigkeit grundsätzlich als deutlich weniger konjunkturreagibel darstellt (BA 2010a: 5). Zwischen 2005 und 2012 ist der SGB III-Arbeitslosenbestand um 56,9% zurückgegangen, während für den Rechtskreis des SGB II lediglich ein Rückgang von 28,0% zu konstatieren ist.[49] Entsprechend hat sich der Anteil der SGB II-Arbeitslosen an der Gesamtheit aller Arbeitslosen erheblich erhöht und liegt im Dezember 2012 bei 68,9% (vgl. Abbildung 6). Damit werden mehr als zwei Drittel der registrierten Arbeitslosen entweder bei Eintritt in Arbeitslosigkeit mit umgehender Wirkung oder im Anschluss an den Bezug der Versicherungsleistung des Arbeitslosengeldes auf die SGB II-Grundsicherung verwiesen.

Insgesamt hat der Sozialversicherungsstaat in der Arbeitslosensicherung einen massiven Wandel zu einem „Grundsicherungsstaat" vollzogen, welcher mit einer deutlichen Rücknahme sozialer Rechte im Bereich der Arbeitslosenhilfe verbunden ist. Die Absicherung durch das versicherungsbasierte Arbeitslosengeld entwickelt sich zunehmend zu einem Ausnahmefall, während für die Mehrzahl der Arbeitslosen der

---

[49] Eigene Berechnungen auf Basis der Statistik der Bundesagentur für Arbeit, Arbeitslose nach Rechtskreisen, Datenstand Januar 2013.

Bezug des Arbeitslosengeld II und die Betreuung durch die Jobcenter zum Regelfall geworden ist. Zu berücksichtigen ist dabei, dass nicht alle, dem SGB III zugeordneten, Arbeitslosen auch einen Anspruch auf Arbeitslosengeld haben, da auch jene, die die maximale Bezugsdauer des Arbeitslosengeldes bereits überschritten und auf Grund fehlender Bedürftigkeit keinen Anspruch auf Leistungen nach SGB II haben, weiterhin dem SGB III zugeordnet werden.

Abbildung 6:   Arbeitslose in den Rechtskreisen des SGB II und SGB III, Deutschland 2005-2012[*)]

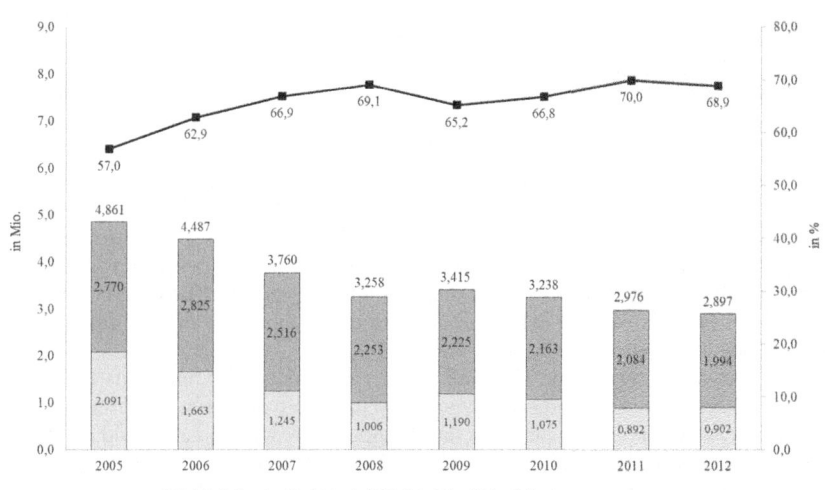

Arbeitslose im Rechtskreis SGB II in Mio. (linke Achse)
Arbeitslose im Rechtskreis SGB III in Mio. (linke Achse)
Arbeitslose im Rechtskreis SGB II in % aller Arbeitslosen (rechte Ache)

[*)] Jahresdurchschnitte.
Datenbasis: Statistik der Bundesagentur für Arbeit, Arbeitslosigkeit im Zeitverlauf, Datenstand Dezember 2013; eigene Berechnung und Darstellung.

Die Arbeitslosenversicherung begrenzt sich also immer mehr auf einen kleiner werdenden Kreis der Arbeitslosen, die die Anwartschaftszeit und Rahmenfrist erfüllen können und die Phase ihrer Arbeitslosigkeit vergleichsweise zügig beenden. Der Bedeutungsverlust der Arbeitslosenversicherung wird nochmals deutlicher, richtet man den Blick auf die Ebene der Kreise und kreisfreien Städte. So sind in vielen Städten, die insgesamt eine überdurchschnittliche Arbeitslosigkeit aufweisen, auch die Anteile der Arbeitslosen im Rechtskreis des SGB II besonders hoch. In den norddeutschen Städten Bremen (80,1%), Bremerhaven (85,9%) und Wilhelmshaven (80,3%), den Ruhrgebietsstädten Duisburg (81,2%), Essen (81,5%), Oberhausen (82,7%), Gelsenkirchen (82,2%), Dortmund (81,4%), Hamm (80,7%) und Herne (81,0%) sowie der Stadt Brandenburg an der Havel (80,3%) sind im Dezember 2012 allesamt mehr als vier Fünftel aller registrierten Arbeitslosen dem Rechtskreis des SGB II zuzuordnen.[50]

---

[50] Der entsprechende Wert für Deutschland liegt im Dezember 2012 bei 67,4%, für Westdeutschland bei 65,6% und für Ostdeutschland bei 71,6% (Eigene Berechnungen auf Datengrundlage der Statistik

Mit Blick auf die Verteilungswirkungen der Hartz IV-Reform haben die veränderten Regelungen zur Sicherung des soziokulturellen Existenzminimums sowohl Gewinner als auch Verlierer unter den Hilfebedürftigen hervorgebracht, wobei die jeweilige Zuordnung maßgeblich davon abhängig ist, aus welchem bisherigen System die Betroffenen in den SGB II-Leistungsbezug gewechselt sind.

Bedingt durch die Absenkung der vormals einkommensbezogenen Arbeitslosenhilfe auf das Niveau der Sozialhilfe ist in der Regel eine Verschlechterung der Lebenslage ehemaliger Arbeitslosenhilfebezieher zu konstatieren. Ein großer Teil ehemaliger Arbeitslosenhilfebezieher hat auf Grund der strengeren Bedürftigkeitsprüfungen bzw. der strengeren Regelungen bei der Anrechnung von Einkommen und Vermögen ab 2005 zum Teil deutliche Einbuße hinsichtlich der zu erhaltenden Leistungen erfahren. Ein vergleichsweise geringer Teil ehemaliger Arbeitslosenhilfebeziehender fiel nach Einführung des SGB II – etwa auf Grund von Erwerbseinkommen oder Renten von Lebenspartnern – sogar aus dem Leistungsbezug heraus (Bruckmeier/ Schnitzlein 2007; Becker 2009; Koch et al. 2009: 60).

Wenige Veränderungen in Hinblick auf das Niveau materieller Ressourcen brachte die Reform für diejenigen Hilfebedürftigen und Mitgliedern von Bedarfsgemeinschaften mit, die vorher Leistungen der Sozialhilfe bezogen. Die Pauschalisierung von Einzelbedarfen bewirkte auf der einen Seite Einkommenszuwächse, während sich diese auf der anderen Seite wiederum dadurch relativierten, dass Kosten für Kleidung, verschlissenes Mobiliar oder defekte Haushaltsgeräte nicht mehr übernommen werden (Koch et al. 2009: 60).

Als Gewinner gelten jene Haushalte, deren Haushaltseinkommen aus Erwerbsarbeit oder deren Transferansprüche zuvor knapp unterhalb des Grundsicherungsniveaus angesiedelt waren. Profitiert hat auch die Gruppe derer, welche auf Grund der gegenüber der Sozialhilfe großzügigeren Einkommens- und Vermögensfreibeträge erst jetzt Anspruch auf Leistungen der SGB II-Grundsicherung haben (Koch et al. 2009: 60).

Zudem ist davon auszugehen, dass das SGB II eine relevante Personengruppe aus der sogenannten „verdeckten Armut" herausgeholt und deren materielle Situation durch Erhöhung auf das Niveau der Grundsicherung spürbar verbessert hat (Becker 2007; Koch et al. 2009: 60). Vor den Hartz-Reformen kamen auf drei Grundsicherungsleistungsempfänger mindestens zwei, eher drei weitere Personen, die von ihrem Anspruch auf Leistungen keinen Gebrauch machten (Becker 2007: 4). Von verdeckter Armut betroffen waren dabei vor allem alleinstehende Frauen, Paarhaushalte mit erwerbstätigem Haushaltsvorstand und Haushalte älterer Erwerbsloser. Mit Einführung des Arbeitslosengeldes II konnte die verdeckte Armut von bisherigen Arbeitslosenhilfebeziehenden verringert werden. Insbesondere die Gruppe der Erwerbstätigenhaushalte mit geringem Einkommen nimmt die Leistungen nach dem SGB II allerdings nach wie vor nicht immer in Anspruch.

Die Gründe für das Phänomen verdeckter Armut sind vielschichtig. Als wesentlich zu nennen ist zum einen die Unkenntnis des Adressatenkreises hinsichtlich der relevanten gesetzlichen Regelungen. Zum anderen sind mit der Inanspruchnahme der staatlichen Transferleistungen zum Teil erhebliche Stigmatisierungsängste auf Seiten der Hilfebedürftigen verbunden (vgl. Becker 2007).

---

der Bundesagentur für Arbeit, Arbeitsmarkt in Zahlen, Arbeitslose nach Kreisen sowie Deutschland und Ländern, jeweils Dezember 2012, Datenstand Januar 2013.

5.2 Erwerbstätigkeit und ALG II-Leistungsbezug

Auf Grund seiner Komplexität bezogen auf die Vielfalt des anspruchsberechtigten Personenkreises erfordert das SGB II-Leistungssystem eine differenzierte Betrachtung. Leistungen nach dem SGB II beschränken sich nicht auf Arbeitslose. Die Aufgabe des SGB II liegt vielmehr in Absicherung von Hilfebedürftigkeit, Arbeitslosigkeit ist hier nur eine von vielen möglichen Ursachen. Auch Erwerbstätigkeit und SGB II-Leistungsbezug schließen einander nicht aus. Haushalte mit einem geringem Erwerbseinkommen, das zur Deckung des soziokulturellen Existenzminimums nicht ausreicht, sind grundsätzlich bezugsberechtigt (Bäcker 2008: 34; Koch et al. 2009: 67). Das Einkommen der Leistungsbezieher ergibt sich dann als Kombilohn aus staatlicher Transferleistung und Erwerbseinkommen, wobei das dem Hilfebedürftigen zur Verfügung stehende Nettoeinkommen durch die sogenannte „Aufstockertätigkeit" (Dietz et al. 2009: 1) insgesamt erhöht wird. Durch die Anrechnung des Hinzuverdienstes erwirtschaften die Leistungsberechtigten einen Teil ihrer Transferleistungen selbst und tragen zur Entlastung des Sozialsystems bei (Bruckmeier et al. 2007: 1).

Abbildung 7:   Erwerbsfähige und erwerbstätige Leistungsberechtigte, Deutschland 2007-2012[*)]

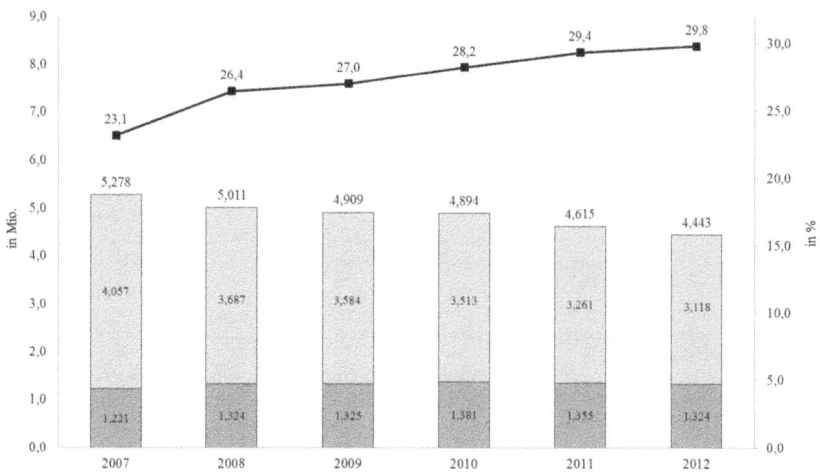

☐ Erwerbsfähige Leistungsberechtigte in Mio. (linke Achse)
▨ Erwerbstätige Leistungsberechtigte in Mio. (linke Achse)
■ Erwerbstätige Leistungsberechtigte in % aller erwerbsfähigen Leistungsberechtigten (rechte Achse)

[*)] Jahresdurchschnitte.
Datenbasis: Statistik der Bundesagentur für Arbeit, Aktuelle Daten aus der Grundsicherung, Erwerbstätigkeit von erwerbsfähigen Leistungsbeziehern, Datenstand August 2013.

Abbildung 7 ist die immer größere Bedeutung der „Aufstocker" im SGB II zu entnehmen. Deren Zahl ist zwischen 2005 und 2012 im Jahresdurchschnitt von 1,221 Mio. auf 1,324 Mio. angestiegen, was einem Zuwachs von 8,4% entspricht. Dabei ist der Anteil der erwerbstätigen Leistungsempfänger an der Gesamtheit der erwerbsfähigen

Hilfebedürftigen im Zeitverlauf ebenfalls gestiegen: Betrug deren Anteil 2005 noch 23,1%, so sind im Jahr 2012 bereits 29,8% der erwerbsfähigen Leistungsbeziehenden erwerbstätig.

Auf Grund der zunehmenden Bedeutung der erwerbstätigen Leistungsberechtigten erscheint daher ein Blick auf die Struktur der Erwerbstätigkeit von Bedeutung. Abbildung 8 verdeutlicht diese anhand der Art der Erwerbstätigkeit sowie der dieser zugrunde liegenden Arbeitszeiten bei sozialversicherungspflichtig beschäftigten Leistungsberechtigten.

Abbildung 8:   Erwerbstätige Leistungsberechtigte nach Art der Erwerbstätigkeit und Arbeitszeit, Deutschland 2012[*]

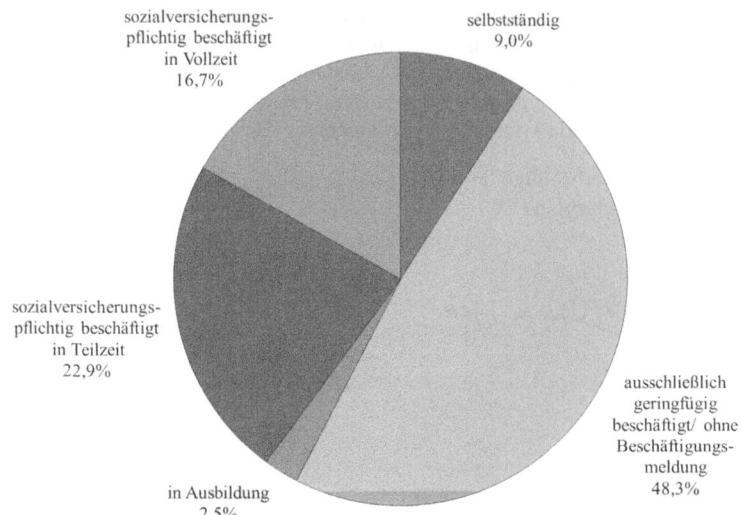

[*] Jahresdurchschnitt; In der Summe der Prozentwerte ergeben sich auf Grund möglicher Mehrfachnennungen von 100% abweichende Werte.
Datenbasis: Statistik der Bundesagentur für Arbeit, Aktuelle Daten aus der Grundsicherung, Erwerbstätigkeit von erwerbsfähigen Leistungsbeziehern, Datenstand Dezember 2014, Daten mit Wartezeit von drei Monaten; eigene Berechnung und Darstellung.

Während sich im Jahr 2012 lediglich ein geringer Anteil der erwerbstätigen Leistungsberechtigten nach SGB II in einer Ausbildung befindet (2,5%) und auch der Anteil Selbstständiger im Jahresdurchschnitt mit 9,0% relativ gering ausfällt, ist das Gros der ALG II-Leistungsbeziehenden in Erwerbstätigkeit der Gruppe der ausschließlich geringfügig Beschäftigten und der erwerbstätigen Leistungsbeziehenden ohne Beschäftigungsmeldung zuzuordnen. Ihr Anteil beträgt mit 48,3% nahezu die Hälfte. Von besonderem Interesse sind im Kontext der Erwerbstätigkeit die sozialversicherungspflichtig beschäftigten Leistungsbezieher. Hier beträgt der Anteil sozialversicherungspflichtiger Leistungsbeziehender in Teilzeit bezogen auf die Gesamtheit aller erwerbstätigen Leistungsbeziehenden 2012 im Jahresdurchschnitt 22,9%. Zudem ist mit 16,7% ein beträchtlicher Anteil an allen erwerbstätigen Leistungsbeziehenden in Vollzeit sozialversicherungspflichtig beschäftigt. In diesen Fällen wird das Erwerbseinkommen durch SGB II-Grundsicherungsleistungen ergänzt, für in Teilzeit oder anderweitig geringfügig Beschäftigte verhält es sich umgekehrt, denn hier werden die SGB II-Leistungen durch ein Erwerbseinkommen erhöht.

Abbildung 9:   Erwerbstätige Leistungsberechtigte nach Höhe des Einkommens, Deutschland 2012[*)]

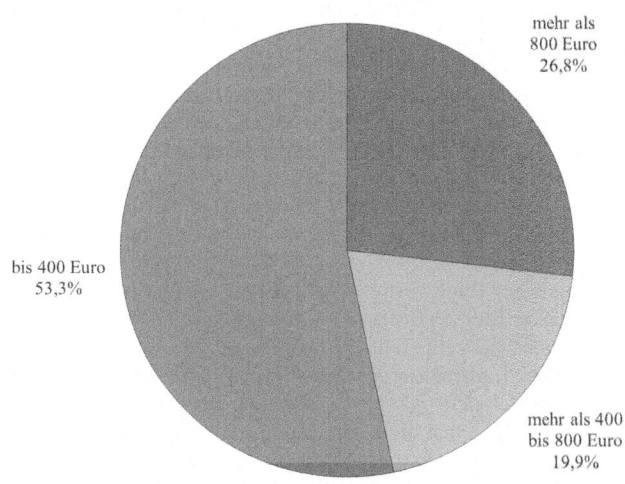

[*)] Jahresdurchschnitt.
Datenbasis: Statistik der Bundesagentur für Arbeit, Aktuelle Daten aus der Grundsicherung, Erwerbstätigkeit von erwerbsfähigen Leistungsbeziehern, Datenstand Dezember 2012; eigene Berechnung und Darstellung.

Der Grad der Erwerbsbeteiligung von ALG II-Leistungsbeziehenden spiegelt sich auch in den von ihnen erzielten Bruttoeinkommen wider (vgl. Abbildung 9). Es fällt auf, dass mehr als die Hälfte (53,3%) der erwerbstätigen Leistungsempfänger im Jahresmittel 2012 ein monatliches Einkommen in Höhe von maximal 400 Euro erzielt. Weitere 19,9% erwirtschaften ein Erwerbseinkommen zwischen 400,01 und 800 Euro. Damit liegt der Anteil der erwerbstätigen Leistungsbeziehenden, deren monatliches Einkommen den Betrag von 800 Euro nicht übersteigt, bei insgesamt knapp drei Vierteln (73,2%), wobei der überwiegende Teil dieser Erwerbseinkommen aus einem dem Niedriglohnsektor zuzurechnenden Mini- oder Midijob resultieren dürfte. Lediglich 26,8% der erwerbstätigen Leistungsberechtigten erzielen 2012 ein Erwerbseinkommen oberhalb der 800-Euro-Grenze.

Die Gründe für das Aufstocker-Phänomen sind vielschichtig. Eine Vielzahl von Menschen erreicht oftmals lediglich ein Erwerbseinkommen, welches unterhalb des soziokulturellen Existenzminimums angesiedelt ist. Dies trifft offenbar sogar auf einen beträchtlichen Teil der in Vollzeit sozialversicherungspflichtig Beschäftigten zu. Ursächlich hierfür sind zum einen die Zunahme im Niedriglohnbereich, zum anderen können hohe Mietkosten oder die Familiengröße dafür verantwortlich sein, dass das

Einkommen zur Existenzsicherung des Haushalts nicht ausreicht (Bruckmeier et al. 2007: 1).

Die Beurteilung der Erwerbstätigkeit von ALG II-Leistungsbeziehenden fällt unterschiedlich aus. Während auf der einen Seite darauf verwiesen wird, dass von einer aufstockenden Erwerbstätigkeit positive Impulse ausgehen, da mit dieser Arbeitsmarktnähe verbunden ist und sich dadurch die Hoffnung auf eine baldige Überwindung der Hilfebedürftigkeit erhöht, wird auf der anderen Seite kritisiert, dass auf Grund der sich ausbreitenden Niedriglohnbeschäftigung (vgl. Abschnitt 2.2.1) für eine zunehmende Anzahl von Menschen der Lebensunterhalt nicht mehr allein aus Erwerbsarbeit finanzierbar ist (Dietz et al 2009: 1f.).

Die Aufstocker-Problematik erscheint daher auch in Hinblick auf die Frage nach sozialer Exklusion ambivalent. Zwar ist bei den Betroffenen eine zumindest geringe Arbeitsmarktteilhabe gegeben. Daran sind im Regelfall auch Sozialkontakte gekoppelt. Die gerade im Diskurs aktivierender Arbeitsmarktpolitik oftmals vertretene Auffassung, nach der ein Arbeitsplatz den besten Schutz vor Exklusion darstellt, ist somit sicherlich nicht falsch, greift aber zu kurz. Arbeitsmarktteilhabe per se mit sozialer Inklusion gleichzusetzen, wie dies von Vertretern aktivierender Arbeitsmarktpolitik oftmals unternommen wird (Mohr 2007: 14), erscheint problematisch, da bei einem derart engen Verständnis der Blick verloren geht für die Qualität der Arbeitsmarktteilhabe. Denn obwohl Erwerbstätigkeit per se ohne Zweifel einen wesentlichen Aspekt gesellschaftlicher Teilhabe darstellt, fällt das aus ihr erzielte Einkommen, so etwa in vielen Fällen der Leiharbeit, oftmals so gering aus, dass trotz Erwerbseinkommen auf Seiten der Betroffenen Hilfebedürftigkeit und damit ein Anspruch auf Leistungen nach dem SGB II entsteht bzw. bestehen bleibt. In diesen Fällen kann von umfassender gesellschaftlicher Inklusion sicherlich nur unter der Bedingung gesprochen werden, wenn die Geld- und Sachleistungen der SGB II-Grundsicherung ausreichend hoch sind, dass diese ein Mindestmaß an Wohlstand gewährleisten, welches soziale Teilhabe in einem kulturell angemessenen Maße sicherstellt. Um es mit der dem Exklusionsbegriff inhärenten Dialektik zu sagen, so sind die von dieser Situation betroffenen Hilfebedürftigen auf Grund von Erwerbsarbeit zwar „drinnen", gleichwohl verbleiben sie zugleich „draußen", da die als kulturell angemessen erachtete Mindestgrenze an Wohlstand unterschritten wird.

Dies gilt entsprechend für die Systeme der sozialen Sicherung, wenn die Leistungen der Sozialversicherung immer weiter eingeschränkt und durch Mindestsicherungsleistungen ersetzt werden und die Möglichkeit, im Bedarfs- oder Notfall den Lebensstandard aufrechtzuerhalten immer mehr begrenzt wird. Die skizzierte Gleichzeitigkeit eines „Drinnen" und „Draußen" ist für das Verständnis des Exklusionsbegriffs von hoher Relevanz, denn Exklusion entspricht dem hier beschriebenem Umstand für den Einzelnen, eben Teil einer Gesellschaft zu sein, und dennoch nicht dazuzugehören (vgl. Abschnitt 2.1).

Es stellt sich daher die Frage, ob eine rein erwerbsorientierte Arbeitsmarkt- und Sozialpolitik der Exklusionsgefahr hinreichend entgegenwirkt. Von dem veränderten sozialpolitischen Leitbild, in dessen Fokus weniger die (annähernde) Lebensstandardsicherung als eine Mindestsicherung soziokultureller Existenz steht, gehen weitreichende Konsequenzen für das Verständnis sozialer Ungleichheit und die Bestimmung sozial benachteiligter Personengruppen aus (Böhnke 2006: 11). Die Leistungen nach dem SGB II geraten dabei aus zweierlei Perspektiven in den Blickpunkt: Sind diese derart ausgestaltet, dass von ihnen per se eine inkludierende Wirkung ausgeht und welcher hierauf bezogene Effekt geht von einem Erwerbseinkommen aus, welches zusätzlich zu den SGB II-Leistungen erzielt wird und auf diese angerechnet wird? Diese Fragen sind Gegenstand des folgenden Abschnitts.

5.3 Leistungshöhe und Armutsvermeidung

In der sozialwissenschaftlichen wie auch in der öffentlichen Wahrnehmung wird Armut im Regelfall dann als gegeben erachtet, wenn das Einkommen so gering ausfällt, dass dadurch eine Anspruchsberechtigung auf sozialstaatliche Transferleistungen entsteht (Hradil 2010: 3). In der Hilfebedürftigkeit, so stellte bereits Simmel (1992) fest, besteht der eigentliche Kern der Armut (vgl. Abschnitt 2.1). Mit den Geldleistungen nach dem SGB II, also vornehmlich dem Arbeitslosengeld II und dem Sozialgeld, soll der Einkommensarmut insoweit vorgebeugt werden, dass der grundlegende Bedarf der Leistungsberechtigten abgedeckt und eine Lebensführung in Höhe des soziokulturellen Existenzminimums sichergestellt wird. Seit Einführung der Grundsicherung für Arbeitsuchende wird allerdings kontrovers diskutiert, inwiefern die Regelbedarfe der SGB II-Grundsicherung ausreichend zur Sicherung des soziokulturellen Existenzminimums tatsächlich sind.

Politisch war in der Bundesrepublik Armut lange Zeit ein wenig berücksichtigtes Thema, noch in den 1980er und 1990er Jahren, als die Arbeitslosigkeit von Rekord- zu Rekordwert stieg, wurde das Thema weitestgehend ausgeblendet. Durch die Leistungen der Sozialhilfe wurde Armut als aktiv „bekämpft" betrachtet. Mit der Einführung der Armuts- und Reichtumsberichterstattung (BMAS 2001) hat die rot-grüne Bundesregierung die Armutsproblematik zwar wieder vermehrt der öffentlichen Wahrnehmung zugeführt, die politische Auffassung, nach der das Leistungsniveau der Sozialhilfe nicht nur das physische Überleben, sondern auch die Teilhabe am gesellschaftlichen und kulturellen Leben sicherzustellen vermag, blieb dabei allerdings unberührt und wurde auch im zweiten Armuts- und Reichtumsbericht der damaligen Bundesregierung weiterhin vertreten (BMGS 2005: 57). Geradezu folgerichtig erscheint daher, dass die Leistungshöhe der 2005 eingeführten Grundsicherung für Arbeitsuchende auf Höhe des bisherigen Sozialhilfeniveaus vollzogen wurde.

Im Folgenden soll der Frage nachgegangen werden, ob die politisch „bekämpfte" Armut mittels SGB II-Grundsicherungsleistungen ausreicht, um sozialer Exklusion entgegenzuwirken und ein Mindestmaß an materieller Teilhabe auf Seiten der Hilfebedürftigen sicherzustellen. Dazu wird die Höhe der Leistungen differenziert nach Bedarfsgemeinschaftstypen betrachtet und untersucht, ob diese als armutsvermeidend bezeichnet werden können. Dies erfordert zunächst einige Anmerkungen zur verwendeten Datenbasis und dem methodischen Vorgehen (Abschnitt 5.3.1). In Folge werden zunächst die SGB II-Leistungen per se in den Blick genommen (Abschnitt 5.3.2). Im Anschluss erfolgt auf Grund der wachsenden Bedeutung von Aufstockertätigkeiten (vgl. Abschnitt 5.2) die Betrachtung der Leistungshöhe nach SGB II in Kombination mit einem etwaigen Hinzuverdienst aus Erwerbsarbeit (Abschnitt 5.3.3). Abschließend wird in Abschnitt 5.3.4 die Möglichkeit der Jobcenter, bei Nichterfüllung der verein-

barten Aufgaben durch den Leistungsberechtigten die Geldleistungen mittels Sanktionen zu beschränken, in Hinblick auf die Exklusionsgefahr der Betroffenen beurteilt.

5.3.1 Datenbasis und methodische Vorbemerkungen

Um einordnen zu können, ob die Geldleistungen nach dem SGB II in ihrer Höhe ausreichend sind, um Einkommensarmut und Ausgrenzung von materiellen Gütern auf
Seiten der Hilfebedürftigen und ihrer Bedarfsgemeinschaften zu vermeiden, findet der
in der Armutsforschung weit verbreitete Ressourcenansatz Verwendung. Dieser nimmt
in der Regel auf jene Ressourcen Bezug, die aus einem Einkommen resultieren und zur
Erreichung eines als kulturell angemessen angesehenen Lebensstandards grundsätzlich
zur Verfügung stehen (Buhr 2004: 7).
    Zur Bestimmung vorliegender (Einkommens-)Armut dient das Haushaltsnettoein-
kommen. Die maßgebliche Frage besteht darin, ab welcher Einkommenshöhe ein
Haushalt als arm zu bezeichnen ist und wie eine solche Armutsgrenze für unterschiedliche Haushaltsgrößen zu bestimmen ist. Hierzu ist zunächst der Einkommensmindestbedarf eines Ein-Personen-Haushalts zu ermitteln. Dieser beinhaltet die laufenden
Kosten für den Lebensunterhalt einer einzelnen Person. Dazu gilt es eine Annahme
darüber zu treffen, in welcher Höhe der Einkommensmindestbedarf des Haushalts höher ausfällt, wenn mehrere Personen diesem angehören, sprich welcher Mehrbedarf
durch eine höhere Personenzahl entsteht. Schließlich sind zusätzliche Bedarfe zu be-
ziffern, die den Haushalt als Ganzen betreffen und sich von den laufenden Kosten einzelner Personen unterscheiden. Dies betrifft insbesondere die Kosten der Unterkunft
(Andreß 1999: 81).
    Zur Bestimmung eines konkreten Einkommensmindestbedarfs dient das Konzept
relativer Einkommensarmut. „[R]elative Armut wird auf Raum und Zeit bezogen, sie
bemisst sich am konkreten, historisch erreichten Lebensstandard einer Gesellschaft"
(Bäcker et al. 2010: 357) und wird gemeinhin als gegeben angesehen, wenn das Einkommen einer Person im Verhältnis zu der gesamtgesellschaftlichen Einkommensverteilung im unteren Bereich angesiedelt ist (Hauser et al. 1981; Piachaud 1992; Hanesch et al. 2000). Zur Bestimmung hat sich diesbezüglich – gemäß des von der EU
vorgegebenen Standards – eine Armutsgefährdungsschwelle von 60% des mittleren
(Median-)Einkommens in der Armutsberichterstattung durchgesetzt (Gerhardt et al.
2009: 5; BMAS 2013b).
    Als Datenbasis zur Berechnung der Armutsgefährdungsschwelle lässt sich das via
Mikrozensus ermittelte monatliche Haushaltsnettoeinkommen heranziehen. Nach Angabe des Landesbetriebs Information und Technik Nordrhein-Westfalen (IT.NRW)
beträgt die Armutsgefährdungsschwelle für einen Ein-Personen-Haushalt in Deutschland im Jahr 2012 869 Euro.[51]
    Grundsätzlich wird angenommen, dass Mehrpersonenhaushalte gegenüber Einzel-
personen zwar ein höheres Einkommen benötigen, um das gleiche Wohlfahrtsniveau
zu erreichen, sich allerdings Einspareffekte beispielsweise durch die gemeinsame Nutzung von Wohnraum und Konsumgütern ergeben (Piachaud 1992: 78). Mittels einer
Äquivalenzskala wird daher ein bedarfsgewichtetes Nettoäquivalenzeinkommen pro

---

[51] Quelle: <http:www.amtliche-sozialberichterstaatung.de/Tabellen_Excel/tabelleA2.xls>, Zugriff am
04.01.2014.

Person berechnet, indem das Haushaltsnettoeinkommen durch die Summe der Bedarfsgewichte aller einem Haushalt zugehörigen Personen dividiert wird. Zur Bedarfsgewichtung findet im Regelfall die neue bzw. modifizierte OECD-Skala Verwendung, welche im Vergleich zur alten OECD-Skala Mehr-Personen-Haushalten im Vergleich zu Ein-Personen-Haushalten eine höhere Kostenersparnis unterstellt. Dabei wird der ersten erwachsenen Person im Haushalt ein Bedarfsgewicht von 1 zugeordnet. Für sämtliche weiteren Personen im Haushalt ab 14 Jahren wird nach modifizierter OECD-Skala ein Bedarfsgewicht von 0,5 und für jede Person unter 14 Jahren ein Bedarfsgewicht von 0,3 vorgesehen (Gerhardt et al. 2009; Krentz 2011).[52]

Ausgehend von der Armutsgefährdungsschwelle eines Ein-Personen-Haushalts kann auf Basis dieses Wertes durch Multiplikation mit dem jeweiligen Äquivalenzgewicht des Haushalts, d.h. der Summe der Personengewichte pro Haushalt, für einen jeden Haushaltstyp die auf das Haushaltsnettoeinkommen bezogene spezifische Armutsgefährdungsschwelle bestimmen (Gerhardt et al. 2009: 7). Unterschreitet das ermittelte bedarfsgewichtete Pro-Kopf-Einkommen die Schwelle von 60% des Medianeinkommens, so wird von einer Armutsgefährdung sämtlicher Haushaltsmitglieder ausgegangen (Kraußer 2011: 210). Dem Konzept liegt die Annahme zu Grunde, dass bei einem derart niedrigen Einkommen die gesellschaftliche Teilhabe nicht mehr als sichergestellt zu erachten ist (Groh-Samberg 2010: 11).[53]

Der Armutsgefährdungsschwelle lassen sich die nach SGB II gewährten Geldleistungen gegenüberstellen. Diese umfassen zunächst den monatlichen Regelbedarf der Grundsicherung, der in Abhängigkeit von Größe der Bedarfsgemeinschaft und dem Alter ihrer Angehörigen pauschalisiert festgelegt ist. Damit soll berücksichtigt werden, dass die Bedarfe in Abhängigkeit vom Lebensalter variieren. Außerdem wird davon ausgegangen, dass mit zunehmender Personenzahl im Haushalt Kostenersparnisse verbunden sind (vgl. Abschnitt 4.5). Weitergehend werden die Mehrbedarfe für Alleinerziehende berücksichtigt sowie die Kosten der Unterkunft und Heizung. Da Miet- und Nebenkosten sowohl regional als auch lokal erheblich divergieren können, wird der von der Bundesagentur für Arbeit (BA 2013a) ausgewiesene bundesweite Durchschnittswert zugrunde gelegt.

Anzumerken ist, dass die Anzahl der in Bedarfsgemeinschaften lebenden Personen und die Zahl der Haushaltsangehörigen nicht immer identisch sind. Zu einer Bedarfsgemeinschaft gehören der Leistungsberechtigte, sein Partner und ggf. unverheiratete Kinder unter 25 Jahren. Die Bedarfsgemeinschaft muss sowohl gemeinsam wohnen als auch gemeinsam wirtschaften (vgl. Abschnitt 4.3). Aus diesem Grund sind Bedarfsgemeinschaften enger gefasst als die mittels Mikrozensus erfassten Haushalte. So werden verheiratete Kinder unter 25 Jahren oder Kinder ab 25 Jahren zwar dem Haushalt zugerechnet, zur Bedarfsgemeinschaft nach dem SGB II zählen sie hingegen nicht. Entsprechend kann das Nettoeinkommen einer Bedarfsgemeinschaft durchaus von der Höhe des Haushaltseinkommens abweichen, wenn durch weitere, einem Haushalt zugehörige Personen das Gesamthaushaltseinkommen erhöht wird. Nach Bruckmeier et al. (2010: 209) stimmte im Dezember 2006 bei ca. 89% in den prozess-

---

[52] Nach alter OECD-Skala wurde ein Bedarfsgewicht von 0,7 für eine Person ab 14 Jahren und 0,5 für eine Person unter 14 Jahren herangezogen (Andreß 1999: 86).
[53] Die Armutsgefährdungsquote, d.h. der Anteil der Personen mit einem Äquivalenzeinkommen von weniger als 60% des Medians der Äquivalenzeinkommen der Bevölkerung, beträgt in Deutschland nach Angaben von IT.NRW 2012 15,2%.

produzierten Verwaltungsdaten die Anzahl der Bedarfsgemeinschaftsmitglieder mit der Anzahl der Haushaltsmitglieder überein.[54] Der Maßstab für die Einkommensschwellen zwischen Bedarfsgemeinschaften und Haushalten verändert sich daher nicht wesentlich und stellt kein gravierendes methodisches Problem dar (Hanesch et al. 2000: 139; Burmester 2003: 63; Bruckmeier et al. 2010: 209).

5.3.2 SGB II-Leistungen und Armutsgefährdungsschwelle

In Tabelle 4 erfolgt eine exemplarische Gegenüberstellung der für volljährige Single-Alleinerziehenden- und Paar-Bedarfsgemeinschaften und der dem jeweiligen Haushaltstypen entsprechenden Armutsgefährdungsschwelle für das Jahr 2012. Es zeigt sich, dass mit Ausnahme weniger Haushaltskonstellationen Alleinerziehender mit jüngeren Kindern, deren mittels SGB II-Leistungen erzieltes Einkommen knapp oberhalb der Armutsgefährdungsschwelle angesiedelt ist, diese Schwelle in der Regel jedoch zumindest knapp, bei einigen Bedarfsgemeinschaftstypen dagegen deutlich, unterschritten wird.

Zu den finanziell schlechter gestellten Bedarfsgemeinschaftskonstellationen gehören zunächst Bedarfsgemeinschaften mit älteren Kindern. So unterschreiten die durchschnittlich bezogenen Leistungen bei Alleinerziehenden-Bedarfsgemeinschaften mit einem Kind im Alter von 14 bis und unter 18 Jahren die Armutsgefährdungsschwelle um 204 Euro bzw. 15,6%, bei drei Kindern dieser Altersgruppe beträgt die entsprechende Unterschreitung 270 Euro (12,4%). Hohe Unterschiede sind zudem für die Paar-Bedarfsgemeinschaften mit Kind(ern) festzustellen. Bei einem der Bedarfsgemeinschaft angehörigen Kind im Alter zwischen 14 und unter 18 Jahren beträgt die Unterschreitung der Armutsgefährdungsgrenze 293 Euro (16,9%), bei zwei Kindern sind es 367 Euro (ebenfalls 16,9%). Gehören einer Bedarfsgemeinschaft drei Kinder dieser Altersklasse an, so liegen die gewährten SGB II-Leistungen von durchschnittlich 2.192 Euro um 415 Euro (15,9%) unter der diesem Haushaltstypen entsprechenden Armutsgefährdungsschwelle.

Als finanziell besonders schlecht gestellt – und daher einem erhöhten Kommodifizierungsdruck ausgesetzt – sind die kinderlosen Bedarfsgemeinschaften zu betrachten. Paar-Bedarfsgemeinschaften ohne Kind liegen mit durchschnittlich erhaltenen Leistungen in Höhe von 1.039 Euro deutlich unterhalb der haushaltstypspezifischen Armutsgefährdungsschwelle von 1.304 Euro, was einer Unterschreitung von 265 Euro bzw. 20,3% entspricht.

Nochmals deutlicher sind die Unterschiede zwischen den erbrachten Leistungen und der Armutsgefährdungsschwelle bei den Single-Bedarfsgemeinschaften. Bei einer durchschnittlichen Leistungshöhe von 664 Euro fällt die prozentuale Unterschreitung der Armutsgefährdungsschwelle bei diesem Bedarfsgemeinschaftstyp mit 23,6% (205 Euro) insgesamt am größten aus.

---

[54] Zu einem ähnlichen Ergebnis, nach welchem eine Übereinstimmung zwischen Bedarfsgemeinschaft und Haushalt in Höhe von knapp 90% auszumachen war, kam Burmester (2003: 63) auf Basis einer 25%-Stichprobe der Sozialhilfestatistik aus dem Jahr 1998.

Tabelle 4: SGB II-Leistungen nach Bedarfsgemeinschaftstyp und Armutsgefährdungsschwelle, Deutschland 2012

	Regelbedarf Volljährige (Euro)	Mehrbedarf Alleinerziehend (Euro)	Regelbedarf Kind(er) (Euro)	Durchschnittliche Wohnkosten (Euro)	Summe SGB II-Leistungen (Euro) (1)	Armutsgefähr-dungsschwelle (Euro) (2)	Differenz (Euro) (1-2)	(1) in % von (2)
Single-BG	374	-	-	290	664	869	-205	76,4
Alleinerziehenden-BG								
1 Kind unter 6 Jahre	374	135	219	394	1.122	1.130	-8	99,3
1 Kind 6 bis unter 7 Jahre	374	135	251	394	1.154	1.130	24	102,1
1 Kind 7 bis unter 14 Jahre	374	45	251	394	1.064	1.130	-66	94,2
1 Kind 14 bis unter 18 Jahre	374	45	287	394	1.100	1.304	-204	84,4
2 Kinder unter 6 Jahre	374	135	438	456	1.403	1.390	13	100,9
2 Kinder 6 bis unter 14 Jahre	374	135	502	456	1.467	1.390	77	105,5
2 Kinder 14 bis unter 16 Jahre	374	135	574	456	1.539	1.738	-199	88,6
2 Kinder 16 bis unter 18 Jahre	374	90	574	456	1.494	1.738	-244	86,0
3 Kinder unter 6 Jahre	374	135	657	533	1.699	1.651	48	102,9
3 Kinder 6 bis unter 14 Jahre	374	135	753	533	1.795	1.651	144	108,7
3 Kinder 14 bis unter 18 Jahre	374	135	861	533	1.903	2.173	-270	87,6
Paar-BG ohne Kind	674	-	-	365	1.039	1.304	-265	79,7
Paar-BG mit Kind(ern)								
1 Kind unter 6 Jahre	674	-	219	484	1.377	1.564	-187	88,0
1 Kind 6 bis unter 14 Jahre	674	-	251	484	1.409	1.564	-155	90,1
1 Kind 14 bis unter 18 Jahre	674	-	287	484	1.445	1.738	-293	83,1
2 Kinder unter 6 Jahre	674	-	438	558	1.670	1.825	-155	91,5
2 Kinder 6 bis unter 14 Jahre	674	-	502	558	1.734	1.825	-91	95,0
2 Kinder 14 bis unter 18 Jahre	674	-	574	558	1.806	2.173	-267	83,1
3 Kinder unter 6 Jahre	674	-	657	657	1.988	2.086	-98	95,3
3 Kinder 6 bis unter 14 Jahre	674	-	753	657	2.084	2.086	-2	99,9
3 Kinder 14 bis unter 18 Jahre	674	-	861	657	2.192	2.607	-415	84,1

Datenbasis: BA 2013a; IT.NRW 2014, Ergebnisse des Mikrozensus, Im Internet unter <http:www.amtliche-sozialberichterstaatung.de/Tabellen_Excel/tabelleA2.xls>, Zugriff am 04.01.2014; eigene Berechnungen.

Von besonderer Bedeutung ist, dass damit der quantitative Großteil der SGB II-Bedarfsgemeinschaften hinsichtlich der gewährten Leistungen den finanziell als besonders benachteiligt einzuschätzenden Bedarfsgemeinschaftstypen zuzuzählen ist. Mehr
als die Hälfte aller SGB II-Bedarfsgemeinschaften in Deutschland stellen im Jahresdurchschnitt 2012 Single-Bedarfsgemeinschaften dar (53,6%), die zweitgrößte Gruppe
bilden die Paar-Bedarfsgemeinschaften (25,2%), dann folgen die Alleinerziehenden-
Bedarfsgemeinschaften (18,8%) und die Paar-Bedarfsgemeinschaften mit zumindest
einem minderjährigen Kind (14,1%). Der Anteil der kinderlosen und mit Blick auf die
Höhe der gewährten Transferleistungen unter besonderem Kommodifizierungsdruck
stehenden Bedarfsgemeinschaften beträgt damit insgesamt 64,7% (vgl. Abbildung 10).

Abbildung 10:   SGB II-Bedarfsgemeinschaften nach Familientyp, Deutschland
                   2012[*)]

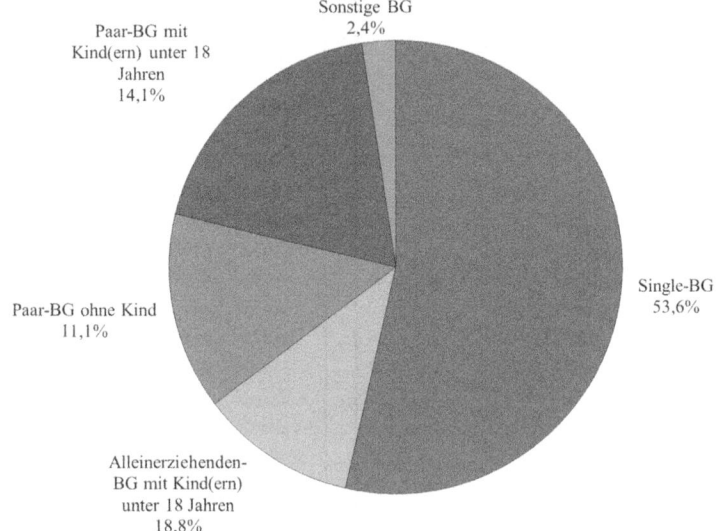

[*)] Jahresdurchschnitt.
Datenbasis: Statistik der Bundesagentur für Arbeit, Statistik der Grundsicherung für Arbeitsuchende nach dem
SGB II, Zeitreihe zu Strukturwerten SGB II nach Ländern, Datenstand Dezember 2013, Daten mit Wartezeit von
drei Monaten; eigene Berechnung und Darstellung.

5.3.3 SGB II-Leistungen, Einkommen aus Erwerbstätigkeit und
Armutsgefährdungsschwelle

Bei einem Hinzuverdienst erhöht sich das Nettoeinkommen der Bedarfsgemeinschaften auf Grund der Anrechnungsfreibeträge. Tabelle 5 verdeutlicht, dass ein Hinzuverdienst für die Bedarfsgemeinschaften durchaus den Effekt haben kann, dass dadurch
Einkommensarmut vermieden werden kann. Für die Mehrheit der aufgeführten Bedarfsgemeinschaftstypen wird dieses Ergebnis ab einem Bruttohinzuverdienst von 800
Euro erzielt. Dann kann durch die Kombination aus SGB II-Leistungen und anrech-

nungsfreien Einkommen ein Gesamteinkommen oberhalb der Armutsgefährdungsgrenze erzielt werden. Für das Beispiel der Single-Bedarfsgemeinschaft ergibt sich
dann ein über der Armutsgefährdungsschwelle von 869 Euro angesiedeltes Nettoeinkommen von 904 Euro, basierend auf den SGB II-Leistungen von 664 Euro zuzüglich
des Betrags von 240 Euro, der aus einem Bruttohinzuverdienst von 800 Euro resultiert
und anrechnungsfrei ist (vgl. Abschnitt 4.3, Tabelle 2).

Allerdings lassen sich auch zwei Bedarfsgemeinschaftstypen ausmachen, die
selbst bei einem relativ hohen Bruttohinzuverdienst von 1.500 Euro armutsgefährdet
bleiben. Hierbei handelt es sich wieder um Paar-Bedarfsgemeinschaften mit zwei oder
drei Kindern im Alter von 14 bis unter 18 Jahren. Für das Beispiel der Paar-Bedarfsgemeinschaft mit drei Kindern dieser Altersgruppe ergibt sich aus den Leistungen
nach SGB II eine Höhe von 2.192 Euro und aus einem Hinzuverdienst in Höhe von
1.500 Euro brutto resultiert ein Freibetrag von 330 Euro, so dass ein Gesamtbetrag von
2.522 Euro erzielt wird. Zur Überwindung der Armutsgefährdungsschwelle bedarf es
hier 2.607 Euro. Daher fällt die prozentuale Unterschreitung mit 3,3% (85 Euro) vergleichsweise gering aus.

Tabelle 5:   SGB II-Leistungen in Kombination mit zusätzlichem Einkommen aus Erwerbsarbeit nach Bedarfsgemeinschaftstyp und Armutsgefährdungsschwelle, Deutschland 2012

	Gesamteinkommen bei einem Bruttohinzuverdienst in Höhe von (Euro)							Armutsgefährdungs-schwelle
	0	100	400	800	1.000	1.200	1.500	
Single-BG	664	764	824	904	944	964	-	869
Alleinerziehenden-BG								
1 Kind unter 6 Jahre	1.122	1.222	1.282	1.362	1.402	1.422	1.452	1.130
1 Kind 6 bis unter 7 Jahre	1.154	1.254	1.314	1.394	1.434	1.454	1.484	1.130
1 Kind 7 bis unter 14 Jahre	1.064	1.164	1.224	1.304	1.344	1.364	1.394	1.130
1 Kind 14 bis unter 18 Jahre	1.100	1.200	1.260	1.340	1.380	1.400	1.430	1.304
2 Kinder unter 6 Jahre	1.403	1.503	1.563	1.643	1.683	1.703	1.733	1.390
2 Kinder 6 bis unter 14 Jahre	1.467	1.567	1.627	1.707	1.747	1.767	1.797	1.390
2 Kinder 14 bis unter 16 Jahre	1.539	1.639	1.699	1.779	1.819	1.839	1.869	1.738
2 Kinder 16 bis unter 18 Jahre	1.494	1.594	1.654	1.734	1.774	1.794	1.824	1.738
3 Kinder unter 6 Jahre	1.699	1.799	1.859	1.939	1.979	1.999	2.029	1.651
3 Kinder 6 bis unter 14 Jahre	1.795	1.895	1.955	2.035	2.075	2.095	2.125	1.651
3 Kinder 14 bis unter 18 Jahre	1.903	2.003	2.063	2.143	2.183	2.203	2.233	2.173
Paar-BG ohne Kind	1.039	1.139	1.199	1.279	1.319	1.339	-	1.304
Paar-BG mit Kind(ern)								
1 Kind unter 6 Jahre	1.377	1.477	1.537	1.617	1.657	1.677	1.707	1.564
1 Kind 6 bis unter 14 Jahre	1.409	1.509	1.569	1.649	1.689	1.709	1.739	1.564
1 Kind 14 bis unter 18 Jahre	1.445	1.545	1.605	1.685	1.725	1.745	1.775	1.738
2 Kinder unter 6 Jahre	1.670	1.770	1.830	1.910	1.950	1.970	2.000	1.825
2 Kinder 6 bis unter 14 Jahre	1.734	1.834	1.894	1.974	2.014	2.034	2.064	1.825
2 Kinder 14 bis unter 18 Jahre	1.806	1.906	1.966	2.046	2.086	2.106	2.136	2.173
3 Kinder unter 6 Jahre	1.988	2.088	2.148	2.228	2.268	2.288	2.318	2.086
3 Kinder 6 bis unter 14 Jahre	2.084	2.184	2.244	2.324	2.364	2.384	2.414	2.086
3 Kinder 14 bis unter 18 Jahre	2.192	2.292	2.352	2.432	2.472	2.492	2.522	2.607

Datenbasis: BA 2013a; IT.NRW 2014, Ergebnisse des Mikrozensus, Im Internet unter <http:www.amtliche-sozialberichterstaatung.de/Tabellen_Excel/tabelleA2.xls>, Zugriff am 04.01.2014; eigene Berechnungen nach § 11b SGB II.

Für 2012 ist also zu konstatieren, dass Leistungsniveau und Leistungsstruktur kaum oder nur bei wenigen Bedarfsgemeinschaftskonstellationen ausreichend erscheinen, um Armut zu vermeiden bzw. erfolgreich bekämpfen zu können. Das Einkommen der großen Mehrheit der Leistungsbeziehenden liegt damit unterhalb jener Armutsgefährdungsschwelle, die von der Bundesregierung durch das Nettoäquivalenzeinkommen unterhalb von 60% des Medianeinkommens selbst definiert wird (BMAS 2013b). Dies zeigt deutlich die Priorität arbeitsmarktpolitischer Ziele, die sich in der Festlegung des Leistungsniveaus widerspiegelt. Die Leistungsbeziehenden sollen vorrangig dazu veranlasst werden eine Arbeit aufzunehmen. Darauf wird nicht nur durch administrative Zwänge, sondern eben auch durch negative monetäre Anreize abgezielt. Gemäß des Primärziels aktivierender Sozialpolitik im Rahmen des SGB II, der Erhaltung und Wiedererlangung der Beschäftigungsfähigkeit, soll auf die Bereitschaft des Einzelnen zur Kommodifizierung hingewirkt und damit das Arbeitskräftepotenzial für einen wachsenden Niedriglohnsektor mobilisiert werden (Ludwig-Mayerhofer et al. 2008).

Widersprüchlich erscheint diese Strategie hinsichtlich des sozialpolitisch ange-strebten Zweiverdienermodells (vgl. Abschnitt 3.2). Einerseits zielen die Hartz IV-Reformen unstrittig auf eine verstärkte Erwerbsintegration von Frauen ab. So werden auch selbst jahrelang erwerbsinaktive Frauen zu der Aufnahme eines Beschäftigungs-verhältnisses aufgefordert. Dadurch soll der bislang alleinverdienende Mann im Fall von Arbeitslosigkeit unterstützt und die Allgemeinheit entlastet werden. Andererseits beschränkt sich die Erwerbsförderung von Frauen nach wie vor in überwiegender Zahl auf Minijobs und haushaltsnahe Dienstleistungen. Frauen werden dadurch in die tradi-tionellen Felder weiblicher Erwerbstätigkeit gedrängt, insbesondere deshalb, da die Förderung von beruflichen Qualifikationen ausbleibt, die mit einer Perspektive auf dem ersten Arbeitsmarkt verbunden ist (Ostendorf 2006). Von den im Niedriglohn- und Teilzeitsektor mit meist geringer Stundenzahl angesiedelten Arbeitsverhältnissen geht in der Regel aber kein existenzsicherndes Einkommen aus, so dass hierin keine wirksame Strategie zur Überwindung des männlichen Ernährermodells besteht (Berg-hahn 2008: 164f.)

Eine wenig defamilialisierende Wirkung geht zudem von der Konzeption der Be-darfsgemeinschaft im SGB II aus (Berghahn 2008; Betzelt 2008). Im Bereich der SGB II-Grundsicherung spart der Sozialstaat Kosten in einem beträchtlichen Umfang dadurch,

> „dass er Menschen ‚vergemeinschaftet'. Dies bedeutet, die Personen werden unab-hängig von ihren Intentionen und ihrem tatsächlichen finanziellen Handeln zu einer wirtschaftlichen Gemeinschaft zusammengefasst, damit der Staat nicht individuell prüfen und befriedigen muss" (Berghahn 2008: 143).

Verdient ein Partner in der Bedarfsgemeinschaft mehr als das Existenzminimum, so muss dieser für seinen mittellosen, aber nicht leistungsberechtigten Partner aufkom-men (vgl. Abschnitt 4.3). Dies betrifft im Regelfall den Mann. Der Fall, dass die Frau für ihren mittellosen Mann aufzukommen hat, stellt dagegen eher die Ausnahme dar (Berghahn 2008: 145).

Mit der Hervorhebung der an die Tradition der Subsidiarität sozialstaatlicher Leistungen gegenüber innerfamiliärer Hilfeleistungen geknüpften Pflicht gegensei-tigen Einstands ist eine Stärkung des männlichen Ernährermodells zu konstatieren

(Berghahn 2008: 145). Diese Verstärkung und die daraus resultierende Benachteiligung von Frauen spiegelt sich in den Effekten des Systemwechsels zum SGB II wider. Nach Angaben des Instituts für Arbeitsmarkt und Berufsforschung (IAB) verloren 10,7% der ehemaligen Arbeitslosenhilfebeziehenden auf Grund der verschärften Anrechnung von Partnereinkommen und -vermögen nach der Einführung der Grundsicherung für Arbeitsuchende ihren Leistungsanspruch (Bruckmeier/ Schnitzlein 2007: 14). Dabei fiel der Anteil ehemals Arbeitslosenhilfe beziehender Frauen, die nach dem Systemwechsel 2005 weiterhin arbeitslos waren, aber keinen Anspruch auf Leistungen des SGB II hatten, mit 14,9% nahezu doppelt so hoch aus wie der Anteil der arbeitslosen Männer ohne SGB II-Leistungsberechtigung nach vorangegangenem Bezug von Arbeitslosenhilfe (7,7%) (Bruckmeier/ Schnitzlein 2007: 17).[55]

Die Aktivierungspolitik trägt also in erheblichem Ausmaß dazu bei, dass soziale Ungleichheit nicht reduziert, sondern vielmehr verstärkt wird. Die (Re-)Familialisierung von Einkommensrisiken durch die verschärfte Anrechnung von Partnereinkommen im Verbund mit einer ungenügenden Geschlechtergleichstellung führt zu neuen sozialen Ungleichheitsverhältnissen und zu einer Verfestigung familialer Abhängigkeiten (Auth/ Langfeldt 2007; Betzelt 2008: 320).

5.3.4 Sanktionen im SGB II

Grundsätzlich soll mit dem Arbeitslosengeld II das soziokulturelle Existenzminimum der Hilfebedürftigen sichergestellt werden. Das SGB II sieht allerdings auch Sanktionen vor (vgl. Abschnitt 4.5), die für die Leistungsbeziehenden zumindest in zeitlicher Begrenzung mit einer deutlichen Einschränkung hinsichtlich des verfügbaren Einkommens verbunden sein können und dann gleichbedeutend mit einem Leben unterhalb des soziokulturellen Existenzminimums sind. Darin liegt die besondere Brisanz der Sanktionen als arbeitsmarktpolitisches Instrument (Götz et al. 2010). Sanktioniert durch eine Minderung oder den vollständigen Entzug des Arbeitslosengelds II werden SGB II-Leistungsberechtigte, die die ihnen auferlegten Pflichten nicht erfüllen (vgl. Abschnitt 4.5). Im Jahresdurchschnitt 2011 wurden 146.378 erwerbsfähige Leistungsberechtigte mit mindestens einer Sanktion belegt. Bezogen auf die Gesamtheit aller erwerbsfähigen Leistungsberechtigten entspricht dies einem Anteil von 3,2%, bezogen auf die arbeitslosen erwerbsfähigen Hilfebedürftigen beträgt der Anteil 4,5%. Jeder erwerbsfähige Hilfebedürftige mit mindestens einer Sanktion musste eine Kürzung der Leistungen in Höhe von durchschnittlich 106 Euro hinnehmen. Ursächlich für die Sanktion sind zu 67,7% Meldeversäumnisse, in 14,6% der Fälle erfolgte die Sanktion aus Gründen einer Weigerung zur Erfüllung von Pflichten der Eingliederungsvereinbarung und in 14,0% der Sanktionsfälle wurde die Sanktion resultierend aus einer Verweigerung zur Aufnahme oder Weiterführung einer Arbeit, Ausbildung oder Maßnahme ausgesprochen. 3,7% entfielen auf sonstige Sanktionsgründe.[56]

Betrachtet man die Sanktionsquoten von Arbeitslosen im Rechtskreis des SGB II differenziert nach Altersgruppen, so sticht heraus, dass der Anteil der 15 bis unter 25-Jährigen mit mindestens einer Sanktion im Jahresdurchschnitt 2011 mit 11,4% exor-

---

[55] Auswertung auf Basis der IAB-Erhebung „Lebenssituation und soziale Sicherung 2005".
[56] Quelle: Statistik der Bundesagentur für Arbeit, Statistik der Grundsicherung für Arbeitsuchende nach dem SGB II, Zeitreihe zu Sanktionen nach Ländern, Januar 2007 bis Juni 2012, Datenstand Oktober 2012.

bitant höher ausfällt als die Anteile Sanktionierter in der Altersgruppe der 25 bis unter 50-Jährigen (4,9%) und der 50 bis unter 65-Jährigen (1,6%). Gerade mit Blick auf die Altersgruppe der Jüngeren soll durch die Kombination eines „Förderns und Forderns" einer eventuellen Langzeitarbeitslosigkeit vorgebeugt werden. Zum einen sollen junge Arbeitslose intensiv betreut und unverzüglich in Ausbildung oder Arbeit gebracht werden, zum anderen sollen sie bei Fehlverhalten in besonderem Maße sanktioniert werden. So werden z.b. bei einem Abbruch eines Bewerbungstrainings ohne triftigen Grund die Leistungen des Arbeitslosengelds II auf die Kosten der Unterkunft und Heizung beschränkt. Bereits bei einer weiteren Pflichtverletzung kommt es zur „Totalsanktion" (Schreyer et al. 2013: 60), d.h., dass auch die Kosten für Wohnung und Heizung nicht mehr übernommen werden. In diesem Fall wird die Bedrohung sozialer Exklusion akut, wenn Unterstützungsleistungen aus dem Umfeld der sozialen Nahbeziehungen nicht möglich oder Sozialkontakte schlichtweg nicht vorhanden sind. Problematisch erscheinen Sanktionen zudem dadurch, dass in Fällen, in denen der Sanktionierte gemeinsam mit anderen Personen eine Bedarfsgemeinschaft bildet, zugleich die ganze Familie von der Sanktion betroffen ist, da dann insgesamt weniger Geld zur Verfügung steht und die Chancen, finanziell handlungsfähig zu bleiben, dadurch erheblich gemindert werden (Schreyer et al. 2013: 60). Allerdings besteht auf Seiten des SGB II-Leistungsträgers die Möglichkeit und im Falle der Bedarfsgemeinschaftszugehörigkeit von Kindern die dringende Pflicht, Härten dieser Art zumindest mittels Sachleistungen wie z.B. durch die Gewährung von Lebensmittelgutscheinen abzumildern (vgl. Abschnitt 4.5).

5.4   Zwischenfazit

Der mit der Hartz IV-Reform vollzogene Paradigmenwechsel im Selbstverständnis des Systems sozialer Sicherung ist erheblich und von immenser Bedeutung für das Inklusionspotenzial sozialstaatlicher Sicherungsleistungen. Bezüglich der Unterstützung von (Langzeit-)Arbeitslosen besteht das Ziel nun nicht mehr in dem Bestreben, den vor Eintritt in Arbeitslosigkeit gewohnten Lebensstandard zumindest tendenziell zu bewahren, sondern in der Gewährleistung einer einheitlichen Mindestsicherung.

Der Abstieg im sozialen Netz bei Arbeitslosigkeit verläuft schneller und steiler als noch vor den Reformen, ein „Gewöhnungszuschlag", der den Übergang vom Bezug von Arbeitslosenversicherungs- zu SGB II-Leistungen abfedern sollte, wurde 2011 ersatzlos gestrichen. Hinzu kommt, dass bereits geleistete Sozialversicherungsbeiträge oder erwerbsbiografische Leistungen bei der Leistungsgewährung unberücksichtigt bleiben. Insgesamt lässt sich eine dadurch herbeigeführte „Homogenisierung der Armenversorgung" konstatieren (Promberger 2010b: 15), die mit einer deutlichen Kürzung vormals vorherrschender sozialer Rechte verbunden ist. Der Bruch mit der bisherigen sozialpolitischen Zielsetzung einer Lebensstandard- und Statussicherung führt bei den Betroffen zu einer „Prekarisierung materieller (...) Teilhabe" (Manske 2005: 241).

Mit Blick auf gesellschaftliche Inklusion verweist der aktivierende Sozialstaat auf die gewachsene Bedeutung von Erwerbsarbeit, von dieser soll ein höherer Grad gesellschaftlicher Teilhabe ausgehen als von staatlichen Transferleistungen. Entsprechend geht von den kaum als armutsvermeidend zu bezeichnenden Geldleistungen nach dem SGB II eine in höchstem Maße kommodifizierende Wirkung aus. In der Regel gewährleistet erst eine zusätzliche Aufstockertätigkeit ein Einkommen, welches zumindest knapp oberhalb der Armutsgefährdungsgrenze angesiedelt ist.

Allerdings kann bei gleichzeitig anhaltender Angewiesenheit und gegebenem Anspruch auf SGB II-Leistungen kaum von umfassender Inklusion ausgegangen werden. Das Abzielen aktivierender Arbeitsmarktpolitik auf die Erwerbstätigkeit aller erwachsenen Erwerbsfähigen steht dabei im Widerspruch zu der von Esping-Andersen ursprünglich zum „Ideal" sozialer Rechte erklärten Dekommodifizierung. Soziale Rechte sind von der Intention keineswegs gegen den Markt gerichtet, sondern nehmen heute vielmehr direkten Bezug auf die Partizipation am Arbeitsmarkt (Blank 2011: 33).

Die Abkehr vom Schutz vor Marktabhängigkeit wird begründet mit einer höherwertigen gesellschaftlichen Inklusion, die mittels (notfalls erzwungener) Erwerbsarbeit erreicht werden soll. Diese ist allerdings von einem Funktionieren des Arbeitsmarktes abhängig. Eine ausreichende Anzahl existenzsichernder (sozialversicherungspflichtiger) Beschäftigungsmöglichkeiten ist zwingend erforderlich, um den Aktivbürgern einen kulturell angemessenen Lebensstandard zu ermöglichen. Gerade auch in Hinblick auf die auf Defamilialisierung abzielenden Maßnahmen ist dies von entscheidender Bedeutung, um eine soziale Benachteiligung der (ganz überwiegend auf niedrigentlohnte Arbeitsmärkte gedrängten) Frauen zu unterbinden.

Im Vergleich zum klassischen Wohlfahrtsstaat kennzeichnet die neue Ordnung sozialer Sicherung eine gesteigerte Betonung der Formen sozialer Steuerung, Kontrolle und Disziplinierung und damit insgesamt eine Zunahme sozialstaatlicher Einflussnahme auf die individuelle Lebensgestaltung. Der Fokus aktivierender Sozialpolitik besteht dabei in einer gestiegenen Erwartungshaltung gegenüber den Individuen, die ihr Verhalten nicht nur am eigenen Interesse, sondern stärker am Interesse des Gemeinwohls orientieren sollen. Entsprechend soll für die Individuen auch die Vermeidung von Arbeitslosigkeit und Angewiesenheit auf Transferleistungen eben nicht lediglich aus Eigeninteresse erfolgen, sondern auch oder insbesondere aus Respekt vor der Gesellschaft vermieden werden. Gesellschaftlich akzeptierte Alternativrollen zur Erwerbsarbeit oder „Ruhezonen sozialer Solidarität" (Lessenich 2003c: 218) soll es nicht mehr geben. Lässt sich eine Phase der Arbeitslosigkeit einmal doch nicht vermeiden, dann zielen die pädagogischen Elemente der arbeitsmarktpolitischen Instrumente auf die Erhaltung oder Verbesserung der Beschäftigungsfähigkeit und die Wiedereingliederung in den Arbeitsmarkt ab. Die sozialstaatlichen Leistungen zur Reintegration in den Arbeitsmarkt sind allerdings fest an die von den Hilfebedürftigen zu erfüllenden Pflichten geknüpft. Deren Nichterfüllung wird mit Sanktionen geahndet, die zu einer erheblichen Einschränkung oder zum gänzlichen Verlust der Geldleistungen führen können.

Das Grundprinzip aktivierenden „Förderns und Forderns" besteht in der „Resozialisierung der Erwerbsfähigen in eine ‚eigenverantwortliche' Lebensführung" (Lessenich 2008: 93). Ob dem Leitmotiv kommodifizierender Arbeitsmarktpolitik, der Schaffung universaler Arbeitsbürgerschaft mit der Umsetzung des SGB II dahingehend entsprochen werden kann, dass soziale Teilhabe der erwerbsfähigen Bevölkerung auch dauerhaft durch die Partizipation am Arbeitsmarkt gewährleistet und damit eine dauerhafte Angewiesenheit auf SGB II-Leistungen vermieden werden kann, ist Gegenstand der folgenden empirischen Analysen. Im Fokus steht also die explizite Ziel-

setzung der SGB II-Grundsicherung, die in der dauerhaften Integration der Erwerbslosen in den allgemeinen Arbeitsmarkt und der damit verbundenen – dauerhaften – Beendigung des Leistungsbezugs besteht.

6 Soziale Inklusion durch Überwindung des Leistungsbezugs?

Das mit den Hartz-Reformen formulierte vorrangige Ziel besteht in der Reduzierung der Arbeitslosigkeit, und hier vor allem in der Senkung verfestigter Langzeitarbeitslosigkeit sowie dem Anspruch, den Effekt einer von Konjunktur- zu Konjunkturkrise steigenden Sockelarbeitslosigkeit nicht nur aufzuhalten, sondern auch umkehren zu wollen (Bäcker/ Neubauer 2012: 640). Die Vermeidung sozialer Exklusionsprozesse, an deren Ende ein Ausschluss von gesellschaftlicher Teilhabe stehen kann, deren Gefahr für die Betroffenen gerade im Fall von (anhaltenden oder wiederkehrenden) Phasen des Leistungsbezugs besteht, stellt die höchste Priorität sozialstaatlichen Handelns dar. Dies spiegelt sich wider in der dem SGB II inhärenten Prämisse, die Leistungsbeziehenden schnellstmöglich in den ersten Arbeitsmarkt dauerhaft zu integrieren und Exklusionsprozesse aufzuheben und umzukehren. In diesem Kapitel stehen also auch jene aktivierenden Elemente des Sozialstaats auf dem Prüfstand, die im Ergebnis dafür Sorge tragen sollen, dass der SGB II-Leistungsbezug möglichst kurzfristig und nachhaltig überwunden wird und soziale Inklusion der Hilfebedürftigen damit dauerhaft sichergestellt ist.

Wie im vorangegangenen Kapitel 5 empirisch belegt werden konnte, liegt der Schwerpunkt aktivierender Politik mit Blick auf das Problem der Arbeitslosigkeit nicht mehr im Ausgleich des arbeitslosigkeitsbedingten Einkommensverlustes durch staatliche Transferleistungen, sondern in der Erhaltung und Förderung von Beschäftigungsfähigkeit und in der (Wieder-)Eingliederung in den allgemeinen Arbeitsmarkt. Die Eingliederung soll wirksam und nachhaltig sein und auch jene Zielgruppen erreichen, die dem Sockel verfestigter Arbeitslosigkeit zuzuordnen sind (Bertelsmann Stiftung et al. 2002: 22). Zentral für das Konzept des „Förderns und Forderns" ist zudem die „bedarfsorientierte Anwendung auf den Einzelfall" (Bertelsmann Stiftung et al. 2002: 25). Förderangebote sollen individuell und bedarfsgerecht gestaltet werden. Zwingend erforderlich hierfür ist die Feststellung der Ressourcen und Bedarfe des Betroffenen (Bertelsmann Stiftung et al. 2002: 25).

Für die nachfolgenden Analysen geraten daher die Leistungsbezugsverläufe in den Fokus. Wenn der Anspruch des mit dem SGB II priorisierten Weges sozialstaatlich induzierter Inklusion durch Überwindung des Leistungsbezugs und Integration in Erwerbsarbeit ist, dann geht es darum, dass der SGB II-Leistungsbezug dauerhaft überwunden werden und der Lebensunterhalt (wieder) ausschließlich aus Erwerbseinkommen bestritten werden kann. Für den Erfolg bzw. Misserfolg der Hartz IV-Reform ist dieser Aspekt entscheidend. Eine Erwerbstätigkeit, die zusätzlich durch SGB II-Leistungen aufgestockt werden muss, stellt keine hinreichende Garantie für soziale Inklusion dar. Als Maßstab kann daher nur der – dauerhafte – Abgang aus dem Leistungsbezug als Kriterium herangezogen werden. Damit verschiebt sich der Fokus auf die zeitliche Perspektive des SGB II-Leistungsbezugs, d.h. auf die individuellen Leistungsbezugsverläufe in Hinblick auf deren Dauer und Kontinuität. In Abschnitt 6.1 wird daher der Analyserahmen des empirischen Hauptteils dieser Arbeit, der die Bezugsverläufe der SGB II-Leistungsberechtigten und deren Bedarfsgemeinschaften umfasst, skizziert und der Erkenntnisgewinn erläutert, der aus dem Perspektivwechsel von einer Querschnitt- zu einer Längsschnittbetrachtung resultiert. Abschnitt 6.2 soll aufzeigen, warum die beträchtlichen regionalen Disparitäten im SGB II-Leistungsbezug auch mit Blick auf die regionalen Unterschiede unter Einbeziehung der Bezugsdauern näher analysiert werden sollen. Das Kapitel schließt mit Abschnitt 6.3, in dem der Stand empirischer Forschung, sowohl mit Blick auf die Bezugsdauern im alten Sozialhilfesystem als auch in der neueren SGB II-Forschung aufgegriffen wird. Der Schwerpunkt des Interesses liegt hier zum einen auf Befunden bereits durchgeführter regionaler Analysen. Zum anderen ist von besonderem Interesse, welche Rolle lokalen Kontexteffekten und den sozialstrukturellen Merkmalen der Betroffenen selbst mit Blick auf Dauer und Kontinuität der Leistungsbezugsverläufe zukommt.

6.1   Leistungsbezugsverläufe als empirischer Analyserahmen

Insgesamt ist seit 2005 eine positive Arbeitsmarktentwicklung zu konstatieren. Die auf die abhängig Beschäftigten bezogene Arbeitslosenquote, die 2005 mit 13,0% ihren in der Geschichte der Bundesrepublik bisherigen Höchstwert verzeichnete, ist seitdem in der Tendenz deutlich rückläufig. Dabei ist der Rückgang der Arbeitslosigkeit in den Jahren 2005 bis 2008 im Wesentlichen auf eine gestiegene Nachfrage nach Arbeitskräften vor dem Hintergrund einer verbesserten konjunkturellen Lage zurückzuführen. Der Anstieg im Jahr 2009 resultiert aus der bereits 2008 eingesetzten Finanz- und Weltwirtschaftskrise. Bereits 2010 war wieder eine Erholung zu erkennen, 2012 erreicht die Arbeitslosenquote bezogen auf abhängige zivile Erwerbspersonen mit 7,6% einen derart niedrigen Wert, der zuletzt 1991 (7,3%) unterschritten wurde (vgl. Abschnitt 2.2.1, Abbildung 1).

Diese insgesamt positive Arbeitsmarktdynamik spiegelt sich allerdings nur geringfügig in der Entwicklung des Bestands an SGB II-Leistungsbeziehenden wider. Die Entwicklung der SGB II-Quote, d.h. des Anteils der SGB II-Grundsicherungsbeziehenden an der Bevölkerung im Alter unter 65 Jahren stellt sich im Vergleich zur Entwicklung der Arbeitslosenquote relativ konstant dar. Nachdem die SGB II-Quote 2006 mit jahresdurchschnittlichen 11,1% ihren bisherigen Höchstwert seit Einführung der SGB II-Grundsicherung erreichte, ist seitdem lediglich eine geringfügig abnehmende Tendenz zu erkennen. Im Jahresdurchschnitt 2012 beträgt die SGB II-Quote noch 9,5% und hat damit lediglich um 1,6 Prozentpunkte abgenommen (vgl. Abbildung 11).

Die bundesdeutsche SGB II-Quote stellt sich im Vergleich zur Arbeitslosenquote also deutlich rigider dar. Mit Blick auf die Frage nach sozialstaatlich induzierter Inklusion, die für die Betroffenen mit dem dauerhaften Abgang aus dem SGB II-Leistungsbezug verbunden ist, rückt damit die Frage nach der Dynamik im Leistungsbezug in den Vordergrund des Interesses.

Abbildung 11: Erwerbsfähige und nichterwerbsfähige Leistungsberechtigte sowie SGB II-Quote, Deutschland 2005-2012[*]

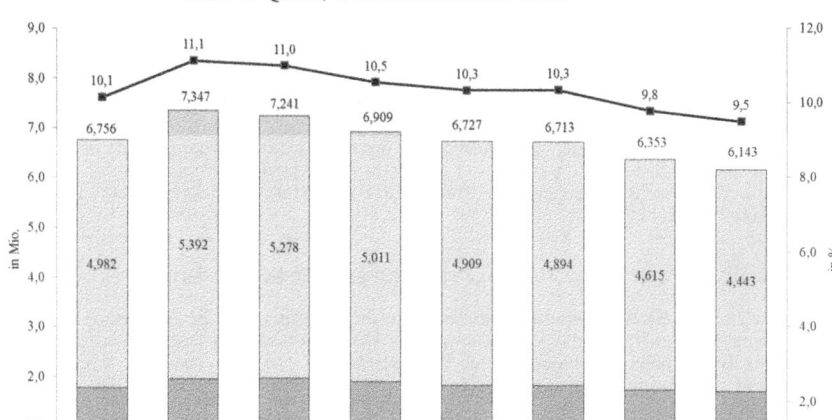

*) Jahresdurchschnitte.
Datenbasis: Statistik der Bundesagentur für Arbeit, Statistik der Grundsicherung für Arbeitsuchende nach dem SGB II, Zeitreihe zu Strukturwerten nach Ländern. Datenstand September 2013; eigene Darstellung.

Die Querschnittsdaten, die zu einem bestimmten Zeitpunkt erhoben werden, lassen allerdings keine Rückschlüsse über die Fluktuation im Leistungsbezug, d.h. über Zu- und Abgänge zu. Dabei ist diese erheblich: Während des Zeitraums zwischen 2005 und 2011 haben im Durchschnitt rund 6,864 Mio. Leistungsberechtigte in 3,652 Mio. Bedarfsgemeinschaften SGB II-Leistungen bezogen. Über das gesamte Ausmaß der Hilfebedürftigkeit informiert dagegen die Gesamtzahl der während dieses Zeitraums betroffenen Personen und Bedarfsgemeinschaften. Nach dieser Lesart haben im Zeitraum dieser sieben Jahre insgesamt 14,600 Mio. Leistungsberechtigte in 9,615 Mio. Bedarfsgemeinschaften zumindest einmalig Transferleistungen der SGB II-Grundsicherung erhalten (Dietz et al. 2013: 33, Tabelle 2.6). Auch für das Kalenderjahr 2011 beträgt die Zahl derer, die wenigstens einmal SGB II-Leistungen bezogen haben, mit 7,884 Mio. Leistungsberechtigten das 1,24-fache des durchschnittlichen Jahresbestandes von 6,353 Mio. SGB II-Grundsicherungsleistungsempfängern (Dietz et al. 2013: 33; Tabelle 2.6).

Querschnittsdaten beinhalten außerdem keine Informationen darüber, wie lange einzelne Leistungsberechtigte oder Bedarfsgemeinschaften bereits im Leistungsbezug sind oder wie häufig sie bereits von staatlichen Transferleistungen abhängig waren. Eine dynamische Armutsforschung hingegen erlaubt es, Kontinuität und Dauer der Hilfebedürftigkeit in den Blick zu nehmen. Der Leistungsbezug wird hier nicht ausschließlich aus der Querschnittsperspektive betrachtet, sondern zusätzlich in Bezug auf dessen zeitliche Entwicklung und Erstreckung analysiert. Aus dieser Perspektive versteht sich Armut bzw. SGB II-Leistungsbezug

> „nicht als Lage einer Gruppe in der Sozialstruktur oder gar als Eigenschaft einer Gruppe, sondern methodisch als Episode (englisch: spell) im Lebenslauf, die von unterschiedlicher Dauer sein kann. (…) Die dynamische Armutsforschung fokussiert Zeit als eigenständige Dimension von Armut. Dabei werden Längsschnittdaten verwendet, Methoden der Verlaufsanalyse eingesetzt und neue Einsichten in die Beschaffenheit von (meist: Einkommens-)Armut und in die Wirkungsweise der Sozialhilfe erzeugt. Es geht also um die Dynamik *individueller* Armutsverläufe, nicht um die Veränderung aggregierter Armutsziffern im historischen Zeitverlauf" (Leisering 2008b: 119, H.i.O.).

Der wesentliche Vorteil einer solchen Betrachtungsweise besteht darin, dass

> „Zeit (…) als eigenständige Dimension in die Messung und die Analyse von Armut eingeführt [wird]. Dabei wird Zeit in zwei Dimensionen erfasst, als Dauer (gemessen als Bruttodauer, Nettodauer oder Episodendauer (…) [vgl. Abschnitt 7.3.1, M.N.] und als Kontinuität/Diskontinuität von Armutsverläufen" (Leisering 2008b: 120).

Die Zeitdimension ermöglicht somit eine methodische Erweiterung konventioneller Armutsmessung. Die üblichen Maßzahlen wie etwa Zahl und Anteil der Betroffenen oder Armutsgefährdungsschwelle werden ergänzt durch die Perspektive auf Dauer und Kontinuität von Armuts- bzw. SGB II-Leistungsbezugsverläufen (Leisering 2008b: 120f.). Diese Blickweise stellt eine methodische Erweiterung dar, die einen vertiefenden Blick auf die Leistungsbezugsprozesse möglich macht. Die Betrachtung von Dauer und (Dis-)Kontinuität der Leistungsbezugsverläufe ist maßgeblich, wenn es um die Frage geht, ob die SGB II-Grundsicherung sozialer Exklusion entgegenwirkt. Da die gewährten Leistungen per se nicht ausreichend sind, um gesellschaftliche Teilhabe auf Seiten der Hilfebedürftigen (ohne zusätzliches Erwerbseinkommen) sicherzustellen (vgl. Abschnitt 5.3), wird die dauerhafte Überwindung des Leistungsbezugs zum entscheidenden Gradmesser sozialstaatlich induzierter Inklusion. In diesem Zusammenhang stellt sich auch die Frage, ob und inwiefern bestimmte sozialstrukturelle Gruppen eher den Leistungsbezug überwinden können als andere und welche lokalen bzw. regionalen Kontextbedingungen die Abgangschancen positiv bzw. negativ beeinflussen können.

6.2 Regionale Disparitäten im SGB II-Leistungsbezug

Deutschland ist in diverser Hinsicht durch erhebliche regionale Disparitäten geprägt. Neben beträchtlichen demografischen Unterschieden sind die sozioökonomischen Diskrepanzen besonders augenscheinlich und spiegeln sich auch in regional höchst differenten Armuts- und SGB II-Leistungsbezugsquoten wider (Neu 2012a).
    Abbildung 12 demonstriert anhand der SGB II-Quote auf der räumlichen Ebene der Kreise und kreisfreien Städte sowohl ein sichtbares Nord-Süd-Gefälle, als auch ein – trotz der „nachholenden Modernisierung" Ostdeutschlands (Zapf 1994; Geißler 2000) – nach wie vor nochmals markanteres Ost-West-Gefälle.

Abbildung 12:   SGB II-Quote, Kreise und kreisfreie Städte 2011[*)]

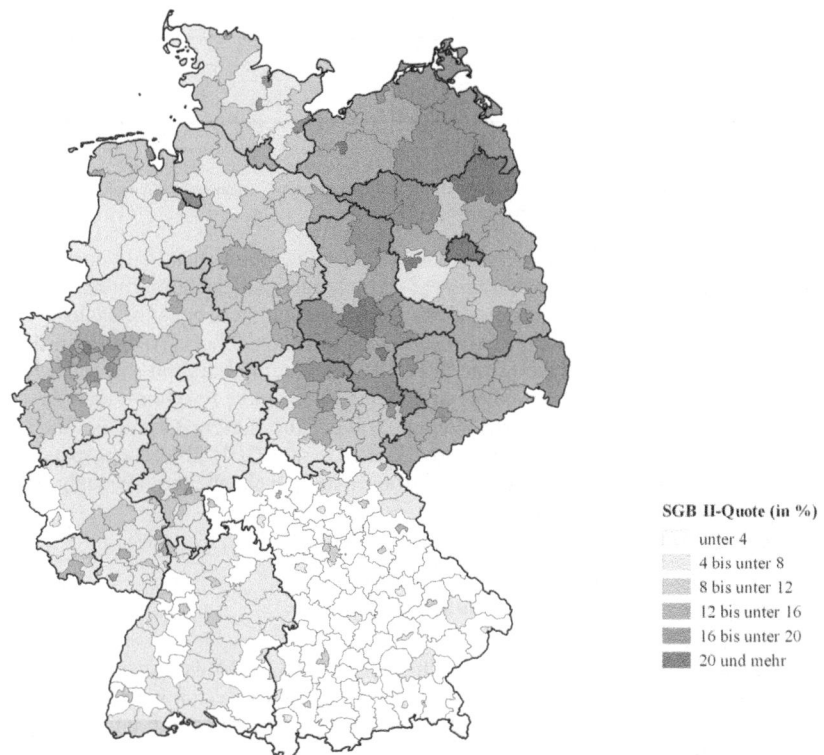

SGB II-Quote (in %)

unter 4
4 bis unter 8
8 bis unter 12
12 bis unter 16
16 bis unter 20
20 und mehr

[*)] Jahresdurchschnitt; Gebietsstand 30. Juni 2013.
Datenbasis: Statistik der Bundesagentur für Arbeit, aktuelle Eckwerte der Grundsicherung für Arbeitsuchende, Kreise und kreisfreie Städte – Zeitreihe, Datenstand Juli 2012; Bundesamt für Kartographie und Geodäsie 2012; Statistisches Bundesamt, Genesis-Online-Datenbank, Datenstand Juli 2013; eigene Berechnung und Darstellung.

Die Spannweite reicht von einer SGB II-Quote im Jahresdurchschnitt 2011 von minimalen 1,3% in dem im Umland der Stadt München zu verortenden Landkreis Eichstätt bis zu maximalen 22,9% in der Stadt Bremerhaven. Damit ist zugleich die geringste als auch die höchste Quote in den alten Bundesländern auszumachen. Insgesamt beträgt das arithmetische Mittel der 402 bundesdeutschen Kreise und kreisfreien Städte 8,8%, der Median ist mit 8,0% darunter angesiedelt. Im Ost-Westvergleich fallen die mittleren Bezugsquoten allerdings sehr unterschiedlich aus. Während der Mittelwert der Kreise und kreisfreien Städte in den alten Bundesländern 7,5% (Median: 6,6%) beträgt, ist die durchschnittliche SGB II-Quote in den neuen Bundesländern deutlich höher. Der Mittelwert ist fast doppelt so hoch (14,6%), der Median liegt bei 14,2% und beträgt damit sogar mehr als das Zweifache (vgl. Tabelle 6).

Tabelle 6:   SGB II-Quote, Kreise und kreisfreie Städte 2011[*)]

	Minimum (in %)	Maximum (in %)	Median (in %)	Mittelwert (in %)	Standardabweichung (in %)
Deutschland	1,3	22,9	8,0	8,8	5,0
Westdeutschland	1,3	22,9	6,6	7,5	4,2
Ostdeutschland	6,8	21,6	14,2	14,6	3,7

[*)] Jahresdurchschnitt.
Datenbasis: Statistik der Bundesagentur für Arbeit, aktuelle Eckwerte der Grundsicherung für Arbeitsuchende, Kreise und kreisfreie Städte – Zeitreihe, Datenstand Juli 2012; Statistisches Bundesamt, Genesis-Online-Datenbank; Datenstand Juli 2013; eigene Berechnung und Darstellung.

Die skizzierten, erheblichen regionalen Diskrepanzen verdeutlichen, dass das Arbeitslosigkeits- bzw. Armutsfallentheorem (vgl. Abschnitt 2.2.3) als Determinante hoher Sozialleistungsbedürftigkeit empirisch als wenig haltbar gelten kann. Plausibel erscheint dagegen der Verweis auf regional höchst unterschiedliche Arbeitsmarktlagen (Bäcker 2008). Allein die Spannweite der SGB II-Quote und die mit dieser auch aus räumlicher Perspektive korrespondierenden Arbeitslosenquote belegen[57], dass es nicht den *einen* Arbeitsmarkt gibt (Rüb/ Werner 2008). Aus diesem Grund ist auch die Chance zur Überwindung von Arbeitslosigkeit bzw. des SGB II-Leistungsbezugs in erheblichem Maß von den regionalen Arbeitsmarktgegebenheiten abhängig (Rüb/ Werner 2008; Hirschenauer 2013).

6.3   Stand der empirischen Forschung

Querschnittsdaten sind nur sehr begrenzt hilfreich, wenn es um das Ausmaß verfestigter Strukturen von Arbeitslosigkeit, Armut oder sozialer Exklusion gehen soll. Lediglich auf Basis von Längsschnittdaten lässt sich analysieren, ob es sich um vorwiegend kurze oder lange sowie kontinuierliche oder diskontinuierliche Phasen im Lebensverlauf handelt, in der Menschen als arm gelten bzw. auf Transferleistungen von Seiten des Sozialstaats angewiesen sind.

Anfänge einer auf die Dynamik von Armut abzielenden Forschung sind dem Sonderforschungsbereich (Sfb) 3 („Mikroanalytische Grundlagen der Gesellschaftspolitik") der Deutschen Forschungsgemeinschaft (DFG) zuzuschreiben (vgl. Hauser 1994a, 1994b). Der Sfb 3 war zunächst maßgeblich für die Entstehung der Lebensverlaufsstudien (Mayer/ Huinink 1994) und des SOEP (Krupp 2007). Auch der Sfb 186 („Statuspassagen und Risikolagen im Lebensverlauf") ging im Wesentlichen aus den Vorarbeiten des SfB 3 hervor und begründete eine Armutsforschung, die in den 1990er Jahren an Bedeutung gewann und Armut – operationalisiert durch den damaligen Sozialhilfebezug – mittels mikrodatenbasierten Verlaufsanalysen in den Fokus nahm. Zentral war das auf Basis von Bremer Sozialhilfeakten durchgeführte Projekt

---

[57] Der statistische Zusammenhang zwischen SGB II-Quote (Jahresdurchschnitt 2011) und Arbeitslosenquote (bezogen auf abhängige zivile Erwerbspersonen, Jahresdurchschnitt 2011) beträgt auf der Ebene der 402 Kreise und kreisfreien Städte r=0,97 (Korrelationskoeffizient nach Pearson). Kommunen mit hohen und höchsten SGB II-Quoten weisen dementsprechend die höchsten Arbeitslosenquoten auf.

„Sozialhilfekarrieren", in dessen Rahmen ein Perspektivwechsel von der bislang dominierenden Querschnitts- zur Längsschnittbetrachtung vollzogen wurde. Die Zielsetzung bestand in einer lebenslaufsoziologischen Betrachtung der Sozialhilfeverläufe bzw. der Analyse der Verläufe individueller Hilfebedürftigkeit aus zeitlicher Perspektive (Leibfried et al. 1995).

Mit den Bremer Forschungsergebnissen ist eine im Vergleich zu vormals gängigen Vorstellungen veränderte Wahrnehmung des Phänomens der Armut verbunden. Im Zentrum der „dynamischen" Armutsforschung steht die These einer parallelen Verzeitlichung und sozialen Entstrukturierung von Armut (Buhr 1995a; Leibfried et al. 1995; Ludwig 1996). Demnach ist Armut bzw. Sozialhilfebezug lebenslagengebunden und geht einher mit biografischen Ereignissen wie Arbeitslosigkeit, Trennung oder biografischen Phasen (z.b. Ausbildungs- und Familienzeiten). Armut stellt lediglich eine Episode im Lebenslauf dar und kann von einem großen Teil der Betroffenen aktiv bewältigt werden. Zugleich reicht Armut als vorübergehende Lebenslage und latentes Risiko in mittlere soziale Schichten hinein und beschränkt sich nicht mehr auf traditionelle Randgruppen. Armut bzw. Sozialhilfebezug ist vielmehr „,verzeitlicht', individualisiert, aber auch in erheblichem Maße sozial entgrenzt" (Leibfried et al. 1995: 9, H.i.O.).

Der wesentliche empirische Befund der Bremer Studie lag in dem hohen Ausmaß kurzzeitiger, vorübergehender Episoden im Sozialhilfebezug. Die Untersuchung basierte auf 586 Aktenfällen und hatte zum Ergebnis, dass 76% der Bezugsepisoden kurz (bis zu einem Jahr) ausfielen. Bei kumulierter Dauer (Nettobezugsdauer) beträgt der entsprechende Wert 57% und auch unter Hinzuziehen der Bruttobezugsdauer, bei welcher auch etwaige Unterbrechungen Berücksichtigung finden (vgl. Abschnitt 7.3.1), fällt der Anteil der Leistungsbezieher mit einer relativ kurzen Phase der Bedürftigkeit mit 46% relativ hoch aus (Leibfried et al. 1995: 83, Tabelle 1). Dementsprechend wurde „Kurzzeitarmut" als zu jener Zeit vorherrschender Typus von Armuts- bzw. Sozialhilfeverläufen ausgemacht (Buhr 1995a: 227).

Von Bedeutung ist allerdings die hohe Fallzahl sogenannter „Wartefälle" im damaligen Sozialhilfesystem, d.h. von Leistungsbeziehenden, die auf das Einsetzen vorrangiger Versicherungsleistungen, vornehmlich des Arbeitslosengeldes oder der Arbeitslosenhilfe warteten und während dieses Zeitraums Leistungen der Sozialhilfe in Anspruch nehmen mussten. Es verwundert daher nicht, dass gerade die Zahl der Abgänge aus dem Sozialhilfebezug in vorrangige Leistungen deutlich höher ausfiel als die Zahl der Abgänge in Beschäftigung (Buhr 1995a; Rentzsch/ Buhr 1996; Gangl 1998). Gerade in den ersten Monaten des Leistungsbezugs war die Abgangschance der Hilfebedürftigen in vorrangige Sicherungssysteme entsprechend hoch. Es handelt sich hierbei also gewissermaßen um „Pseudosozialhilfeempfänger" (Rentzsch/ Buhr 1996: 12), da die „Wartefälle" in der Sozialhilfestatistik nicht gesondert ausgewiesen werden. Sobald eine Leistung nach dem AFG vom damaligen Arbeitsamt bewilligt wurde, wurden die Geldleistungen der Sozialämter durch die Arbeitsämter zurückerstattet (Rentzsch/ Buhr 1996: 12).

Die dynamische Betrachtungsweise stieß in Wissenschaft und Praxis auf hohe Resonanz und regte weitere Projekte an, in deren Rahmen eigene Daten aufbereitet wurden. Neben der Bielefelder Studie zur Sozialhilfe (Andreß 1994; Golsch 2000) ist hier vor allem das eng mit dem Bremer Projekt „Sozialhilfekarrieren" verbundene und dem Sonderforschungsbereich 186 angehörige DFG-Projekt „Sozialhilfedynamik in den

neuen Bundesländern" aufzuführen, welches die Dynamik im Sozialhilfebezug in Ostdeutschland exemplarisch an der Stadt Halle (Saale) untersuchte und auf einen Vergleich auf die Sozialhilfedynamik in den alten und neuen Bundesländern abzielte
(Rentzsch/ Buhr 1996; Olk/ Rentzsch 1997).[58]

Die Ergebnisse auf Basis der Sozialhilfeneuzugänge in Bremen (1989) und Halle
(Saale) (1991) belegen auch für Ostdeutschland (exemplarisch) ein erhebliches Ausmaß an Fluktuation im Sozialhilfebezug. Der kurzzeitige Leistungsbezug war in Halle
(Saale) mit 49,0% sogar noch etwas ausgeprägter als in Bremen (42,4%) (Rentzsch/
Buhr 1996: 15, Tabelle 6). Allerdings sind Unterschiede mit Blick auf den Ausstiegs-
weg zu konstatieren: Während die Aufnahme von Erwerbsarbeit als Abgangsgrund aus
der Sozialhilfe in Halle (Saale) mit 9,3% eine geringere Rolle spielte als in Bremen
(15,7%), war der Anteil der sogenannten „Wartefälle", d.h. von Leistungsbeziehenden,
die auf das Einsetzen vorrangiger Versicherungsleistungen, vornehmlich des Arbeitslosengeldes oder der Arbeitslosenhilfe, warteten und während dieses Zeitraums Leistungen der Sozialhilfe erhielten, in beiden Vergleichskommunen deutlich höher (Halle
(Saale): 37,8%; Bremen 32,8%) (Rentzsch/ Buhr 1996: 13, Tabelle 5).

Insgesamt stellte der Bezug der damaligen Sozialhilfe in vielen Fällen eine kurz-
fristige Episode im Lebenslauf dar. Wenngleich die Gruppe der Leistungsbezieher
durchaus heterogen ist, so wurde der Bezug von Sozialhilfe nicht zwangsläufig als
Signal für misslungene soziale Inklusion mit problematischen biografischen Langzeit-
folgen bewertet (Rentzsch/ Olk 2002: 230). Im Fall bestimmter biografischer Situatio-
nen oder Statuspassagen, z.B. einer Ausbildung, Familienphasen oder individueller
psychischer Krisen kann der Sozialhilfebezug als Ressource betrachtet werden, die
dazu beiträgt, das primäre Problem zu bewältigen oder aber darauf hinwirkt, individuelle biografische Ziele zu erreichen (Buhr 1995a: 202ff.; Leibfried et al. 1995: 298ff.;
Ludwig 1996). Die empirische Armutsforschung konnte zeigen, dass der Bezug von
Sozialhilfe gerade für viele Sozialhilfeempfänger*innen* oft entscheidend war, um sich
aus problematischen familialen Abhängigkeiten lösen zu können (Leibfried et al.
1995: 75ff.).

Diese skizzierten Befunde sprechen gegen das aus empirischer Sicht seit jeher
kritisch betrachtete Armutsfallentheorem und bestätigten damit bisherige Befunde aus
Untersuchungen auf Basis des SOEP, in denen Längsschnittanalysen zu Arbeitslosigkeit, Armut und Sozialhilfebezug unternommen wurden und sich der transistorische
Charakter von Arbeitslosigkeit, Sozialhilfebezug und Armut bereits abzeichnete
(Ludwig-Mayerhofer 1992; Rohwer 1992). Auch neuere Arbeiten, die das Armutsfallentheorem thematisieren, kommen zu der Auffassung, dass kaum von einer Ar-
beitslosigkeits- oder Armutsfalle gesprochen werden kann, da der Sozialhilfebezug
hauptsächlich kurzfristiger Natur ist (Gebauer et al. 2002; Gebauer 2007).

Empirische Analysen zur Dynamik im SGB II-Leistungsbezug knüpfen an die dynamische Armutsforschung der 1990er Jahre an. Fehr/ Vobruba (2011) zeigen, ebenfalls anhand der Daten des SOEP, dass die Verweildauern von SGB II-Arbeitslosen

---

[58] Schulte et al. (1999) wiesen in diesem Zusammenhang auch auf die Notwendigkeit der Analyse der
spezifischen Besonderheiten des lokalen Kontexts beider Städte hin, da die Frage, ob und warum eine
Person den Sozialhilfebezug überwinden kann, auch von den Umweltfaktoren, etwa der regionalen
Arbeitsmarktlage oder den Kinderbetreuungsmöglichkeiten vor Ort abhängt. Auf Grund fehlenden
Datenmaterials können die Autoren im Rahmen ihrer eigenen Arbeit allerdings keine statistischen
Zusammenhänge belegen.

ähnlich kurz ausfallen wie bei Arbeitslosen, die vor der Hartz IV-Reform auf Sozial-
hilfe- oder Arbeitslosenhilfe angewiesen waren. Die Autoren bewerten das Ergebnis
als entsprechend ambivalent, da demzufolge das zentrale Problem der Armutsfalle,
welches mit den Reformen aktiv bearbeitet werden sollte, „nicht existierte; oder, dass
es nicht gelungen ist, die Arbeitslosigkeitsdauern weiter zu reduzieren" (Fehr/
Vobruba 2011: 216).

Neben der allgemeinen Arbeitsmarktberichterstattung der BA, die seit geraumer
Zeit auch Verweildauern im Leistungsbezug umfasst (BA 2010b; 2013b), wird das
Gros aktueller empirischer Forschung hinsichtlich der Dynamik im SGB II-Leistungs-
bezug vom IAB durchgeführt (Graf 2007; Graf/ Rudolph 2009; Koch et al. 2009;
Lietzmann 2009, 2010; Dietz et al. 2013). Die Untersuchungen basieren auf dem Ad-
ministrativen Panel (AdminP), einer 10%-Zufallsstichprobe aus den Daten der BA-
Statistik zum Leistungsbezug der SGB II-Bedarfsgemeinschaften bzw. der den Be-
darfsgemeinschaften zugehörigen Leistungsberechtigten.

Die Sozialhilfe stellte in hohem Maße ein System zur Überbrückung vorrangiger
Sozialleistungen wie z.B. Rente oder Arbeitslosengeld dar. Durch die Einführung der
Grundsicherung für Arbeitsuchende als finales Mindestsicherungssystem wurde die
„Wartehalle des Sozialstaats" (Ludwig 1992: 361) geräumt. Dabei waren gerade zur
Einführung des SGB II im Jahr 2005 zunächst längere Bezugszeiten der Bedarfsgemeinschaften auszumachen, bei späteren Zugangskohorten fiel der Leistungsbezug
hingegen kürzer aus. Ein Effekt, der nicht zuletzt auf die mit dem Systemwechsel verbundenen organisatorischen Schwierigkeiten zurückzuführen sein dürfte (Buhr et al.
2010: 3).

Seit 2006 sind die jahresdurchschnittlichen Bestandszahlen im SGB II-Leistungsbezug zwar in der Tendenz rückläufig, ein allgemein positiver Effekt dieser Dynamik
auf die Gesamtheit aller Hilfebedürftigen in der Grundsicherung ist damit allerdings
nicht verbunden. Vielmehr belegt die Zahl derjenigen Leistungsbezieher, die kontinuierlich seit Einführung der SGB II-Grundsicherung im Januar 2005 hilfebedürftig sind,
eine nicht unerhebliche Verfestigung im Leistungsbezug. Bis zum Jahresende 2011
sind insgesamt 1,603 Mio. Personen innerhalb von 764.000 Bedarfsgemeinschaften
des Ausgangsbestandes von Januar 2005 durchgängig auf Transferleistungen angewiesen. Damit sind 21% der Bedarfsgemeinschaften und 23% aller Leistungsbezieher
zwischen 2005 und 2011 durchgehend hilfebedürftig (Dietz et al. 2013: 33, Tabelle
2.6).

Die Tendenz verfestigter Leistungsbezugsstrukturen belegen auch die Bestandszahlen. Der Anteil der Hilfebedürftigen im Langzeitbezug mit einer Bezugsdauer von
mehr als einem Jahr an allen Leistungsbeziehern liegt seit 2006 konstant bei mindestens 75% (Dietz et al. 2013: 31, Tabelle 2.4). Für den Bestand Dezember 2011 ist zu
konstatieren, dass 78% der Leistungsbeziehenden länger als ein Jahr und 64% der
Leistungsbeziehenden bereits seit mehr als zwei Jahren auf Transferleistungen angewiesen sind (Dietz et al. 2013: 31, Tabelle 2.4). Nochmals deutlicher wird die Tendenz
zur Verfestigung im SGB II-Bezug durch das Heranziehen der kumulierten Bezugsdauern. 84% aller Leistungsberechtigten des Bestands vom Dezember 2011 haben
zwischen 2005 und 2011 insgesamt zumindest zwei Jahre (z.T. mit Unterbrechungen)
Leistungen bezogen. Der entsprechende Anteil der Leistungsbeziehenden mit mehr als
einem Jahr kumulierten Leistungsbezugs fällt mit 92% nochmals höher aus (Dietz et
al. 2013: 31; Tabelle 2.5).

Auch Analysen zu spezifischen Personengruppen in der SGB II-Grundsicherung liegen vor. Die insgesamt längsten Verweildauern im Leistungsbezug weisen die Alleinerziehenden auf (Schels 2008; Graf/ Rudolph 2009; Lietzmann 2009, 2010). Diese haben im Vergleich die geringsten Chancen auf einen zeitnahen Ausstieg aus dem Leistungsbezug bzw. die Möglichkeit, ihren Lebensunterhalt ohne (zusätzliche) Grundsicherungsleistungen zu bestreiten. Vergleichsweise hohe Verweildauerrisiken weisen zudem ältere Leistungsbezieher, nichtdeutsche Leistungsbeziehende sowie Leistungsbezieher ohne eine abgeschlossene Berufsausbildung auf. Damit zeichnen sich im SGB II-Leistungsbezug die gleichen Gruppen als vermeintliche Langzeitbezieher ab, die schon bei der alten Sozialhilfe von überdurchschnittlich langen Bezugszeiten betroffen waren (vgl. zusammenfassend Buhr et al. 2010; Dietz et al. 2013).

Das IAB hat seit der Einführung des SGB II weitreichende Analysen zur Dynamik im Leistungsbezug vorgelegt. Trotz zum Teil integrierter einfacher Ost-West-Unterscheidungen stellen regionale Analysen zu Dynamik und Übergängen im SGB II-Leistungsbezug noch eine Ausnahme dar. Zu nennen ist die Untersuchung des IAB für die Landessozialberichterstattung Nordrhein-Westfalens (MAIS NRW 2012). Neuere Arbeiten, die die Verweildauer im Leistungsbezug in Nordrhein-Westfalen insgesamt (Munz-König 2014) oder auf der räumlichen Ebene der Kreise und kreisfreien Städte Nordrhein-Westfalens (Amonn 2014) in den Blick nehmen, beschränken sich auf die Querschnittsperspektive und betrachten lediglich die bisherige Dauer zu einem bestimmten Stichtag. Den ländlichen Raum nimmt schließlich eine Studie in den Fokus, welche am Beispiel des Landkreises Ostvorpommerns[59] in Mecklenburg-Vorpommern im Vergleich zur alten Sozialhilfe Tendenzen einer Verstetigung und Verfestigung im ALG II-Leistungsbezug bei gleichzeitig abnehmender Bedeutung kürzerer und mittlerer Bezugsdauern konstatiert (Kreher 2012).

Mit der vorliegenden Arbeit soll an dem skizzierten Vergleich zwischen Bremen und Halle (Saale) angesetzt und ein exemplarischer Ost-West-Vergleich im städtischen Kontext anhand zweier Kommunen unternommen werden. Inwiefern in dieser Hinsicht mit der Auswahl der beiden Städte Jena und Mülheim an der Ruhr eine geeignete Auswahl getroffen wurde, oder ob sich überhaupt (anhand dieser Beispiele) regionale Disparitäten über die Bestandszahlen hinausgehend, also hinsichtlich der Dynamik des SGB II-Leistungsbezugs feststellen lassen, wird in Kapitel 7 ausführlich analysiert. Dabei sollen in diesem Kapitel zunächst die lokalen bzw. regionalen Rahmenbedingungen Beachtung finden, da diese nicht nur die Anzahl der Hilfebedürftigen nach dem SGB II, sondern auch die Verweildauern im Leistungsbezug positiv oder negativ beeinflussen können.

---

[59] Der Landkreis Ostvorpommern ging im Zuge der Kreisgebietsreform in Mecklenburg-Vorpommern im Jahr 2011 in den Landkreis Vorpommern-Greifswald über.

7 SGB II-Leistungsbezug in Jena und Mülheim an der Ruhr

Im Fokus der anschließenden vergleichenden Analysen zu den SGB II-Leistungsbezügen stehen zwei kreisfreie Städte. Mit der Thüringer Universitätsstadt Jena und der nordrhein-westfälischen Ruhrgebietsstadt Mülheim an der Ruhr konnten für zwei „Optionskommunen" (vgl. Abschnitt 4.1) umfangreiche Daten für die Verlaufsanalyse des SGB II-Leistungsbezugs aufbereitet werden.

Dass mit der Auswahl dieser beiden Städte kein einfacher Ost-West-Vergleich erfolgen kann, belegen bereits vorliegende bundesweite Gebietstypisierungen. So ordnet eine vom IAB durchgeführte Klassifizierung der SGB II-Träger (Blien et al. 2011) die Stadt Jena hinsichtlich der regionalen Arbeitsmarktlage einem Trägertypus zu, der als „vorwiegend ländliches Gebiet in West- und Ostdeutschland mit leicht unterdurchschnittlicher Arbeitsmarktlage" bezeichnet wird und damit keine eindeutige Zuordnung zu einem für Ostdeutschland charakteristischen Gebietstypen erlaubt. Mülheim an der Ruhr wird im Rahmen der IAB-Analyse als „städtisch geprägtes Gebiet in Westdeutschland mit unterdurchschnittlicher Arbeitsmarktlage und hohem Anteil an Langzeitarbeitslosen" bezeichnet (Blien et al. 2011). Dieser Befund verweist auf die für Ruhrgebietsstädte allgemein typische unterdurchschnittliche Arbeitsmarktsituation und die überwiegend hohen Armutsquoten (Neu et al. 2011; Bogumil et al. 2012).

Auch eine bundesweite Gebietstypisierung auf der räumlichen Ebene der Kreise und kreisfreien Städte, die nicht allein die Arbeitsmarktlage untersucht, sondern zudem die sozioökonomische Lage der Bevölkerung und die demografische Entwicklung in den Fokus nimmt, liefert beachtenswerte Befunde zu beiden Städten. Beide Kommunen werden hier einem als „soziodemografisch durchschnittlichen" Gebietstypen zugeordnet. Dabei wird für Jena eine im Vergleich zu den anderen ostdeutschen Kreisen und kreisfreien Städten überdurchschnittlich positive demografische und sozioökonomische Lage hervorgehoben (Neu 2009, 2012a).

Bevor in Abschnitt 7.3 die Leistungsbezugsverläufe beider Städte in den Fokus rücken, soll in diesem Kapitel zunächst eine genauere Einordnung der beiden Beispielkommunen erfolgen. Dazu werden zuerst zentrale soziodemografische Merkmale erörtert und im Vergleich zum bundes- sowie ost- und westdeutschen Durchschnitt aller Kreise und kreisfreien Städte betrachtet (Abschnitt 7.1). Ein Blick auf die sozioökonomische und demografische Lage liefert Hinweise auf die Strukturen vor Ort und damit auch auf unterschiedliche Rahmenbedingungen des lokalen SGB II-Leistungsbezugs. In Abschnitt 7.2 wird der SGB II-Leistungsbezug in beiden Städten näher hinsichtlich sozialstruktureller Merkmale in den Blick genommen. Auch hier erfolgt ein Vergleich der beiden Kommunen mit Gesamt- sowie Ost- bzw. Westdeutschland. Kenntnisse über sozialstrukturelle Eckdaten sind relevant, da im Anschluss auch die Leistungsbezugsverläufe hinsichtlich sozialstruktureller Merkmale der Hilfebedürftigen differenziert betrachtet werden sollen.

7.1 Soziodemografische Rahmenbedingungen

Die regionale Arbeitsmarktsituation ist nicht nur von entscheidender Bedeutung in Hinblick auf Arbeitslosigkeit und Unterbeschäftigung, sondern beeinflusst entsprechend auch die Zahl der auf SGB II-Leistungen angewiesenen Personen sowie deren Verweildauer in der Hilfebedürftigkeit. Günstige Rahmenbedingungen haben positive Effekte auf die Wirtschafts- und Beschäftigungsentwicklung vor Ort. Diese lokalen Rahmenbedingungen sollen in diesem Abschnitt näher betrachtet werden. Von Bedeutung sind dabei neben der allgemeinen Beschäftigungsstruktur und Arbeitsmarktlage auch die lokalen Einkommensverhältnisse der Wohnbevölkerung. Ebenfalls von Interesse sind Bevölkerungsentwicklung und Bevölkerungsstruktur, die in einem unmittelbaren Zusammenhang mit der regionalen Arbeitsmarktlage stehen und einen maßgeblichen Effekt auf die Regionalentwicklung haben. Darüber hinaus wird die Ausgestaltung der lokalen Kinderbetreuung außerhalb der Familie in den Blick genommen, da die Vereinbarkeit von Familie und Beruf für viele Eltern darüber entscheidet, ob und in welchem Umfang eine Erwerbstätigkeit möglich ist.

Beschäftigungsstruktur

Insgesamt befindet sich in beiden Kommunen mehr als die Hälfte der Wohnbevölkerung im erwerbsfähigen Alter von 18 bis unter 65 Jahren in einem sozialversicherungspflichtigen Arbeitsverhältnis. Mit einer Beschäftigungsquote von 53,1% in Jena und 52,4% in Mülheim an der Ruhr fällt der Beschäftigungsgrad in beiden Städten allerdings leicht unterdurchschnittlich aus (vgl. Tabelle 7).
    Augenfällig sind deutliche Unterschiede hinsichtlich der Erwerbseinbindung von Frauen. Mit 54,0% sind mehr als die Hälfte der in Jena lebenden Frauen im Alter zwischen 18 und unter 65 Jahren 2011 sozialversicherungspflichtig beschäftigt. Obgleich dieser Wert leicht unterhalb des Durchschnitts aller ostdeutschen Kreise und kreisfreien Städte angesiedelt ist (56,9%), so zeigen sich dennoch erhebliche Unterschiede zu Mülheim an der Ruhr, wo nur 47,1% der hier lebenden Frauen sich in einem regulären Arbeitsverhältnis befinden, und das damit auch unterhalb des Mittelwerts westdeutscher Kreise und kreisfreien Städte (50,3%) rangiert.
    Auffällig ist zudem eine sehr hohe Beschäftigungsquote bezogen auf die Bevölkerungsgruppe der 55- bis unter 65-Jährigen. Während in Mülheim an der Ruhr der Wert in Höhe von 39,3% etwa dem Mittelwert aller deutschen Gebietseinheiten (40,3%) und auch der westdeutschen Kreise und kreisfreien Städte Deutschlands (39,6%) entspricht, fällt der Anteil der Beschäftigten unter den Älteren in Jena mit 51,3% deutlich höher aus und liegt auch über dem Durchschnittswert der Gebietseinheiten Ostdeutschlands (43,6%).
    In beiden Kommunen werden die sozialversicherungspflichtigen Beschäftigungsverhältnisse im Wesentlichen im Dienstleistungssektor ausgeübt: Mit einem Tertiärisierungsgrad von 76,1% in Jena und 67,1% in Mülheim an der Ruhr weisen beide

Städte sowohl hinsichtlich des Bundesdurchschnitts (64,2%) als auch für den Durchschnitt der Kreise und kreisfreien Städte Westdeutschlands (64,1%) und Ostdeutschlands (64,7%) überdurchschnittliche Werte auf.

Tabelle 7: Sozialversicherungspflichtige Beschäftigung, Kreise und kreisfreie Städte 2011

Indikator	Jena	Mülheim a.d. Ruhr	Deutschland[1)2)]	Westdeutschland[1)]	Ostdeutschland[1)2)3)]
Beschäftigungsquote (in %)[4)]	53,1	52,4	55,7[6]	55,3	57,4[6]
Frauenbeschäftigungsquote (in %)[5)]	54,0	47,1	51,6[6]	50,3	56,9[6]
Beschäftigungsquote 55- bis unter 65-Jährige (in %)[6)]	51,3	39,3	40,3[2]	39,6	43,6[2]
Tertiärisierungsgrad (in %)[7)]	76,1	67,1	64,2[6]	64,1	64,7[6]
Beschäftigte am Wohnort mit (Fach-)Hochschulabschluss (in %)[8]	29,6	12,1	9,3[6]	9,2	10,1[6]

[1)] Mittelwert der Kreise und kreisfreien Städte; Gebietsstand 30. Juni 2013.
[2)] Ohne die Landkreise Mecklenburgische Seenplatte und Vorpommern-Greifswald.
[3)] Ostdeutschland einschließlich Berlin.
[4)] Sozialversicherungspflichtig Beschäftigte am Wohnort (Stichtag 30. Juni) in % der Bevölkerung im Alter von 18 bis unter 65 Jahren am Wohnort (Stichtag 31. Dezember).
[5)] Sozialversicherungspflichtig beschäftigte Frauen am Wohnort (Stichtag 30. Juni) in % der weiblichen Bevölkerung im Alter von 18 bis unter 65 Jahren am Wohnort (Stichtag 31. Dezember).
[6)] Sozialversicherungspflichtig Beschäftigte im Alter von 55 bis unter 65 Jahren am Wohnort (Stichtag 30. Juni) in % der Bevölkerung im Alter von 55 bis unter 65 Jahren am Wohnort (Stichtag 31. Dezember).
[7)] Sozialversicherungspflichtig Beschäftigte am Arbeitsort im tertiären Sektor (Handel, Gastgewerbe, Verkehr, Kredit, Dienstleistungen, Öffentliche Verwaltung, Soziales [Wirtschaftsabschnitte G-Q]) in % der sozialversicherungspflichtig Beschäftigten am Arbeitsort (Stichtag 30. Juni).
[8)] Sozialversicherungspflichtig Beschäftigte mit (Fach-)Hochschulabschluss am Wohnort in % der sozialversicherungspflichtig Beschäftigten am Wohnort (Stichtag 30. Juni).
Datenbasis: Bertelsmann Stiftung, Wegweiser Kommune (auf Datengrundlage der Statistik der Bundesagentur für Arbeit und der Statistischen Ämter der Länder), Datenstand Mai 2014; eigene Berechnung und Darstellung.

Mit Blick auf das Bildungsniveau der sozialversicherungspflichtig Beschäftigten wird Jena seinem Status als Universitätsstadt gerecht: 29,6% der sozialversicherungspflichtig Beschäftigten am Wohnort Jena verfügen 2011 über einen (Fach-)Hochschulabschluss. In Mülheim an der Ruhr gilt dies für lediglich 12,1% der Beschäftigten, wobei dieser Wert allerdings im Vergleich zum Mittelwert aller Kreise und kreisfreien Städte Deutschlands (9,3%) durchaus auch noch als überdurchschnittlich einzuordnen ist.

Arbeitslosigkeit

Die Arbeitslosenquoten beider Beispielkommunen weisen hinsichtlich des Ost-West-Vergleichs ebenfalls auffällige Unterschiede auf. Während die bundesweit durchschnittliche Arbeitslosenquote bezogen auf die abhängig Beschäftigten im Jahresdurchschnitt in den 402 Kreisen und kreisfreien Städten 2011 bei 7,2% liegt, sind differenziert nach Ost und West erhebliche Disparitäten auszumachen (vgl. Tabelle 8). Jena und Mülheim an der Ruhr weichen von diesen Mittelwerten allerdings wiederum deutlich ab. Während Jena mit einer Arbeitslosenquote von 7,8% (bezogen auf die abhängig Beschäftigten) unterhalb des Durchschnitts ostdeutscher Gebietseinheiten (11,8%) angesiedelt ist, lässt sich für Mülheim an der Ruhr mit 8,4% eine im Vergleich zum Mittelwert der westdeutschen Kreise und kreisfreie Städte (6,3%) auffällig höhere Quote konstatieren.

Tabelle 8:   Arbeitslosigkeit, Kreise und kreisfreie Städte 2011

Indikator	Jena	Mülheim a.d. Ruhr	Deutschland[1)2)]	Westdeutschland[1)]	Ostdeutschland[1)2)]
Arbeitslosenquote (in %)[3)]	7,8	9,3	7,3	6,3	11,8
Entwicklung der Arbeitslosenquote 2006-2011 (in Prozentpunkten)[3)]	-4,2	-3,7	-4,0[5)6)]	-3,6[5)]	-6,9[6)]
Langzeitarbeitslose (in %)[4)]	33,8	54,3	32,2[7)]	31,8	34,2[7)]

[1)] Mittelwert der Kreise und kreisfreien Städte; Gebietsstand 30. Juni 2013.
[2)] Ostdeutschland einschließlich Berlin.
[3)] Arbeitslosenquote bezogen auf abhängig zivile Erwerbspersonen, Jahresdurchschnitt.
[4)] Langzeitarbeitslose (ein Jahr und länger) in % der registrierten Arbeitslosen, Jahresdurchschnitt.
[5)] Ohne die Städteregion Aachen.
[6)] Auf Grund diverser Kreisgebietsreformen sind lediglich für 48 der insgesamt 77 ostdeutschen Kreise und kreisfreien Städte mit dem Gebietsstand vom 30. Juni 2013 Daten zu den Arbeitslosenquoten für das Berichtsjahr 2006 verfügbar. Dies gilt es bei der Interpretation der ausgewiesenen Mittelwerte für Deutschland insgesamt und Ostdeutschland zu berücksichtigen.
[7)] Ohne die Landkreise Mecklenburgische Seenplatte, Rostock, Vorpommern-Rügen, Nordwestmecklenburg, Vorpommern-Greifswald, Ludwigslust-Parchim, Harz, Bautzen, Salzlandkreis, Saalekreis und Anhalt-Bitterfeld.
Datenbasis: Statistik der Bundesagentur für Arbeit, Arbeitsmarkt in Zahlen, Arbeitslosenstatistik nach Kreisen und kreisfreien Städten, Datenstand Mai 2014; eigene Berechnung und Darstellung.

Beide Kommunen konnten von der in den vergangenen Jahren allgemein günstigen Arbeitsmarktdynamik profitieren. Bezogen auf die abhängigen zivilen Erwerbspersonen ist die Arbeitslosenquote sowohl in Jena mit -4,2 Prozentpunkten als auch in Mülheim an der Ruhr mit -3,7 Prozentpunkten spürbar rückläufig. Diese Werte entsprechen in etwa dem Durchschnitt aller deutschen Kreise und kreisfreien Städte. Deutlich rückläufiger als in Jena ist die Arbeitslosenquote im Durchschnitt der ostdeutschen Kreise und kreisfreien Städte (-6,9 Prozentpunkte). Dennoch verharrt die Arbeitslosenquote in den ostdeutschen Kreisen und kreisfreien Städten auf einem im Vergleich zu westdeutschen Kreisen und kreisfreien Städten deutlich höherem Niveau.

Weitere Unterschiede hinsichtlich der Arbeitslosigkeit lassen sich auch mit Blick auf die langzeitig von Arbeitslosigkeit betroffenen Personen ausmachen. Der Anteil der Langzeitarbeitslosen an allen registrierten Arbeitslosen beträgt im Mittel aller Kreise und kreisfreien Städte 2011 32,2%, die Abweichungen in West (31,8%) und Ost (34,2%) fallen dabei nicht besonders groß aus, auch der Anteil der Langzeitarbeitslosen in Jena entspricht mit 33,8% etwa diesem Niveau. In Mülheim an der Ruhr fällt der Langzeitarbeitslosenanteil mit 54,3% dagegen erheblich höher aus.

Verfügbares Einkommen

Auf Grundlage der Volkswirtschaftlichen Gesamtrechnung der Länder (VGRdL) lassen sich die Einkommensverhältnisse in den beiden Beispielkommunen anhand des Verfügbaren Einkommens der privaten Haushalte je Einwohner (VEK)[60] beschreiben.

---

[60] Das verfügbare Einkommen der privaten Haushalte je Einwohner umfasst das Primäreinkommen, d.h. Arbeitnehmerentgelte, Einkommen aus selbstständiger Erwerbstätigkeit, den Betriebsüberschuss aus Vermietung, Verpachtung und selbst genutztem Wohneigentum sowie Einkommen aus Vermögen.

Der bundesweite Durchschnitt auf der räumlichen Ebene der Kreise und kreisfreien Städte liegt 2011 bei 19.899 Euro. In Jena beträgt das VEK im Jahr 2011 durchschnittlich 16.201 Euro, ein Wert, der knapp unterhalb des Durchschnitts aller ostdeutschen Gebietseinheiten in Höhe von 16.993 angesiedelt ist (vgl. Tabelle 9). In Mülheim an der Ruhr liegt das verfügbare Pro-Kopf-Einkommen mit 22.675 Euro dagegen erheblich über dem Bundesmittel und auch über dem Durchschnittswert der westdeutschen Kreise und kreisfreien Städte (20.588 Euro). Das überdurchschnittliche Einkommen in Kombination mit überdurchschnittlicher (Langzeit-)Arbeitslosigkeit deutet auf eine beträchtliche Einkommensheterogenität und soziale Segregation im Mülheimer Stadtgebiet hin (vgl. Neu et al. 2011).

Tabelle 9:   Verfügbares Einkommen, Kreise und kreisfreie Städte 2011

Indikator	Jena	Mülheim a.d. Ruhr	Deutschland[1]	Westdeutschland[1]	Ostdeutschland[1] [2]
Verfügbares Einkommen je Einwohner (in Euro)	16.201	22.675	19.899	20.588	16.993

[1] Mittelwert der Kreise und kreisfreien Städte; Gebietsstand 30. Juni 2013.
[2] Ostdeutschland einschließlich Berlin.
Datenbasis: Regionaldatenbank Deutschland der Statistischen Ämter des Bundes und der Länder, Datenstand Mai 2014; eigene Berechnung und Darstellung.

Bevölkerungsentwicklung und Bevölkerungsstruktur

In unmittelbarem Zusammenhang mit der regionalen Arbeitsmarktsituation steht auch die räumliche Dimension des demografischen Wandels. Regionen mit hohem Beschäftigungsgrad und niedriger Arbeitslosigkeit sind für die Zuwanderung von Arbeitsuchenden reizvoll, Regionen mit hoher Arbeitslosigkeit sind hingegen oftmals von selektiver Abwanderung betroffen (BBSR 2012: 20).

Nach der deutschen Wiedervereinigung waren die Städte und vor allem die Landkreise Ostdeutschlands in Folge der unzureichenden Erwerbsmöglichkeiten mit erheblicher Abwanderung und Bevölkerungsverlusten konfrontiert. Der Fortzug jüngerer und in vielen Fällen besser qualifizierter Bevölkerungsgruppen führte zu einer regionalen Überalterung. Die negative Bevölkerungsdynamik wurde damit zu einer Wachstumsbremse und beeinträchtigte den Aufholprozess Ostdeutschlands weitaus mehr als wirtschaftliche Konjunkturen (Dienel 2005: 7).

Eine Abwärtsspirale für die betroffenen Städte oder Regionen kann sich zudem manifestieren, wenn mit Bevölkerungs- und Arbeitsplatzverlusten eine schwindende Kaufkraft sowie eine Verschlechterung der Infrastrukturangebote verbunden sind. Von diesen negativen Entwicklungen geht in der Summe wiederum eine verstärkende Wirkung auf die Schrumpfungsprozesse von Beschäftigung und Bevölkerung aus (BBR 2006: 90), so dass Schrumpfung als ein „multidimensionales, ‚systemisches' Phänomen" (Kaufmann 2005: 22) angesehen werden kann, welches dadurch geprägt ist, dass sich rückläufige Entwicklungen wechselseitig verstärken.

Hinzu kommen die monetären Sozialleistungen und sonstigen laufenden Transfers, die die privaten Haushalte von Seiten des Staates beziehen (Thalheimer 2005: 28).

Abbildung 13:   Arbeitslosenquote 2011 und Bevölkerungsentwicklung 2004-2011,
Kreise und kreisfreie Städte *)

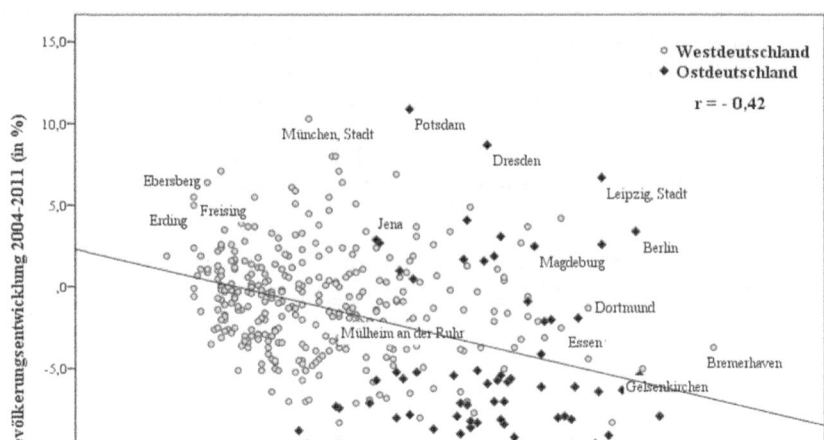

*) Arbeitslosenquote bezogen auf abhängige zivile Erwerbspersonen, Jahresdurchschnitt; Bevölkerungsstände
zum Stichtag 31. Dezember des Jahres; Gebietsstand 30. Juni 2013.
Datenbasis: Statistik der Bundesagentur für Arbeit, Arbeitsmarkt in Zahlen, Arbeitslosenstatistik nach Kreisen
und kreisfreien Städten, Datenstand Mai 2014; Regionaldatenbank Deutschland der Statistischen Ämter des
Bundes und der Länder, Datenstand Mai 2014; eigene Berechnung und Darstellung.

Den Zusammenhang zwischen Arbeitslosenquote und Bevölkerungsentwicklung in
den Kreisen und kreisfreien Städten belegt Abbildung 13. Mit einem Korrelations-
koeffizienten von r=-0,42 besteht ein gegenläufiger statistischer Zusammenhang zwischen beiden Merkmalen, der den ganz überwiegenden Teil der ostdeutschen Gebietseinheiten betrifft. Dies verdeutlicht die Häufung ostdeutscher Kommunen im unteren
rechten Bereich des Streudiagramms, welcher durch eine negative Bevölkerungsentwicklung und gleichzeitig durch eine Arbeitslosenquote gekennzeichnet ist, die oberhalb des Mittelwertes aller Kreise und kreisfreien Städte (7,3%) angesiedelt ist.
Wenngleich der statistische Zusammenhang zwischen beiden Merkmalen im Zeitverlauf abgenommen hat[61], ist noch immer zu konstatieren, dass Kommunen, die durch
eine besonders geringe Arbeitslosenquote geprägt sind, tendenziell Bevölkerungszu-

---

[61] Für das Jahr 2006 ist mit r=-0,64 ein noch höherer bivariater Korrelationskoeffizient für die Merkmale der Bevölkerungsentwicklung 1999-2006 (in %) und der Arbeitslosenquote 2006 (bezogen auf
zivile abhängige Beschäftigte, Jahresdurchschnitt) auszumachen. Auf Grund der Kreisgebietsreformen
in Ostdeutschland finden allerdings nur 48 der insgesamt 77 Kreise und kreisfreien Städte Berücksichtigung, da Daten zu den Arbeitslosenquoten für das Berichtsjahr 2006 mit dem Gebietsstand vom
30. Juni 2013 nicht vollständig verfügbar sind. Aus dem gleichen Grund ist ein Wert für die westdeutsche Städteregion Aachen nicht in den Berechnungen enthalten.

wächse verzeichnen. Dagegen weisen Kreise und kreisfreie Städte eher dann eine negative Bevölkerungsdynamik auf, wenn die Arbeitslosigkeit hoch ausfällt.
Hiervon sind, auch mehr als 20 Jahre nach dem Mauerfall, überwiegend immer noch die ostdeutschen Regionen betroffen.
Die ostdeutschen Zentren verzeichnen in den letzten Jahren allerdings in vielen
Fällen eine veränderte Entwicklung. Nach zum Teil erheblichen Bevölkerungsverlusten in den 1990er Jahren, wobei auch die Einwohnerzahl Jenas vorübergehend unter
100.000 sank, erfahren große Oststädte seit der Jahrtausendwende zum Teil wieder
erhebliche Bevölkerungszuwächse. Auch Jena verzeichnet für den Zeitraum zwischen
2004 und 2011 ein Bevölkerungswachstum von 2,9%, so dass hier am Jahresende
2011 rund 105.000 Einwohner leben. Die Kombination aus der für Ostdeutschland
vergleichsweise geringen Arbeitslosigkeit bei einer gleichzeitig positiven Bevölkerungsdynamik verdeutlicht die Sonderposition Jenas innerhalb Ostdeutschlands und
den relativ hohen soziodemografischen Status der Stadt.

Tabelle 10: Struktur und Entwicklung der Bevölkerung, Kreise und kreisfreie
Städte 2011[*)]

Indikator	Jena	Mülheim a.d. Ruhr	Deutschland[1)]	Westdeutsch-land[1)]	Ostdeutsch-land[1) 2)]
Bevölkerungsentwicklung 2004-2011 (in %)	2,9	-1,9	-1,8	-0,9	-5,4
Altenquotient[3)]	31,7	41,0	33,7	32,8	37,1
Jugendquotient[4)]	22,8	29,4	25,8	26,9	20,9
Unterstützungsquotient[5)]	54,5	70,4	59,5	59,7	58,0
Nichtdeutsche (in %)[6)]	6,5	10,7	7,5	8,6	2,6

[1)] Mittelwert der Kreise und kreisfreien Städte; Gebietsstand 30. Juni 2013.
[2)] Ostdeutschland einschließlich Berlin.
[3)] Altenquotient: Bevölkerung im Alter ab 65 Jahren je 100 der Bevölkerung im Alter von 18 bis unter 65 Jahren
(Stichtag: 31. Dezember).
[4)] Jugendquotient: Bevölkerung im Alter unter 18 Jahren je 100 der Bevölkerung im Alter von 18 bis unter 65
Jahren (Stichtag: 31. Dezember).
[5)] Unterstützungsquotient: Bevölkerung im Alter unter 18 Jahren sowie Bevölkerung im Alter ab 65 Jahren je
100 der Bevölkerung im Alter von 18 bis unter 65 Jahren (Stichtag: 31. Dezember).
[6)] Nichtdeutsche Bevölkerung in % der Bevölkerung am Wohnort (Stichtag: 31. Dezember).
Datenbasis: Regionaldatenbank Deutschland der Statistischen Ämter des Bundes und der Länder, Datenstand
Mai 2014; eigene Berechnung und Darstellung.

Die in soziodemografischer Hinsicht günstige Lage Jenas spiegelt sich zudem in der
Altersstruktur wider. Sowohl im Vergleich mit den anderen ostdeutschen als auch mit
den westdeutschen Kommunen weist Jena einen insgesamt unterdurchschnittlichen
Altenquotienten (31,7) auf. Der Jugendquotient (22,8) ist zwar insgesamt ebenfalls
unterdurchschnittlich, liegt bezogen auf die ostdeutschen Kreise und kreisfreien Städte
allerdings oberhalb deren Mittelwertes von 20,9. Der Unterstützungsquotient, der die
Summe aus Alten- und Jugendquotient bildet, liegt hier bei 54,5, d.h. dass der Anteil
der Personen im erwerbsfähigen Alter an der Wohnbevölkerung in Jena relativ hoch
ausfällt (vgl. Tabelle 10).
Für Mülheim an der Ruhr ergibt sich ein eher konträres Bild: Der Altenquotient
beträgt 41,0 und liegt damit sowohl deutlich oberhalb des bundesdeutschen Mittelwertes von 33,7 als auch des westdeutschen Durchschnitts von 32,8. Dagegen fällt der

Jugendquotient deutlich überdurchschnittlich aus. Während für alle 402 Gebietseinheiten Deutschlands der Mittelwert bei 25,8 und in den westdeutschen Kreisen und
kreisfreien Städten mit 26,9 nochmals etwas höher ausfällt, beträgt die Zahl der Kinder
und Jugendlichen in Relation zu der Bevölkerungsgruppe im erwerbsfähigen Alter (18
bis unter 65 Jahre) in Mülheim an der Ruhr besonders hohe 29,4. Insgesamt ergibt sich
für Mülheim an der Ruhr aus der Summe des Alten- und Jugendquotienten ein außer-
gewöhnlich hoher Unterstützungsquotient von 70,4.

Mülheim an der Ruhr verzeichnet am 31. Dezember 2011 rund 167.000 Einwohner. Hinsichtlich der Bevölkerungsentwicklung ist Mülheim an der Ruhr zwischen
2004 und 2011 ein Rückgang um 1,9% zu attestieren, wobei eine negative Bevölkerungsdynamik bereits seit längerer Zeit charakteristisch für die Städte des Ruhrgebiets
ist (vgl. Strohmeier 2002; Dahlbeck/ Neu 2014).

Der Anteil der nichtdeutschen Bevölkerung ist hier in Folge der Zuwanderungs-
ströme in der Nachkriegszeit besonders hoch, in Mülheim an der Ruhr fällt der Anteil
der ausländischen Bevölkerung 2011 auch für westdeutsche Verhältnisse (8,6%) mit
10,7% etwas höher aus. Die eher für Städte typischen höheren Zuwandereranteile liegen auch in Jena mit 6,5% deutlich oberhalb des wiederum für Ostdeutschland charakteristischen äußerst niedrigen Niveaus von 2,6%.

Kinderbetreuung

Die Möglichkeit der Kinderbetreuung außerhalb der Familie ist maßgeblich für die
Vereinbarkeit von Familie und Beruf und entspricht dem Leitbild einer Sozialpolitik
defamilialisierender Stoßrichtung (vgl. Abschnitt 3.2). Von Relevanz sind dabei Betreuungsquoten für Kinder, im Besonderen für Kinder im Alter von unter drei Jahren.

Tabelle 11:   Kinderbetreuung, Kreise und kreisfreie Städte 2011

Indikator	Jena	Mülheim a.d. Ruhr	Deutschland[1]	Westdeutsch-land	Ostdeutsch-land[1] [2]
Betreute Kinder unter 3 Jahre in Kindertageseinrichtungen (in %)[3]	45,8	7,9	22,1[5]	16,4	46,4[5]
Betreute Kinder 3 bis unter 6 Jahre in Kindertageseinrichtungen (in %)[4]	99,2	89,1	91,8[5]	90,8	96,2[5]

[1] Mittelwert der Kreise und kreisfreien Städte; Gebietsstand 30. Juni 2013.
[2] Ostdeutschland einschließlich Berlin.
[3] Betreute Kinder im Alter von unter drei Jahren in Tageseinrichtungen (Stichtag: 15. März) in % der Bevölkerung im Alter von unter drei Jahren (Stichtag: 31. Dezember des Vorjahres).
[4] Betreute Nichtschulkinder im Alter von drei bis unter sechs Jahren in Tageseinrichtungen (Stichtag: 15. März)
in % der Bevölkerung im Alter von drei bis unter sechs Jahren (Stichtag: 31. Dezember des Vorjahres).
[5] Ohne die Landkreise Mecklenburgische Seenplatte und Vorpommern-Greifswald.
Datenbasis: Bertelsmann Stiftung, Wegweiser Kommune (auf Datengrundlage der Statistischen Ämter der Länder), Datenstand Mai 2014; eigene Berechnung und Darstellung.

Während die Kinderbetreuungsquote für Kinder im Alter von drei bis unter sechs Jahren auch in den westdeutschen Kreisen und kreisfreien Städten mit 90,8% das traditio-
nell hohe Betreuungsniveau in den ostdeutschen Gebietseinheiten von 96,2% erreicht
und auch Mülheim an der Ruhr mit 89,1% und Jena mit 99,2% diesen Durchschnitts-
werten jeweils in etwa entsprechen, zeigt sich hinsichtlich der Betreuungsquote der
unter Dreijährigen ein anderes Bild. Mit 7,9% fällt die Betreuungsquote in Mülheim an

der Ruhr auch im Vergleich zum Mittelwert aller westdeutschen Kreise und kreisfreien Städte (16,4%) deutlich unterdurchschnittlich aus. In den ostdeutschen Kreisen und kreisfreien Städten (46,4%) und auch in Jena (45,8%) werden 2011 dagegen weitaus mehr Kinder zusätzlich zur Erziehung und Betreuung durch die Eltern in einer Kindertageseinrichtung betreut (vgl. Tabelle 11).

7.2 Sozialstrukturelle Eckwerte des SGB II-Leistungsbezugs

Bereits der Blick auf die jahresdurchschnittliche SGB II-Quote zeugt von erheblichen Unterschieden zwischen den beiden Beispielkommunen. 2011 beträgt die SGB II-Quote in Jena im Jahresmittel 10,4% und liegt damit zwar oberhalb der Quote auf Bundesebene (9,8%), ist gleichzeitig aber erheblich geringer als die ostspezifische SGB II-Quote von 16,0%. In Mülheim an der Ruhr beträgt der Anteil der SGB II-Grundsicherungsempfänger an der Wohnbevölkerung im Alter unter 65 Jahren 14,0% und fällt damit sowohl hinsichtlich des Bundeswertes als auch im Vergleich zu der Quote von 8,3% in Westdeutschland höher aus und ist somit als überdurchschnittlich einzuordnen (vgl. Tabelle 12).

Im Vergleich zu 2007 fallen für beide Kommunen divergierende Entwicklungen auf. Während Jena dem Bundestrend einer moderat rückläufigen SGB II-Quote folgt und eine um 2,8 Prozentpunkte gesunkene SGB II-Quote aufweist, ist für Mülheim an der Ruhr zwischen 2007 und 2011 ein Zuwachs um 1,1 Prozentpunkte zu konstatieren. Diese Entwicklung spiegelt sich entsprechend in der Entwicklung der Leistungsbezugsquoten bezogen auf ALG II und Sozialgeld wider. Der Anteil der ALG II-Leistungsbeziehenden an der Bevölkerung im Alter von 15 bis unter 65 Jahren beträgt in Jena 2011 9,3% und ist im Vergleich zu 2007 um 2,7 Prozentpunkte gesunken. In Mülheim an der Ruhr ist die ALG II-Leistungsbezugsquote im Jahresvergleich um 0,6 Prozentpunkte auf 12,0% angestiegen.

Noch stärker stellt sich dieser gegenläufige Trend im Vergleich beider Kommunen hinsichtlich der Entwicklung der Zahl der Sozialgeldbezieher unter 15 Jahren dar. In Jena ist die Sozialgeldquote bezogen auf die Bevölkerung im Alter von unter 15 Jahren zwischen 2007 und 2011 um 7,3 Prozentpunkte auf 16,2% gesunken. Mülheim an der Ruhr verzeichnet für denselben Zeitraum Zuwächse, denn hier ist ein erheblicher Anstieg um 5,5 Prozentpunkte auf 24,1% auszumachen, so dass hier 2011 nahezu jedes vierte Kind unter 15 Jahren hilfebedürftig im Sinne des SGB II ist.

110   7 SGB II-Leistungsbezug in Jena und Mülheim an der Ruhr

Tabelle 12:   Sozialstrukturelle Eckwerte des SGB II-Leistungsbezugs 2007 und 2011[*)]

	Jena		Mülheim a.d. Ruhr		Deutschland		Westdeutsch-land		Ostdeutsch-land[1]	
	2007	2011	2007	2011	2007	2011	2007	2011	2007	2011
Leistungsbezugsquoten (in %)										
SGB II insgesamt	13,2	10,4	12,9	14,0	11,0	9,8	9,1	8,3	18,7	16,0
Arbeitslosengeld II	11,5	9,3	11,4	12,0	9,7	8,5	7,9	7,1	16,7	14,2
Sozialgeld unter 15 Jahre	23,5	16,2	18,6	24,1	16,7	15,2	14,1	13,2	30,5	24,9
Bedarfsgemeinschaften nach Familientyp (in %)										
Single-BG	57,7	62,5	53,1	51,2	49,5	53,1	48,5	51,4	51,4	56,3
Alleinerziehenden-BG	16,8	17,2	19,6	20,8	18,0	18,3	19,5	19,6	15,3	16,0
Paar-BG ohne Kinder	9,8	8,7	9,8	8,9	13,0	11,6	11,7	10,9	15,2	12,9
Paar-BG mit Kind(ern)	10,7	9,0	15,3	16,1	17,3	14,6	18,4	15,7	15,4	12,5
Sonstige BG	5,1	2,6	2,2	3,0	2,2	2,4	2,0	2,4	2,7	2,3
Erwerbsfähige Leistungsberechtigte (in %)										
Männer	50,7	50,7	48,7	48,0	49,3	48,9	48,4	48,0	50,9	50,7
Frauen	49,3	49,3	51,2	52,0	50,7	51,1	51,6	52,0	49,1	49,3
unter 25 Jahre	20,1	14,4	19,7	19,6	19,6	17,4	19,6	18,5	19,8	15,3
25 bis unter 50 Jahre	60,2	60,3	58,3	56,1	58,4	56,1	58,9	56,0	57,5	56,2
50 bis unter 55 Jahre	8,9	9,4	9,0	9,4	9,6	10,5	9,0	10,0	10,7	11,6
55 bis unter 65 Jahre	10,9	15,9	13,0	14,8	12,4	16,0	12,6	15,6	12,0	16,8
Deutsche	95,3	93,0	69,7	66,0	81,4	79,2	75,9	74,4	91,2	89,0
Nichtdeutsche	4,7	7,0	30,3	34,0	18,6	20,8	24,1	25,6	8,8	11,0
arbeitslose Leistungsberechtigte	41,7	38,6	46,5	42,1	46,3	43,2	46,1	42,8	46,7	43,9
erwerbstätige Leistungsberechtigte	-	40,0	-	26,0	23,1	29,4	22,5	28,1	24,3	31,8
mit Einkommen (EK) aus abh. Erwerbsarbeit	-	85,4	-	94,4	94,4	91,4	95,1	92,6	93,2	89,2
• darunter mit EK≤400 Euro	-	53,4	-	60,2	52,6	55,7	55,4	57,4	47,8	52,6
• mit EK>400 Euro bis ≤800 Euro	-	19,9	-	15,8	17,1	19,4	17,5	19,5	16,4	19,1
• mit EK>800 Euro	-	26,7	-	24,0	30,3	24,9	27,1	23,1	35,8	28,4
mit EK aus selbst- ständiger Arbeit	-	15,9	-	6,0	5,9	9,4	5,2	8,1	7,1	11,5
Nicht erwerbsfähige Hilfebedürftige (in %)										
unter 15 Jahre	96,0	96,2	98,8	97,9	96,5	95,4	96,4	95,3	96,6	95,8
15 bis unter 65 Jahre	4,0	3,8	1,2	2,1	3,5	4,6	3,6	4,7	3,4	4,2

[*)] Jahresdurchschnitte.
[1)] Ostdeutschland einschließlich Berlin.
Datenbasis: Statistik der Bundesagentur für Arbeit, Arbeitsmarkt in Zahlen – Grundsicherung für Arbeitsu-chende nach dem SGB II, Zeitreihe zu Strukturen der Eckwerte und Geldleistungen nach dem SGB II, Daten nach einer Wartezeit von drei Monaten, Datenstand Juli 2012; eigene Berechnung und Darstellung.

Richtet man den Fokus auf die SGB II-Bedarfsgemeinschaften differenziert nach deren Familientypen, ist zu erkennen, dass die Single-Bedarfsgemeinschaft den häufigsten

Fall in beiden Kommunen darstellt. Wie auch in Gesamtdeutschland (53,1%) sind mit 51,2% in Mülheim an der Ruhr und 62,5% in Jena mehr als die Hälfte aller Bedarfsgemeinschaften diesem Typus zuzuordnen, wobei dieser Anteil in Jena im Vergleich zu 2007 um deutliche 4,8 Prozentpunkte zugenommen hat. Dieser Trend ist auch für Gesamtostdeutschland auszumachen, wo der Anteil der Single-Bedarfsgemeinschaften im Jahresdurchschnitt 2007 von 51,4% auf 56,3% im Jahresdurchschnitt 2011 angewachsen ist. Interessant ist der Anteil der Bedarfsgemeinschaften, dem Kinder angehören. Während in Jena 2011 lediglich 26,9% aller Bedarfsgemeinschaften zumindest ein Kind angehört, sind dies in Mülheim an der Ruhr vergleichsweise hohe 36,9%, der Wert für Gesamtdeutschland beträgt 32,9%, in Ostdeutschland sind 28,5% und in Westdeutschland 35,3% der Bedarfsgemeinschaften Kinder angehörig. Unter den SGB II-Bedarfsgemeinschaften mit Kind(ern) stellen die Alleinerziehenden-Bedarfsgemeinschaften im Vergleich zu Paar-Bedarfsgemeinschaften mit mindestens einem Kind die größere Gruppe dar. Ähnlich wie 2011 die Alleinerziehenden in Westdeutschland einen größeren Anteil an allen Bedarfsgemeinschaften ausmachen (19,5%) als in Ostdeutschland (16,0%), ist auch in Mülheim an der Ruhr ein mit 20,8% höherer Anteil von Alleinerziehenden-Bedarfsgemeinschaften an der Gesamtheit aller Bedarfsgemeinschaften nach SGB II auszumachen als in Jena (17,2%).

Auf der Individualebene sind zunächst die erwerbsfähigen Hilfebedürftigen, also die ALG II-Leistungsberechtigten zu betrachten. Hierbei gibt es Ost-West-Unterschiede hinsichtlich des Geschlechts, welche auch im Leistungsbezug beider Beispielkommunen auszumachen sind: In Ostdeutschland insgesamt, genauso wie Jena (2011: jeweils 50,7%) überwiegt der Männeranteil unter den ALG II-Leistungsbeziehenden, in Westdeutschland und Mülheim an der Ruhr (jeweils 52,0% im Jahr 2011) sind Frauen häufiger auf Leistungen nach dem SGB II angewiesen.

Bezüglich der Altersstruktur der Hilfebedürftigen zeichnen sich keine gravierenden Diskrepanzen ab. Das Gros der Leistungsberechtigten im Jahresdurchschnitt 2011 ist der Altersgruppe der 25- bis unter 50-Jährigen zuzurechnen (Jena 60,3%; Mülheim an der Ruhr 56,1%), etwas mehr junge ALG II-Leistungsbezieher verzeichnet Mülheim an der Ruhr mit 19,7%, ein sowohl im Vergleich zu Gesamtdeutschland (17,4%) als auch für Westdeutschland (18,5%) etwas höherer Anteilswert. Die Gruppe der älteren Leistungsbeziehenden im Alter von 55- bis unter 65 Jahren spielt in Mülheim an der Ruhr 2011 mit 14,8% eine etwas geringere Rolle als in Westdeutschland (15,6%) und Gesamtdeutschland (16,0%). Gegenüber 2007 (13,0%) hat diese mit einem Zuwachs von 1,8 Prozentpunkten allerdings an Bedeutung gewonnen, auch wenn für Westdeutschland ein mit drei Prozentpunkten (2007: 12,6%; 2011: 15,6%) größerer Bedeutungsgewinn dieser Altersgruppe auszumachen ist. Die Gruppen der Jüngeren im Alter von 15- bis unter 25 Jahren ist in Ostdeutschland (15,3%) und auch in Jena (14,4%) 2011 weniger häufig im Leistungsbezug vertreten. Die Ausprägung der Gruppe älterer Leistungsbeziehender hat dagegen ein stärkeres Gewicht: In Jena beträgt der Anteil der 55- bis unter 65-Jährigen im Leistungsbezug 2011 15,9%, was einem Wachstum von fünf Prozentpunkten gegenüber 2007 entspricht. In Ostdeutschland insgesamt fällt der Zuwachs mit 4,8 Prozentpunkten für den entsprechenden Zeitraum etwas geringer aus, beträgt aber im Ergebnis im Vergleich zur Stadt Jena etwas höhere 16,8%.

Wie bereits in Abschnitt 7.1 dargestellt, ist die Stadt Mülheim an der Ruhr – ruhrgebietstypisch – durch einen überdurchschnittlich hohen Anteil nichtdeutscher Bevölkerung geprägt. Es verwundert auf Grund zum Teil bestehender Integrationsprobleme und sozialer Benachteiligung (vgl. Abschnitt 2.2.2) wenig, dass diese Bevölkerungsgruppe in Mülheim an der Ruhr überdurchschnittlich häufig auf Leistungen nach dem SGB II angewiesen ist. Im Jahr 2011 haben hier 34,0% aller Personen im ALG II-Leistungsbezug keine deutsche Staatsangehörigkeit, gegenüber 2007 ist der Anteil dabei um 3,7 Prozentpunkte gestiegen. Der Anteil nichtdeutscher ALG II-Leistungsbezieher liegt hier damit deutlich über dem entsprechenden Wert Westdeutschlands (25,6%). Wie für Ostdeutschland typisch fällt auch in Jena der Anteil der nichtdeutschen Bevölkerung quantitativ deutlich geringer aus als in Westdeutschland. Demensprechend ist auch der Anteil der nichtdeutschen ALG II-Leistungsbeziehenden 2011 mit 7,0% in Jena erheblich geringer, wobei aber auch hier mit einem Zuwachs von 2,3 Prozentpunkten gegenüber 2007 eine ebenfalls ansteigende Tendenz zu erkennen ist. Auch 2011 beträgt der Jenaer Anteil nichtdeutscher ALG II-Leistungsbeziehender damit allerdings immer noch weniger als in Ostdeutschland insgesamt (11,0%).

Deutlich weniger als die Hälfte aller ALG II-Leistungsberechtigten ist 2011 arbeitslos. Dahingehend lassen sich zwischen Westdeutschland (42,8%) und Ostdeutschland (43,9%) keine großen Unterschiede konstatieren. In Jena ist der Arbeitslosenanteil unter den ALG II-Leistungsbeziehenden mit 38,6% nochmals geringer und hat gegenüber 2007 (41,7%) um 3,1 Prozentpunkte abgenommen. Auch für Mülheim an der Ruhr ist ein schrumpfender Anteil arbeitsloser Hilfebedürftiger zu registrieren. Hier ist deren Anteil von 46,5% im Jahr 2007 auf 42,1% im Jahr 2011 um 4,4 Prozentpunkte gesunken. Diese Zahlen belegen die bereits für die Bundesebene attestierte gestiegene Bedeutung der sogenannten Aufstockertätigkeiten (vgl. Abschnitt 5.2). Zwischen den beiden Städten lassen sich aber auch deutliche Diskrepanzen ausmachen: 2011 beträgt der Anteil erwerbstätiger Leistungsberechtigter in Jena 40,0% und fällt damit deutlich höher aus als in Mülheim an der Ruhr mit 26,0%. Allerdings weisen beide Kommunen hinsichtlich der erwerbstätigen Leistungsbeziehenden überdurchschnittliche Werte auf. In Ostdeutschland sind 2011 mit 31,8% mehr ALG II-Leistungsberechtigte erwerbstätig als in Westdeutschland (22,5%) und damit auch im Vergleich zu Gesamtdeutschland (23,1%).

Das erzielte Einkommen der erwerbstätigen Leistungsberechtigten resultiert in ganz überwiegender Mehrheit aus abhängiger Beschäftigung. Auffällig ist, dass der Anteil der Selbstständigen in Jena 2011 mit 15,9% wie auch für Ostdeutschland (11,5%) überdurchschnittlich hoch ausfällt, die Quote der Selbstständigen in Mülheim an der Ruhr liegt mit 6,0% hingegen unterhalb des entsprechenden Wertes für Gesamtdeutschland (9,4%) und Westdeutschland (8,1%). Im Vergleich zu 2007 sind die Anteile der Selbstständigen deutlich angestiegen. In Gesamtdeutschland ist ein Plus von 3,5 Prozentpunkten auszumachen, in Westdeutschland beträgt die Steigerung 2,9 Prozentpunkte und in Ostdeutschland 4,4 Prozentpunkte. Für Jena und Mülheim an der Ruhr liegen für 2007 keine Informationen vor.

Richtet man den Blick auf die abhängig Beschäftigten, dann fällt auf, dass der überwiegende Teil der Fälle einen Minijob mit einem Einkommen bis 400 Euro ausübt und zwar mit steigender Tendenz. Der Anteil der Minijobber unter den erwerbstätigen Leistungsbeziehenden mit Einkommen aus abhängiger Beschäftigung lag in Gesamtdeutschland 2007 bei 52,6% (Westdeutschland: 55,4%; Ostdeutschland 47,8%), 2011 sind es in Gesamtdeutschland 55,7%, in Westdeutschland 57,4% und in Ostdeutschland 52,6%. Auffällig ist, dass der Anteil der Minijobber in Mülheim an der Ruhr mit

60,2% nochmals höher als der Wert für Westdeutschland ausfällt, in Jena liegt der Wert von 53,4% etwas oberhalb des ostdeutschen Gesamtwerts.

Der Anteil der Midijobber mit einem Einkommen von mehr als 400 Euro bis 800 Euro ist ebenfalls leicht gestiegen und beträgt 2011 sowohl in Gesamt- (19,4%) als auch in West- (19,5%) und Ostdeutschland (19,1%) knapp unter einem Fünftel. Rückläufig sind dagegen die Anteile höherer Einkommen. Während in Gesamtdeutschland der Anteil der erwerbstätigen Hilfebedürftigen mit einem Einkommen aus abhängiger Beschäftigung in Höhe von 800 Euro und mehr noch 30,3% ausmachte, sind es 2011 noch 24,9%. In Ostdeutschland ist der entsprechende Anteilswert im Vergleich zu 2007 von vergleichsweise hohen 35,8% auf 28,4% im Jahr 2011 zurückgegangen, im Westen fällt der Rückgang von 27,1% auf 23,1% etwas moderater aus, befindet sich aber auf deutlich niedrigerem Niveau. Mit 26,7% liegt Jena 2011 etwas unterhalb des Wertes Ostdeutschlands, Mülheim an der Ruhr ist mit 24,0% ein im Vergleich zum Gesamtwert Westdeutschlands leicht höherer Anteilswert der Einkommen über 800 Euro zu attestieren. Im Ergebnis erzielt damit – geht man von den empirischen Befunden aus Abschnitt 5.3 aus – nur ein vergleichsweise kleiner Teil der Aufstocker ein Einkommen, dass in Kombination mit den Geldleistungen des SGB II zu einem Gesamteinkommen führt, welches die Armutsgefährdungsschwelle überschreitet.

In Hinblick auf die nichterwerbsfähigen Leistungsberechtigten zeigt Tabelle 12, dass diese Gruppe im Wesentlichen Kinder im Alter von unter 15 Jahren umfasst. Die Unterschiede fallen sowohl zwischen Ost (2011: 95,8%) und West (2011: 95,3%) als auch zwischen Jena (2011: 96,2%) und Mülheim an der Ruhr (97,9%) gering aus und sind im Zeitverlauf konstant. Dementsprechend ist der Anteil älterer, nicht erwerbsfähiger Leistungsberechtigter 2011 mit 3,8% in Jena und 2,1% in Mülheim an der Ruhr marginal und noch unterhalb des entsprechenden Werts Gesamtdeutschlands (4,6%) bzw. Ost- (4,2%) und Westdeutschlands (4,7%) angesiedelt.

Zusammenfassend lassen sich für beide Kommunen teilweise unterschiedliche Strukturen im Leistungsbezug ausmachen. Die folgenden Strukturmerkmale stellen sich in der Tendenz auch im Vergleich zwischen Ost- und Westdeutschland heraus: In Jena und tendenziell in Ostdeutschland insgesamt findet sich

- ein hoher Anteil an „aufstockenden" Leistungsbeziehern, darunter viele Selbstständige,
- ein unterdurchschnittlicher Anteil von Bedarfsgemeinschaften mit Kindern,
- ein etwas geringerer Anteil weiblicher Leistungsbeziehender und
- ein sehr geringer Anteil nichtdeutscher Hilfebedürftiger.

Im Gegensatz dazu ist für Mülheim an der Ruhr und in der Tendenz auch für Westdeutschland insgesamt den Leistungsbeziehern

- ein geringerer Anteil von Leistungsberechtigten, die auf ein zusätzliches Einkommen aus Erwerbsarbeit zurückgreifen,
- eine höhere Familienprägung, d.h. ein vergleichsweise hoher Anteil von Bedarfsgemeinschaften mit Kindern,
- ein etwas höherer Anteil weiblicher Leistungsbeziehender sowie
- ein hoher Anteil nichtdeutscher Leistungsberechtigter

zu attestieren. Damit sind die grundlegenden sozialstrukturellen Unterschiede im Leistungsbezug benannt, die es mit Blick auf die Interpretation der im anschließenden Abschnitt zu analysierenden Leistungsbezugsverläufe zu berücksichtigen gilt.

7.3 Verlaufsanalyse des SGB II-Leistungsbezugs

Die detaillierte Analyse der zeitlichen Verläufe der Leistungsberechtigten und ihrer Bedarfsgemeinschaften ist Gegenstand dieses Abschnitts. Mit Blick auf den Analyse- rahmen sozialstaatlich induzierter Inklusion ist genau diese Betrachtung von zentraler Bedeutung. Wie in Kapitel 5 erörtert wurde, sind die Leistungen des SGB II nicht der- art ausgestaltet, dass diese in der Regel eine finanzielle Mangellage (ohne gleichzeiti- gen Hinzuverdienst) beseitigen könnten. Daher gilt es zu überprüfen, ob die gesell- schaftliche Inklusion der Leistungsberechtigten dadurch erreicht werden kann, dass Hilfebedürftigkeit dauerhaft überwunden wird.

Notwendig ist zunächst die Beschreibung der in der SGB II-Forschung bislang kaum Anwendung findenden Datenbasis sowie deren spezifischen Vor- und Nachteile. Zudem sind einige methodische Vorbemerkungen erforderlich, die zum einen Bezug auf die Herangehensweise bezüglich der Messung der Verweildauern im Allgemeinen und zum anderen auf die den anschließenden statistischen Auswertungen zugrunde liegenden Dauerkonzepte rekurrieren (Abschnitt 7.3.1). Der anschließenden deskripti- ven Analyse der Bestände, Fluktuation und Reichweite des Leistungsbezugs in beiden Kommunen (Abschnitt 7.3.2) folgt in Abschnitt 7.3.3 eine Typisierung der Verlaufs- muster in Hinblick auf Dauer und Kontinuität des individuellen Leistungsbezugs in Jena und Mülheim an der Ruhr. Die Dauern des Leistungsbezugs sind zudem Gegen- stand der empirischen Untersuchungen in Abschnitt 7.3.4. Dabei wird der Fokus zum einen auf den weiterführenden Vergleich beider Kommunen bezüglich der Verweil- dauern der Leistungsberechtigten und ihrer Bedarfsgemeinschaften per se, zum anderen auf die spezifischen Bedingungsfaktoren gerichtet. Konkret wird danach geschaut, ob die explizite Ausrichtung des SGB II bezüglich der Inklusion via Arbeitsmarktteilhabe erreicht wird und sich dabei auch auf die vermeintlich schwer zu vermittelnden Langzeitarbeitslosen erstreckt, oder ob sich institutionelle Selektionsprozesse anhand der soziodemografischen Merkmale der Hilfebedürftigen abzeichnen, die deren Verweildauer im Leistungsbezug sowohl in positiver als auch in negativer Hinsicht beeinflussen können.

7.3.1 Datenbasis und methodische Vorbemerkungen

Für die statistischen Analysen bezüglich der SGB II-Leistungsbezugsverläufe finden die prozessproduzierten Verwaltungsdaten aus den Jobcentern der Städte Jena („jenar- beit") und Mülheim an der Ruhr („Sozialagentur") Verwendung. Die XML-Meldun- gen gemäß XSozial-BA-SGB II-Standard[62] wurden mittels der von der BA veröffent-

---

[62] Die zugelassenen kommunalen Träger nehmen nach § 6a die Umsetzung des SGB II in alleiniger Verantwortung wahr. Gemäß § 51b SGB II erfassen und übermitteln diese im Rahmen der Erledigung ihres Auftrages die anfallenden leistungsbezugsrelevanten Daten an die BA. Die Datenübermittlung sowie die Rückmeldung von Seiten der BA an die kommunalen Träger erfolgen nach Vorgaben des

lichten Prüfkriterien für statistische Auswertungen (BA 2010c; BA 2011a) aufbereitet und validiert. Um sicherzustellen, dass nachträgliche Korrekturen der monatlichen Meldungen Berücksichtigung finden, gehen ausschließlich die jeweils endgültigen Daten nach einer Wartezeit von drei Monaten (t-3) in die anstehenden Analysen ein. Mit der Einführung der Grundsicherung für Arbeitsuchende musste der Prozess der Datenlieferungen durch die zugelassenen kommunalen Träger erst etabliert werden. Datenlieferungen aus den Jahren 2005 und 2006 waren nach Angaben der BA zunächst zum Teil unvollständig oder nicht hinreichend plausibel, als dass diese durchgängig für die Messung von Dauern nutzbar waren. Allgemein geht die BA daher von einer statistischen Auswertbarkeit der Leistungsbezugshistorien für die Trägerform der zugelassenen kommunalen Träger erst ab Januar 2007 aus (BA 2010b: 42). Darüber hinaus liegen im Fall des Mülheimer Jobcenters generell keine Meldungen für die Jahre 2005 und 2006 in der Variante t-3 vor, so dass die SGB II-Verlaufsanalyse für beide Beispielkommunen mit dem Berichtsmonat Januar 2007 einsetzt, insgesamt 48 Berichtsmonate umfasst und mit der Meldung für den Berichtsmonat Dezember 2010 abschließt. Das damit betrachtete Zeitfenster von vier Kalenderjahren lässt bereits sehr gute Rückschlüsse über Dauern und (Dis-)Kontinuitäten der SGB II-Leistungsbeziehenden und ihrer Bedarfsgemeinschaften zu.

Der aufbereitete Datensatz umfasst insgesamt 53.392 Leistungsbezieher in 29.534 Bedarfsgemeinschaften. Während des Zeitfensters zwischen Januar 2007 und Dezember 2010 waren dabei in Jena 21.602 Hilfebedürftige in 13.338 Bedarfsgemeinschaften und in Mülheim an der Ruhr 31.790 Hilfebedürftige in 16.196 Bedarfsgemeinschaften zumindest einmal leistungsberechtigt.

Ein großer Vorteil der Analyse der prozessproduzierten Daten liegt in der beträchtlichen Fallzahl und der Tatsache, dass es sich zudem um eine vollständige Erfassung sämtlicher Hilfebedürftiger während des Beobachtungszeitraums handelt.

Einschränkungen ergeben sich allerdings hinsichtlich des Umfangs der im Datensatz enthaltenen Merkmale: Informationen bezüglich der Abgangsgründe aus dem SGB II-Leistungsbezug liegen nicht bzw. nur in unzureichender Qualität vor. Prinzipiell kann die Aufnahme einer sozialversicherungspflichtigen Beschäftigung des Leistungsberechtigten (oder seines Partners) für die Überwindung der Hilfebedürftigkeit genauso ursächlich sein wie ein Umzug in eine andere Kommune (womit auch ein Wechsel der Zuständigkeit des jeweiligen Jobcenters verbunden ist) oder der Todesfall des Leistungsberechtigten. Auf Grund der hohen Fallzahl stellt dies allerdings kein gravierendes Problem dar, so dass in Folge lediglich auf die Überwindung des Leistungsbezugs per se abgehoben wird.[63]

Bewegungen im Leistungsbezug, d.h. Zugänge und Abgänge der Hilfebedürftigen, werden dadurch bestimmt, dass im Vormonat bzw. im Folgemonat kein Leistungsbe-

---

XSozial-BA-SGB II-Datenstandards. Das XML-Schema fungiert als technische Schnittstelle und stellt neben der Datensatzbeschreibung in Form eines Merkmalskataloges bzw. Codebuchs die Grundlage des monatlichen Meldeprozesses dar. Der Datensatz ist themenspezifisch modular aufgebaut (vgl. BA 2012b).

[63] Verzichtet wird in diesem Zusammenhang auch auf die Auswertung durchgeführter Eingliederungsmaßnahmen, da es weder sinnvoll noch möglich erscheint, auf Grund einzelner oder auch eines Bündels durchgeführter Maßnahmen darauf zu schließen, dass eben diese ausschlaggebend für die Beendigung der Hilfebedürftigkeit sind (vgl. Neu 2012b).

zug für den einzelnen Hilfebedürftigen bzw. für die SGB II-Bedarfsgemeinschaft vorliegt.
Der aufbereitete Datensatz ermöglicht eine Längsschnittanalyse der Leistungsbezugsverläufe. Diese hat gegenüber einer Querschnittsbetrachtung, in deren Rahmen die
bisherige Bezugsdauer des zu einem Stichtag Leistungen beziehenden Personenbe-
stands ermittelt wird, einen entscheidenden Vorteil. Aus der Querschnittsanalyse resultiert stets eine Überschätzung der längeren und mittleren Bezugsdauern, da Kurz-
zeitleistungsbezieher grundsätzlich eine geringere Wahrscheinlichkeit aufweisen, zu
einem bestimmten Zeitpunkt im Bestand zu sein als Langzeitleistungsbeziehende
(Bane/ Ellwood 1986; Leisering 1993). Dieses Problem ist bei einer Längsschnittbetrachtung nicht gegeben, da sämtliche Leistungsbeziehenden in die Untersuchung eingehen, die während eines bestimmten Zeitraums mindestens einmal die Erfahrung der
Abhängigkeit von SGB II-Transferleistungen gemacht haben.
Aus dieser Vorgehensweise resultieren allerdings in der Regel andere methodische
Schwierigkeiten. Wie auch im vorliegenden Fall ist das Beobachtungsfenster oftmals
sowohl auf der rechten als auch auf der linken Seite zensiert. Dies bedeutet, dass die
Information über die Verweildauer im Leistungsbezug nicht vollständig ist.
Der Datensatz ist zunächst teilweise linkszensiert, da dieser Daten erstmalig für
den Januar 2007 enthält und keinerlei Informationenen über die bisherige Dauer der
dem Bestand dieses Monats angehörigen Leistungsbeziehenden verfügbar sind. Es ist
also möglich, dass der einzelne Leistungsbeziehende schon länger, ggf. sogar bereits
seit Einführung der Grundsicherung im Januar 2005 dauerhaft oder wiederholt im
Leistungsbezug war. Es wird daher für Analysezwecke oftmals empfohlen, lediglich
die Zugangskohorten, hier also ab Februar 2007, zu berücksichtigen (Leisering
2008b).
Durch diese Vorgehensweise bleibt aber gerade der im Sinne der Fragestellung
der vorliegenden Arbeit als besonders bedeutsam zu erachtende Sockel des Leistungsbezugs ausgeblendet, also die Gesamtheit derjenigen Hilfebedürftigen, die über den
kompletten vierjährigen Betrachtungszeitraum permanent auf Transferleistungen angewiesen sind und daher als im besonderen Maße von sozialer Exklusion bedroht erachtet werden müssen. Daher wird im Folgenden ein anderer Weg beschritten. Sämtlichen Leistungsbeziehenden des Ausgangsbestands vom Januar 2007 wird für diesen
Berichtsmonat der erstmalige Leistungsbezug unterstellt. Daraus resultiert eine methodische Unzulänglichkeit, da Untersuchungs- und Prozessbeginn schlichtweg gleichgesetzt werden und dies eine systematische Unterschätzung der Prozesszeiten zur Konsequenz hat (vgl. Rohwer/ Pötter 2001; Blossfeld et al. 2007). Dieser Effekt erscheint
aber im Vergleich zu dem Vorgehen, den Ausgangbestand vom Januar 2007 gänzlich
zu ignorieren, als deutlich weniger schwerwiegend.
Durch die Schließung des Beobachtungsfensters zum Dezember 2010 entsteht zusätzlich eine teilweise Zensierung des Datenbestandes auf der rechten Seite, da für
eine Vielzahl der Leistungsbeziehenden der Beginn der Episode bekannt ist, das Ende
zum Schluss des Beobachtungszeitraums aber noch nicht beobachtet werden konnte,
da der Leistungsbezug bis zum Dezember 2010 noch nicht überwunden wurde. Aus
methodischer Perspektive stellt sich die Beendigung des Beobachtungsfensters und der
Umgang mit den rechtszensierten Episoden wenig problematisch dar, da für die betroffenen Fälle zumindest die Information darüber vorliegt, wie lange der einzelne
Leistungsbezieher bereits „überlebt" hat bzw. wie lange die Episode des Leistungsbe-

zugs bei Eintritt des rechtszensierten Ereignisses angedauert hat. Die Verfahren der Survival- bzw. Ereignisanalyse ermöglichen die Berechnung sogenannter „Überlebenswahrscheinlichkeiten" (vgl. Abschnitt 7.3.3).

Ein weiterer notwendiger Hinweis nimmt Bezug auf die verwendeten Dauerkonzepte. Da der Leistungsbezug in einer Vielzahl der Fälle nicht ausschließlich eine Episode aufweist, sondern durch eine oder mehrere Unterbrechungen geprägt sein kann, wird grundsätzlich zwischen Ein- und Mehrepisoden-Fällen (vgl. Blossfeld et al 2007) und drei Dauerkonzepten unterschieden: der Episoden-, der Netto- und der Bruttodauer (Buhr 1995).

Zunächst kann auf die Dauer einzelner Episoden (engl. „single spell") abgehoben werden. Eine Episode ist dadurch definiert, dass sie einen Beginn- und einen Endzeitpunkt aufweist und damit eine Dauer sowie einen Ausgangs- und einen Zielzustand aufweist (Windzio 2013: 87). Bei dem Episodenkonzept wird grundsätzlich nicht berücksichtigt, ob Fälle nur eine oder mehrere Episoden haben. D.h. es ist hier irrelevant, ob es sich beispielsweise um die erste oder dritte Bezugsepisode eines Falles handelt. Das Episodenkonzept wird auch als „reines" Dauerkonzept betrachtet (Buhr 1995a: 106), da eventuell vorangegangene Episoden keine Berücksichtigung finden. Irreführend erscheint das Konzept insofern, da die Gesamtdauer des Leistungsbezugs tendenziell unterschätzt wird.

Die Nettodauer stellt ein Mehr-Episoden-Konzept (engl. „multiple spell") dar und gibt an, wie lange der einzelne Hilfebedürftige insgesamt im Leistungsbezug verbleibt. Hier werden Unterbrechungen und Mehrfachleistungsbezug insofern berücksichtigt, dass die Dauern der einzelnen Episoden des Leistungsbezugs kumuliert werden. Zeiträume, in denen kein Leistungsbezug vorliegt, finden keine Berücksichtigung. Aus der Betrachtung der Nettodauer ergeben sich dann, unter der Bedingung von mehr als einer Episode des Leistungsbezugs, längere Bezugszeiten als nach dem Episodenkonzept (Buhr 1995: 106f.).

Das zweite Mehr-Episoden-Konzept ist die Bruttodauer. Hiernach wird die Gesamtdauer des Leistungsbezugs zwischen der ersten und der finalen Leistungsgewährung betrachtet. Etwaige Unterbrechungen im Bezug werden nicht berücksichtigt, d.h. es wird angenommen, dass es keine Unterbrechungen gegeben hat. Mit dem Bruttodauerkonzept wird also unterstellt, dass ein Hilfebedürftiger durch Unterbrechung des Leistungsbezugs zwar eine zeitweise Verbesserung der Einkommenssituation erfahren hat, diese sich aber in ihrer Entwicklung nicht als stabil darstellt. Die Bruttobezugsdauer gibt darüber hinaus einen Hinweis darauf, dass der Hilfebedürftige, trotz Unterbrechungen, immer wieder auf institutionelle Hilfe angewiesen ist und eben auch der aktivierenden Steuerung durch die Jobcenter ausgesetzt und damit mit dem System der SGB II-Grundsicherung verbunden ist (Buhr 1995a: 107).

7.3.2 Bestände, Fluktuation und Reichweite

Die erörterte Datenbasis erlaubt zunächst eine detailliertere Betrachtung der Entwicklung der monatlichen Bestände während des Betrachtungszeitraums sowie der Fluktuation im Kreis der hilfebedürftigen Personen in den beiden Kommunen. Abbildung 14 und Abbildung 15 liefern zunächst Informationen über die bereits in Abschnitt 7.2 angeklungene Entwicklung der Bestände an SGB II-Leistungsbeziehenden in den zwei Beispielkommunen.

Es zeigen sich deutlich gegenläufige Entwicklungen: In Jena erhielten zum Beginn des Beobachtungsfensters im Januar 2007 10.874 Personen Leistungen nach dem SGB II. Dies entspricht einer SGB II-Quote bezogen auf die Bevölkerung am Wohnort unter 65 Jahren in Höhe von 13,1%. Trotz leichter Schwankungen ist – dem allgemeinen Trend rückläufiger Arbeitslosenquoten folgend – eine abnehmende Tendenz auszumachen, so dass im Dezember 2010 mit 9.005 Hilfebedürftigen ein Rückgang der SGB II-Quote um 2,4 Prozentpunkte auf 10,8% zu konstatieren ist.

Abbildung 14:   Bestände und Fluktuation von SGB II-Leistungsbeziehenden, Jena Januar 2007-Dezember 2010

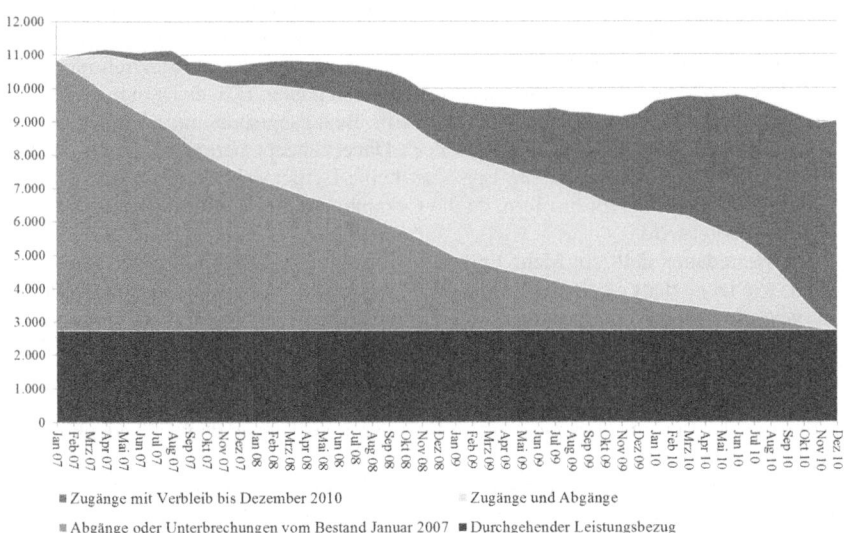

▪ Zugänge mit Verbleib bis Dezember 2010   ▪ Zugänge und Abgänge
▪ Abgänge oder Unterbrechungen vom Bestand Januar 2007 ▪ Durchgehender Leistungsbezug

Datenbasis: XML-Meldungen der Jobcenter Jena („jenarbeit") nach XSozial-BA-SGB II-Standard April 2007-März 2011, Daten nach einer Wartezeit von drei Monaten; eigene Berechnung und Darstellung.

Mülheim an der Ruhr verzeichnet eine ganz andere Entwicklung: Im Januar 2007 waren hier insgesamt 16.254 Menschen hilfebedürftig. Dies entspricht einer SGB II-Quote von 12,6%. Im Zeitverlauf bis Dezember 2010 ist die Zahl der leistungsberechtigten Personen auf insgesamt 17.821 bzw. auf eine SGB II-Quote in Höhe von 14,0% angestiegen. Abbildung 15 verdeutlicht, dass die Zahl der Leistungsberechtigten in Mülheim an der Ruhr über den Zeitverlauf mehr oder weniger kontinuierlich zugenommen hat. Vor dem Hintergrund, dass auch die Mülheimer Arbeitslosenquote zwischen 2006 und 2011 deutlich abgenommen hat (vgl. Abschnitt 7.1), zeugt dieser Fakt von einer beachtlichen Entkopplung der Dynamik im SGB II von der allgemeinen Arbeitsmarktentwicklung im Mülheimer Stadtgebiet.

Die Betrachtung des in Abbildung 14 und Abbildung 15 dargestellten Beobachtungsfensters von 48 Monaten liefert über die monatlichen Bestandszahlen hinaus bereits einige wertvolle Erkenntnisse bezüglich der Leistungsbezugsverläufe in Jena und Mülheim an der Ruhr. Zu unterscheiden sind die Leistungsbezugsverläufe der Hilfebedürftigen nach SGB II in

- Leistungsberechtigte, die während des gesamten Untersuchungszeitraums durchgängig Leistungen erhalten haben (durchgehender Leistungsbezug),
- Leistungsberechtigte Personen, die im Januar 2007 hilfebedürftig waren und den Leistungsbezug verlassen bzw. diesen zumindest unterbrochen haben (Abgänge und Unterbrechungen vom Bestand Januar 2007),
- neuzugehende oder wiederkehrende Leistungsbezieher, die den Leistungsbezug bis Dezember 2010 wieder beendet haben (Zugänge und Abgänge) sowie
- nach Januar 2007 neu oder wieder zugegangene Leistungsberechtigte, die bis Dezember 2010 im Leistungsbezug verweilen (Zugänge mit Verbleib bis Dezember 2010).

Abbildung 15: Bestände und Fluktuation von SGB II-Leistungsbeziehenden, Mülheim an der Ruhr Januar 2007-Dezember 2010

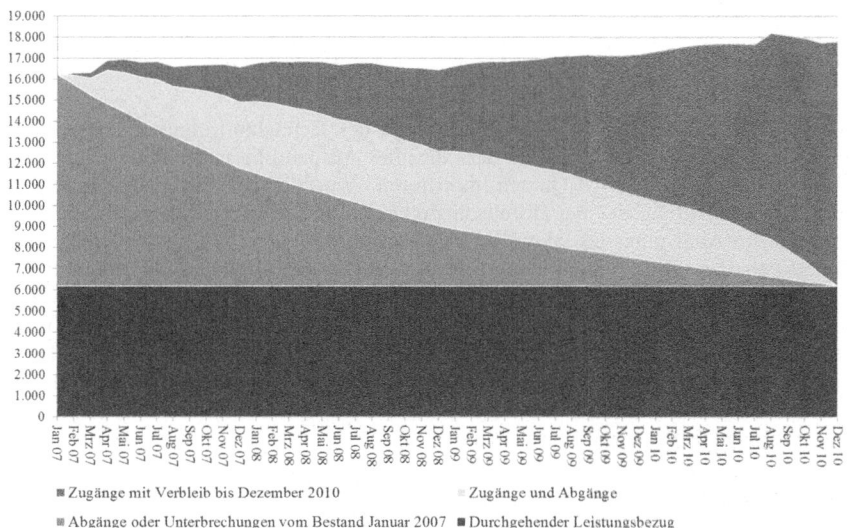

■ Zugänge mit Verbleib bis Dezember 2010   ▨ Zugänge und Abgänge

■ Abgänge oder Unterbrechungen vom Bestand Januar 2007   ■ Durchgehender Leistungsbezug

Datenbasis: XML-Meldungen des Jobcenters Mülheim an der Ruhr („Sozialagentur") nach XSozial-BA-SGB II-Standard April 2007-März 2011, Daten nach einer Wartezeit von drei Monaten; eigene Berechnung und Darstellung.

Die Abbildungen 14 und 15 zeigen, dass die Anzahl der Personen des Ausgangsbestands des Januar 2007 von Monat zu Monat abnimmt, d.h. dass ein Teil der Leistungsbeziehenden die Hilfebedürftigkeit überwindet und der Gesamtbestand durch Neuzugänge oder Wiederkehrer ergänzt wird. Beachtlich ist der in beiden Beispielkommunen hohe Anteil an Leistungsbeziehenden, deren Hilfebedürftigkeit durchgehend Bestand hat, also zwischen dem Januar 2007 und Dezember 2010 keinerlei Unterbrechung aufweist. 25,1% der Jenaer Leistungsbeziehenden, die bereits im Januar 2007 hilfebedürftig waren, sind dies – ohne jede Unterbrechung der Hilfebedürftigkeit – auch noch im Dezember 2010. Mit 38,3% fällt der Anteil derer, die über den gesamten Betrachtungszeitraum im Leistungsbezug sind, in Mülheim an der Ruhr erheblich höher aus. Dementsprechend konnten 8.140 (74,9%) der Jenaer und 10.034 (61,7%) der Mülheimer Leistungsberechtigten des Ausgangsbestandes vom Januar 2007 den Leistungsbezug zumindest zeitweise verlassen. Das Jenaer Jobcenter verzeichnete zwischen Februar 2007 und Dezember 2010 10.728 Neuzugänge oder Wiedereintritte in den Leistungsbezug, deren Hilfebedürftigkeit auch am Ende des Beobachtungszeitraums noch immer Bestand hat. In Mülheim an der Ruhr sind dies 11.601 Personen.

Tabelle 13: Reichweite des SGB II-Leistungsbezugs, Jena und Mülheim an der Ruhr Januar 2007-Dezember 2010

	Jena	Mülheim an der Ruhr
Leistungsberechtigte insgesamt	21.602	31.790
Leistungsberechtigte in % der Bevölkerung unter 65 Jahre[1]	24,9	26,0

[1] Durchschnittliche Bevölkerung der Jahre 2007 bis 2010, jeweils zum Stichtag 31. Dezember.
Datenbasis: XML-Meldungen der Jobcenter Jena ("jenarbeit") und Mülheim an der Ruhr ("Sozialagentur") nach XSozial-BA-SGB II-Standard April 2007-März 2011, Daten nach einer Wartezeit von drei Monaten; Regionaldatenbank Deutschland der statistischen Ämter des Bundes und der Länder, Datenstand Dezember 2013; eigene Berechnung und Darstellung.

Die Anzahl der betroffenen Personen während des Betrachtungsfensters liegt allerdings insgesamt deutlich höher als dass dies der Ausgangsbestand vom Januar 2007 und die monatlichen SGB II-Quoten implizieren. Zum Stichtag des 31. Dezember beträgt die Bevölkerung der bei Hilfebedürftigkeit grundsätzlich anspruchsberechtigten Personen im Alter unter 65 Jahren im Durchschnitt der Jahre 2007 bis 2010 in Jena 82.957 Personen. Bezieht man hierauf die Zahl der 21.602 Personen, die während des Zeitraumes von Januar 2007 und Dezember 2010 zumindest einmal im Leistungsbezug waren, ergibt sich eine Betroffenenquote in Höhe von 26,0%, der entsprechende Wert für Mülheim an der Ruhr beträgt bei einem durchschnittlichen Bevölkerungsstand von 127.969 Personen unter 65 Jahren etwas geringere 24,9%, so dass in beiden Kommunen rund ein Viertel der Bevölkerung unter 65 Jahren zumindest einmalig auf SGB II-Leistungen angewiesen war (vgl. Tabelle 13).[64]

7.3.3 Dauern und (Dis-)Kontinuitäten

Damit angeklungen ist eine zweite Dimension der Zeit. Nicht nur die Dauer des Leistungsbezugs ist relevant, auch deren (Dis-)Kontinuität, also die Häufigkeit und Dauer von Unterbrechungen bzw. wiederholter Episoden des Leistungsbezugs. Durch die Kombination der Merkmale Dauer und Kontinuität lassen sich SGB II-Verlaufstypen bestimmen, die über eine einfache Unterteilung in Kurzzeit- und Langzeitbeziehende hinausgehen.

Betrachtet wird wieder der Ausgangsbestand der Leistungsbeziehenden beider Städte vom Januar 2007. Die Typisierung der SGB II-Bezugsverläufe in Jena und Mülheim an der Ruhr erfolgt anhand des statistischen Verfahrens der Clusteranalyse. Damit lassen sich diejenigen Leistungsbezieher, die sich in Hinblick auf die Merkmale

---

[64] Es ist darauf hinzuweisen, dass die Reichweite daher eine gewisse Überzeichnung aufweist, da der Austausch der Bevölkerung am Wohnort auf Grund von Geburten und Todesfällen, vor allem aber durch Fort- und Zuzüge unberücksichtigt bleibt.

Bezugsdauer und Kontinuität gleich oder ähnlich sind, zu einem Cluster bzw. SGB II-Verlaufstypen zusammenfassen. Dabei werden die Leistungsbezieher derart gruppiert, dass die Unterschiede innerhalb eines solchen Clusters möglichst gering, die Unterschiede zwischen den Clustern aber möglichst hoch ausfallen. Diese Cluster stellen dann die verschiedenen SGB II-Verlaufstypen dar, die sich hinsichtlich ihrer Ausprägungen inhaltlich interpretieren lassen (vgl. Bortz 2005; Bacher et al. 2010).

Anwendung finden zwei unterschiedliche clusteranalytische Verfahren. In einem ersten Schritt werden im Rahmen einer hierarchischen Clusteranalyse (Ward-Methode, Distanzmaß: Quadrierte Euklidische Distanz) die aus statistischer und sachlicher Hinsicht sinnvolle Clusteranzahl bestimmt und die jeweiligen Clusterzentren bzw. Clustermittelwerte ermittelt. In einem zweiten Schritt werden mittels einer Clusterzentrenanalyse, einem iterativen Verfahren nach Varianzkriterium (K-means-Verfahren), die mittels Ward-Verfahren bestimmten Clusterzentren überprüft und optimiert. Auf Basis der endgültigen Clusterzentren erfolgt abschließend die Zuordnung der Leistungsbezieher zu den einzelnen SGB II-Verlaufstypen (vgl. Bortz 2005: 575ff.; Fromm 2010: 191ff.; Wiedenbeck/ Züll 2010).

Abbildung 16:   SGB II-Verlaufstypen des Bestandes Januar 2007 nach Dauer und Kontinuität, Jena und Mülheim an der Ruhr

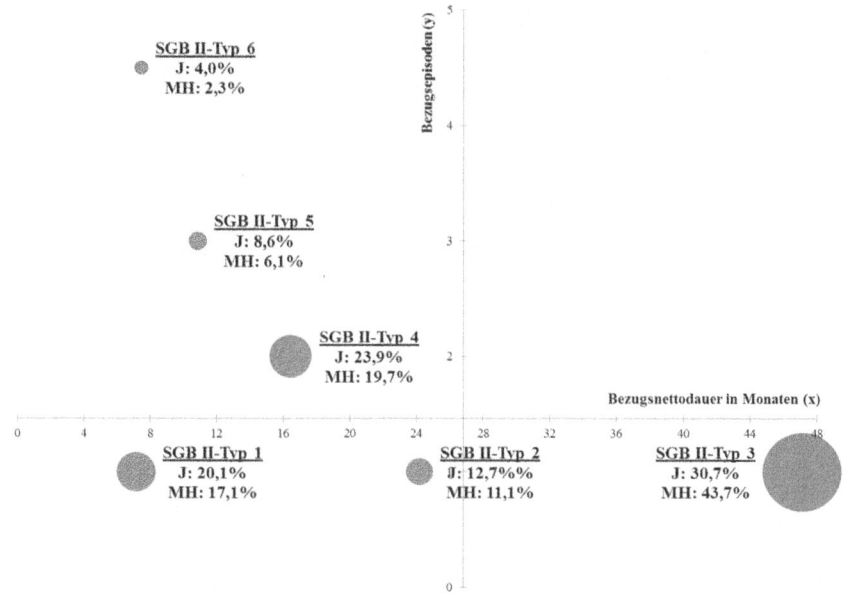

Datenbasis: XML-Meldungen der Jobcenter Jena („jenarbeit") und Mülheim an der Ruhr („Sozialagentur") nach XSozial-BA-SGB II-Standard April 2007-März 2011, Daten nach einer Wartezeit von drei Monaten; eigene Berechnung und Darstellung in Anlehnung an Leisering 1993: 300.

Das Ergebnis der Berechnungen veranschaulicht Abbildung 16. Dargestellt wird die Verteilung der insgesamt 27.128 SGB II-Leistungsbeziehenden des Ausgangsbestands vom Januar 2007 in Jena und Mülheim an der Ruhr auf die sechs Cluster bzw. SGB II-Verlaufstypen.[65] Auf der horizontalen x-Achse ist die Nettoleistungsbezugsdauer abgetragen, d.h. die aufsummierte Gesamtdauer des Leistungsbezugs ohne etwaige Unterbrechungen. Die vertikale y-Achse zeichnet die Kontinuität in Form der Anzahl der Episoden des Leistungsbezugs ab. Der Schnittpunkt zwischen x-Achse und y-Achse entspricht dem Durchschnittswert der Merkmale Dauer und Kontinuität bezogen auf die Gesamtheit der Leistungsbeziehenden beider Kommunen. Die mittlere Verweildauer beträgt für Jena und Mülheim an der Ruhr für den Bestand der Leistungsbeziehenden des Monats Januar 2007 26,8 Monate (bei der gegebenen maximalen Verweildauer von 48 Monaten), die durchschnittliche Anzahl an Leistungsbezugsepisoden je SGB II-Leistungsbeziehenden liegt bei 1,46.[66]

Die sechs via Clusteranalyse bestimmten SGB II-Verlaufstypen lassen sich wie folgt charakterisieren:

- *SGB II-Typ 1 – „Kurzzeitbezieher"*: Der erste Leistungsbezugsverlaufstyp ist transistorisch. Die Personen dieses Typen sind nur einmal und mit durchschnittlich 7,2 Monaten eine vergleichsweise kurze Zeit hilfebedürftig im Sinne des SGB II. In Jena sind 20,1% der Leistungsbezieher des Bestands vom Januar 2007 diesem Verlaufstypen zuzuordnen, in Mülheim an der Ruhr sind es 17,1%.

- *SGB II-Typ 2 – „Ausbrecher"*: Der zweite Verlaufstyp weist ebenfalls lediglich eine Bezugsepisode auf, diese ist mit mittleren 24,2 Monaten aber deutlich länger. Allerdings gelingt auch den diesem Verlaufstypen angehörigen Personen der dauerhafte Abgang aus dem Leistungsbezug, eine Wiederkehr in den Leistungsbezug ist im späteren Verlauf des Beobachtungszeitraums nicht auszumachen. Der Anteil der Leistungsbezieher, der diesem dem SGB II-Verlaufstyp 2 zuzuordnen ist, fällt aber relativ gering aus. Unter den Jenaer Leistungsberechtigten werden 12,7% diesem Typen zugeordnet, der Anteil der diesem Cluster zugeschriebenen Mülheimer SGB II-Leistungsbeziehenden fällt mit 11,1% ebenfalls vergleichsweise gering aus.

- *SGB II-Typ 3 – „Langzeitbezieher"*: Auch der dritte Verlaufstyp zeichnet sich durch lediglich eine Bezugsepisode aus, diese ist allerdings mit mittleren 47,1 Monaten erheblich oberhalb des Durchschnitts angesiedelt und umfasst zu einem großen Teil jene Hilfebedürftigen, die über den kompletten Beobachtungszeitraum hindurch auf Transferleistungen angewiesen waren. Mit 38,5% in Jena und nochmals höheren 43,7% in Mülheim an der Ruhr ist in beiden Kommunen der überwiegende Teil derer Leistungsbezieher, die bereits im Januar 2007 Leistungen bezogen haben, diesem Verlaufstypen zuzuschreiben.

---

[65] Die Clusteranalyse wurde auch für beide Städte getrennt durchgeführt. Da hieraus aber lediglich leicht variierende Clustermittelwerte, aber keine anderen Verlaufstypen resultieren, wird auf eine separate Darstellung für beide Städte zugunsten der vereinfachten Darstellung und besseren Vergleichbarkeit verzichtet.

[66] Bei separater Betrachtung beider Kommunen ergibt sich für den Ausgangsbestand Januar 2007 in Jena für den Zeitraum bis Dezember 2010 eine durchschnittliche Bezugsnettodauer von 24,1 Monaten bei einer mittleren Episodenanzahl von 1,55 je Leistungsbezieher. Für Mülheim an der Ruhr ergibt sich für den entsprechenden Personenkreis für den gleichen Zeitraum eine mittlere Bezugsnettodauer von 28,6 Monaten und eine durchschnittliche Anzahl von 1,40 Bezugsepisoden je Leistungsbezieher.

- *SGB II-Typ 4 – „Pendler"*: Der vierte SGB II-Verlaufstyp ist der erste Cluster, der durch diskontinuierlichen, d.h. im Fall dieses Verlaufstypen durch zwei Episoden des Leistungsbezugs gekennzeichnet ist. Mit durchschnittlich 16,4 Monaten fallen diese Episoden (unter Berücksichtigung des Beobachtungsfensters von insgesamt 48 Monaten) relativ lang aus, so dass diese Gruppe in Anlehnung an Leisering (1993) treffend als „Pendler" bezeichnet werden kann. In beiden Städten kommt diesem Verlaufstypen ein vergleichsweise hohes Gewicht zu: 23,9% der Jenaer Leistungsbeziehenden des Bestandes vom Januar 2007 gehören diesem Cluster an, in Mülheim an der Ruhr sind es 19,7%. Damit stellt der Pendler-Cluster in beiden Städten nach dem Typen der Langzeitbezieher den quantitativ zweitgrößten Cluster dar.

- *SGB II-Typ 5 und 6 – „Mehrfach-Kurzzeitbezieher"*: Die ebenfalls diskontinuierlichen SGB II-Verlaufstypen 5 und 6 können gemeinsam betrachtet werden. Beide Cluster weisen mehrfach kurze Phasen des Leistungsbezugs auf und unterscheiden sich durch die Anzahl der Bezugsepisoden. Verlaufstyp 5 weist bei durchschnittlich 10,9 Monaten im Leistungsbezug und drei Bezugsepisoden eine etwas höhere Bedeutung auf. Für Jena lassen sich 8,6% der Hilfebedürftigen des Bestandes vom Januar 2007 diesem Verlaufstypen zuordnen, in Mülheim an der Ruhr fällt der Anteil der diesem Typen zugeschriebenen Personen mit 6,1% etwas geringer aus. Der sechste Verlaufstyp, gekennzeichnet durch mittlere 4,5 Bezugsepisoden bei einer durchschnittlichen Nettoverweildauer von 7,5 Monaten, stellt den in quantitativer Hinsicht kleinsten Cluster dar. Lediglich 4,0% der Jenaer Leistungsbeziehenden gehören diesem Verlaufstypen an. In Mülheim an der Ruhr fällt der Anteil der diesem Cluster zugeordneten Leistungsbezieher mit 2,3% nochmals geringer aus.

Die bisherigen Ausführungen belegen eine Tendenz zu verfestigten, d.h. langzeitlichen und kontinuierlichen SGB II-Leistungsbezugsverläufen. Im Vergleich beider Beispielkommunen zeigen sich zwar deutliche Unterschiede, die zeitlichen Strukturen des Leistungsbezugs sind sich aber sehr ähnlich.

Im Folgenden soll die Dauer des Leistungsbezugs genauer untersucht werden. Wenn bislang der Schwerpunkt auf der Betrachtung der zeitlichen Entwicklung des Bestandes vom Januar 2007 bestand, soll nun der Fokus erweitert und die Gesamtheit aller Leistungsbeziehenden in den Blick genommen werden, die während des Beobachtungsfensters von Januar 2007 bis Dezember 2010 zumindest einmal Leistungen nach dem SGB II erhalten haben. Von besonderem Interesse ist dabei die Frage, welche Einflussfaktoren den Verbleib im Leistungsbezug positiv oder negativ zu beeinflussen vermögen.

7.3.4 Dauern und Bedingungsfaktoren

Weiterführende Analysen erlauben die Methoden der Verlaufsdaten-, Survival- bzw. Ereignisanalyse (Blossfeld et al. 2007; Cleves et al. 2010; Windzio 2013). Diese statistischen Verfahren dienen zur Betrachtung von Zeitintervallen zwischen zwei aufeinander folgenden Ereignisse bzw. Zustandswechseln. Die z.B. von Individuen oder Haushalten eingenommenen Zustände sind dabei grundsätzlich quantifizierbar und die Zustandswechsel können prinzipiell zu einem jeden (messbaren) Zeitpunkt erfolgen. In diesem Rahmen lassen sich auch die Abgänge von SGB II-Leistungsbeziehenden bzw. die Überwindung der Hilfebedürftigkeit untersuchen (Blossfeld 2010: 905). Die folgende Analyse erfolgt in zwei Schritten. Zunächst erfolgt eine Deskription der Bezugsdauern in den beiden Beispielkommunen anhand des Kaplan-Meier-Schätzers, der auch als Produkt-Limit-Schätzer bezeichnet wird. Verwendet werden die Bruttodauern, so dass etwaige Unterbrechungen in den Leistungsbezugsverläufen unberücksichtigt bleiben (vgl. Abschnitt 7.3.1). Die Verwendung dieses Konzeptes ist sinnvoll, wenn es im Sinne der Fragestellung darum geht, ob das dem SGB II inhärente vorrangige Ziel einer *dauerhaften* Überwindung des Leistungsbezugs auf Seiten der Betroffenen entsprochen und damit sozialer Exklusion erfolgreich entgegengewirkt werden kann.

Im Anschluss finden multivariate Regressionsmodelle Anwendung, um die Einflussfaktoren auf die Verweildauern von ALG II-Leistungsbeziehenden in der Hilfebedürftigkeit näher analysieren zu können.

Ein wesentlicher Vorteil ereignisanalytischer Verfahren besteht darin, dass beim Vorliegen von rechtszensierten Daten zwar keine Information darüber gegeben ist, wann das Ereignis des Abgangs aus dem Leistungsbezug eintritt, diese Episoden aber dennoch in die Modellschätzungen eingehen können. Bei diesen Schätzungen wird davon ausgegangen, dass auch wenn keine Information über das Ende einer rechtszensierten Episode vorliegt, dennoch Klarheit darüber besteht, über welchen Zeitraum man diese Episode beobachten kann, ohne dass das besagte Ereignis eintritt. Entsprechend gilt, dass das Risiko des Ereignisses so lange besteht, bis dieses letztlich eintritt und da die Episode trotz vorliegender Rechtszensierung stets einen Teil der Risikomenge darstellt, kann diese auch in die Schätzung eingebunden werden (Rohwer/ Pötter 2001; Blossfeld et al. 2007).

Wenn wie im vorliegenden Fall stetig über die Zeit gemessenes Datenmaterial genutzt wird[67], können im Rahmen des nicht-parametrischen Verfahrens des Kaplan-Meier-Schätzers sogenannte Survivorfunktionen berechnet werden. Diese ermöglichen eine Deskription, in der der Übergang der SGB II-Leistungsbeziehenden vom Ausgangszustand (d.h. Leistungsbezug) in den Zielzustand (also Nichtleistungsbezug) als Abstrom betrachtet und grafisch dargestellt werden kann. Dabei wird zu jedem Prozesszeitpunkt der Anteil der „Überlebenden" (also der Anteil der Leistungsbezieher, die den Leistungsbezug noch *nicht* verlassen haben) abgebildet. Durch den Vergleich der Survivorfunktionen lassen sich grundlegende Unterschiede bestimmter Subpopulationen, die in diesem Abschnitt von besonderem Interesse sind, illustrieren.

Abbildung 17 zeigt die Abströme der Leistungsbeziehenden nach SGB II differenziert für die Städte Jena und Mülheim an der Ruhr während des Zeitraums zwischen Januar 2007 und Dezember 2010. Dargestellt wird die Bruttodauer des Leistungsbezugs bis zum letzten (erfassten) Abgang aus dem Leistungsbezug. Die Survivorfunktion beginnt immer bei Zeitpunkt Null und bei 100% der Leistungsbeziehenden, wobei der Anteil der zum jeweiligen Zeitpunkt noch im Leistungsbezug befindlichen Personen schrittweise abnimmt.

---

[67] Intervalle von einem Monat werden in der sozialwissenschaftlichen Praxis in der Regel als stetig betrachtet (vgl. Windzio 2013: 91). Liegen diskrete Daten vor, kann die Methode der sogenannten Sterbetafel angewandt werden (Rohwer/ Pötter 2001; Windzio 2013).

Abbildung 17:   Verweildauern der SGB II-Leistungsbeziehenden, Jena und
Mülheim an der Ruhr

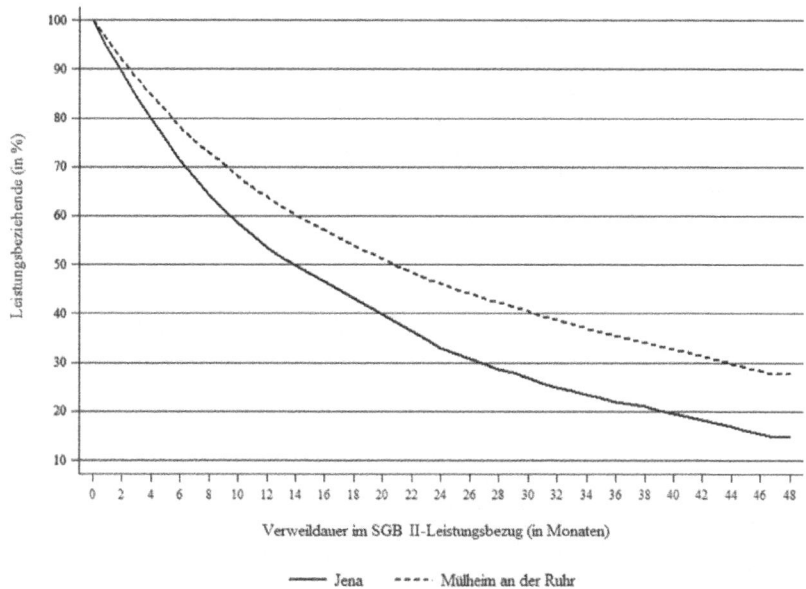

Verweildauer im SGB II-Leistungsbezug (in Monaten)

——— Jena   ‑‑‑‑ Mülheim an der Ruhr

Datenbasis: XML-Meldungen der Jobcenter Jena („jenarbeit") und Mülheim an der Ruhr („Sozialagentur") nach XSozial-BA-SGB II-Standard April 2007-März 2011, Daten nach einer Wartezeit von drei Monaten; eigene Berechnung und Darstellung.

Es lassen sich bereits auf den ersten Blick beträchtliche Diskrepanzen im Abgangspro-zess beider Beispielkommunen erkennen.[68] So ist ablesbar, dass 53,6% aller Jenaer Leistungsbeziehenden nach SGB II auch nach einem Jahr immer noch auf Transfer-leistungen angewiesen sind. Nach zwei Jahren sind noch 32,9% hilfebedürftig, nach drei Jahren 22,0% und nach vier Jahren verbleiben immer noch 14,9% im Leistungs-bezug. Die entsprechenden Werte fallen in Mülheim an der Ruhr deutlich höher aus: Hier sind nach einem Jahr 63,9% immer noch leistungsberechtigt, nach zwei Jahren sind es noch 46,1%, nach drei Jahren 35,4% und 27,7% der SGB II-Leistungsbezie-henden sind auch nach vier Jahren immer noch abhängig von SGB II-Leistungen. Da-mit werden bereits bei Betrachtung der Gesamtheit aller SGB II-Leistungsberechtigten deutliche Unterschiede zwischen beiden Städten in Hinblick auf die Chance, den Leistungsbezug überwinden zu können, deutlich.

---

[68] Die durch die Survivorfunktionen illustrierten Unterschiede hinsichtlich ihrer Verläufe lassen sich zudem anhand von Signifikanztests überprüfen. Der Log-Rang Test gibt Aufschluss darüber, ob sich die Survivorfunktionen eher am Ende des Prozesses unterscheiden, während der Wilcoxon-Breslow-Test auf die Überprüfung signifikanter Unterschiede in der früheren Prozesszeit ausgerichtet ist (Blossfeld et al. 2007: 76ff.; Cleves et al. 2010: 122ff.; Windzio 2013:99ff.). Für die dargestellten SGB II-Leistungsbeziehenden in Jena und Mülheim an der Ruhr sind die beiden Survivorfunktionen sowohl nach Log-Rank-Test (chi²=1662,10; p<0,001) als auch nach den Wilcoxon-Breslow-Test (chi²=1369,73; p<0,001) in statistischer Hinsicht höchst signifikant voneinander verschieden.

Die Survivorfunktionen beider Kommunen lassen zudem in grober Form erkennen, dass die Chancen zum Abgang aus dem SGB II-Leistungsbezug zu Beginn der Prozesszeit verhältnismäßig günstig ausfallen und mit zunehmender Prozesszeit in beiden Städten deutlich zurückgehen. Gegen Ende der Prozesszeit fällt die Chance auf Beendigung des Bezugs in beiden Städte immer geringer aus. Dieser Aspekt wird weiter unten nochmals aufgegriffen. Diese noch groben Befunde verdeutlichen den Bedarf detaillierterer Analysen. Zweckmäßig erscheint hier zunächst der empirische Blick auf die Haushaltsebene bzw. die Ebene der SGB II-Bedarfsgemeinschaften nach Familientyp. Betrachtet werden auch hier die Kaplan-Meier-Survivorfunktionen für beide Städte.[69]

Abbildung 18:   Verweildauern der SGB II-Bedarfsgemeinschaften nach
                    Familientyp, Jena

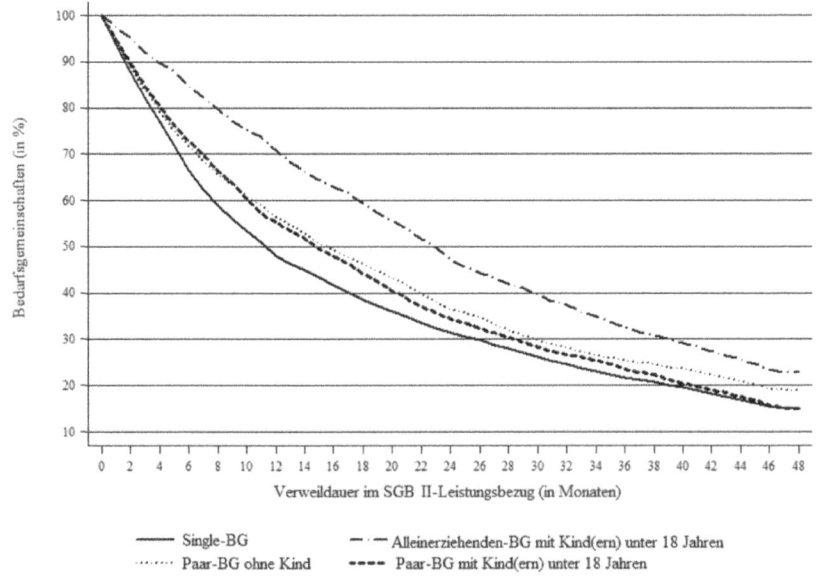

Datenbasis: XML-Meldungen des Jobcenters Jena („jenarbeit") nach XSozial-BA-SGB II-Standard April 2007-März 2011, Daten nach einer Wartezeit von drei Monaten; eigene Berechnung und Darstellung.

Blickt man auf die Abgänge aus dem Leistungsbezug zunächst in Jena (vgl. Abbildung 18), fällt vor allem die deutlich niedrigere Abgangsrate der Alleinerziehenden-Bedarfsgemeinschaften aus dem Bezug im Vergleich mit den anderen Bedarfsgemeinschaftstypen auf. Der Anteil der Alleinerziehenden-Bedarfsgemeinschaften, die nach einem Jahr noch im Leistungsbezug verharren, beträgt in Jena 70,7%, nach zwei Jahren sind noch 47,2% hilfebedürftig. 32,7% der Alleinerziehenden sind auch nach drei

---

[69] Die Survivorkurven der Jenaer SGB II-Bedarfsgemeinschaften unterscheiden sich nach Log-Rank-Test (chi^2=160,77, p<0,001 und Wilcoxon-Breslow-Test (chi^2=239,99, p<0,001) statistisch signifikant voneinander.

Jahren noch hilfebedürftig und 22,8% sind auch nach der in dieser Untersuchung maximalen Verweildauer von vier Jahren immer noch auf SGB II-Transferleistungen angewiesen. Deutlich geringer fallen die Verweildauern der anderen Bedarfsgemeinschaftstypen in Jena aus. Als vergleichsweise günstig erscheint die Situation vor allem bei leistungsberechtigten Single-Bedarfsgemeinschaften. Von diesen sind nach einem Jahr 48,0% weiterhin im Leistungsbezug und gelten daher als Langzeitleistungsbeziehende. Nach zwei Jahren sind noch 31,5% und nach drei Jahren noch 21,7% dieser Gruppe weiterhin auf Leistungen angewiesen. Auch nach vier Jahren sind immer noch 15,1% der Single-Bedarfsgemeinschaften Kunden im Sinne des SGB II.

Schlechter als den Alleinstehenden, aber deutlich besser als den Alleinerziehenden-Bedarfsgemeinschaften gelingt den Jenaer Partner-Bedarfsgemeinschaften mit und ohne Kind(ern) die Beendigung der Hilfebedürftigkeit. Im Langzeitbezug von einem Jahr sind 56,5% der Jenaer Paar-Bedarfsgemeinschaften ohne Kind (mit Kind(ern): 55,3%), nach zwei Jahren sind es noch 36,4% ohne bzw. 34,5% mit Kind(ern) und nach drei Jahren noch 25,4% ohne bzw. 23,5% mit Kind(ern). Mindestens vier Jahre im Leistungsbezug sind 19,0% der SGB II-Paar-Bedarfsgemeinschaften ohne Kind, von den Paar-Bedarfsgemeinschaften mit zumindest einem minderjährigen Kind beziehen nach vier Jahren immer noch 15,0% Leistungen nach dem SGB II.

Abbildung 19: Verweildauern der SGB II-Bedarfsgemeinschaften nach Familientyp, Mülheim an der Ruhr

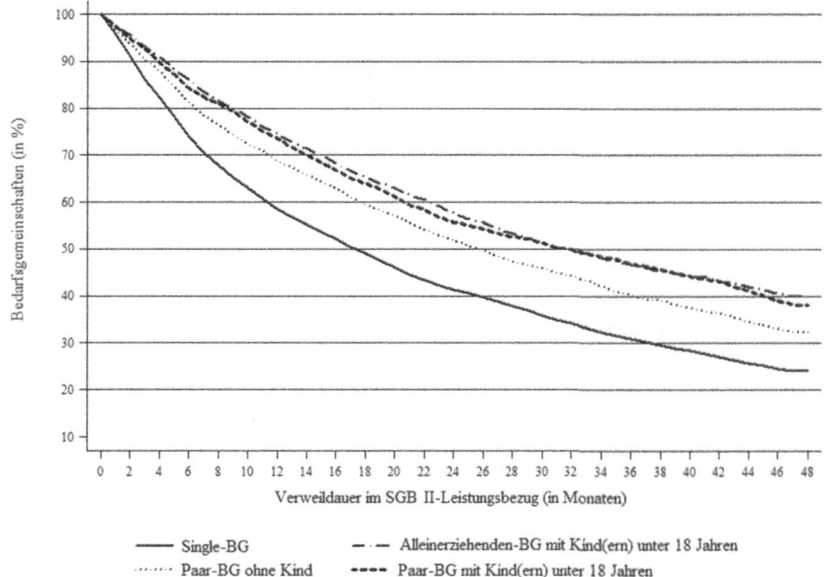

Datenbasis: XML-Meldungen des Jobcenters Mülheim an der Ruhr („Sozialagentur") nach XSozial-BA-SGB II-Standard April 2007-März 2011, Daten nach einer Wartezeit von drei Monaten; eigene Berechnung und Darstellung.

Die Leistungsbezugsverweildauern der SGB II-Bedarfsgemeinschaften in Mülheim an der Ruhr werden in Abbildung 19 dargestellt.[70] Auch hier stellt sich die Gruppe der Alleinerziehenden-Bedarfsgemeinschaften hinsichtlich der Verweildauer im Leistungsbezug als benachteiligt heraus. Allerdings ergeben sich im Unterschied zu Jena nur relativ geringfügige Diskrepanzen im Vergleich zu den Leistungsbezugsdauern von Paar-Bedarfsgemeinschaften mit Kind(ern). Von den im Mülheimer Stadtgebiet ansässigen Alleinerziehenden-Bedarfsgemeinschaften sind nach einem Jahr 74,5% immer noch im Leistungsbezug, bei den Paar-Bedarfsgemeinschaften mit mindestens einem minderjährigen Kind sind es mit 73,6% nur unwesentlich weniger. Ähnlich verhält es sich auch bei denjenigen Gruppen, die noch länger im SGB II-Leistungsbezug verweilen. Eine Bruttobezugsdauer von mindestens zwei Jahren weisen unter den Alleinerziehenden-Bedarfsgemeinschaften in Mülheim an der Ruhr 57,6% auf, nach drei Jahren sind es 46,7% und nach vier Jahren sind noch 39,9% beständig auf SGB II-Leistungen angewiesen.

Auch die Verweildauern der Paar-Bedarfsgemeinschaften mit Kind(ern) entsprechen in etwa diesem Niveau. 55,7% der dieser Gruppe zuzuordnenden Bedarfsgemeinschaften sind auch nach zwei Jahren noch im Leistungsbezug, nach drei Jahren sind es immer noch sehr hohe 47,0%; nach vier Jahren verbleibt mit 38,2% weiterhin ein hoher Anteil in Abhängigkeit der Transferleistungen.

Die kinderlosen Bedarfsgemeinschaften verzeichnen in Mülheim an der Ruhr durchschnittlich deutlich frühzeitigere Abgänge. Betrachtet man zunächst die Paar-Bedarfsgemeinschaften ohne minderjähriges Kind, sind hier vergleichsweise günstige Ausstiegsraten aus dem Leistungsbezug zu erkennen. 68,7% dieser Bedarfsgemeinschaftstypen sind nach einem Jahr noch immer leistungsberechtigt, nach zwei Jahren sind es 52,0%, nach drei Jahren 40,2% und nach vier Jahren noch 32,3%. Die im Vergleich der Bedarfsgemeinschaften nach Familientyp kürzesten Verweildauern im Leistungsbezug ist den Bedarfsgemeinschaften alleinstehender Personen zu attestieren. Nach einem Jahr sind noch 58,5% der Mülheimer Single-Bedarfsgemeinschaften weiterhin hilfebedürftig, nach zwei Jahren sind es noch 41,1%, nach drei Jahren noch 31,0% und nach vier Jahren 24,1%, die noch immer leistungsberechtigt im Sinne des SGB II sind.

Die Darstellung der Bedarfsgemeinschaften differenziert nach Familientypen verdeutlicht Folgendes: Erstens unterscheiden sich die SGB II-Bezugsverläufe auch hinsichtlich der Verweildauern von Bedarfsgemeinschaften in den beiden Städten. Im Vergleich verlassen sämtliche Bedarfsgemeinschaftstypen in Jena den Leistungsbezug eher als in Mülheim an der Ruhr. Zweitens zeigen sich Unterschiede bezüglich der Abgangschancen der einzelnen Bedarfsgemeinschaftstypen. Augenfällig sind vor allem die Survivorkurven der Bedarfsgemeinschaften, denen minderjährige Kinder angehören. Die Alleinerziehenden-Bedarfsgemeinschaften weisen in beiden Beispielkommunen erwartungsgemäß die insgesamt geringste Abgangschancen auf. Bemerkenswert sind aber die Survivorkurven der Paargemeinschaften mit Kind(ern), welche – in der Relation zu den anderen Bedarfsgemeinschaftstypen – erheblich divergieren: Während in Jena der Bedarfsgemeinschaftstyp der Paare mit mindestens einem min-

---

[70] Die Survivorkurven für die Mülheimer Bedarfsgemeinschaftstypen unterscheiden sich nach Log-Rank-Test (chi²=459,47, p<0,001) und Wilcoxon-Breslow-Test (chi²=485,12, p<0,001) statistisch signifikant voneinander.

derjährigen Kind nach den Single-Bedarfsgemeinschaften den Familientypen mit den insgesamt zweitbesten Abgangschancen darstellt, schneidet dieser Bedarfsgemeinschaftstyp in Mülheim an der Ruhr im Vergleich zu den besonders benachteiligten Alleinerziehenden-Bedarfsgemeinschaften in Hinblick auf die Verweildauern nur geringfügig besser ab.

Auch wenn nicht alle Bedarfsgemeinschaftstypen in gleichem Ausmaß von dauerhaftem Leistungsbezug betroffen sind, so zeigt sich insgesamt für beide Städte eine beträchtliche Tendenz zu verfestigtem Leistungsbezug. Dies gilt für die Individualebene und dementsprechend auch für die Betrachtungsebene der Bedarfsgemeinschaften. Wenngleich deutliche Unterschiede zwischen beiden Kommunen auszumachen sind und den Hilfebedürftigen in Jena grundsätzlich eine höhere Abgangsrate zu konstatieren ist, muss auch hier ein beträchtlicher Teil der Leistungsberechtigten und ihrer Bedarfsgemeinschaften nach SGB II als langzeithilfebedürftig angesehen werden. Der Anteil der Hilfebedürftigen, die weniger als ein Jahr auf Leistungen angewiesen sind, ist in Jena mit 46,4% deutlich höher als in Mülheim an der Ruhr, wo lediglich 36,1% aller Leistungsberechtigten die Hilfebedürftigkeit innerhalb eines Jahres überwinden können.

Diese Befunde deuten bereits auf vielschichtige Erklärungsmuster hin: Zum einen sind die lokalen und regionalen Kontextbedingungen von entscheidender Relevanz. Dabei spielt die (gerade in ihrer jüngeren Entwicklung) durchaus unterschiedlich verlaufene Entwicklung der Arbeitsmarktlage in den beiden Kommunen eine zentrale Rolle. Für Mülheim an der Ruhr ist die sehr hohe Langzeitarbeitslosigkeit von besonderer Bedeutung. Die Deskription der Bezugsverläufe der familientypspezifischen Bedarfsgemeinschaften gibt einen Hinweis darauf, dass auch die zwischen Jena und Mülheim an der Ruhr höchst differente Kinderbetreuungssituation auf die SGB II-Bezugsverläufe der Bedarfsgemeinschaften mit jüngeren Kindern Auswirkungen haben könnte. Zudem könnten aber auch die individuellen Merkmale der den Bedarfsgemeinschaft angehörigen erwerbsfähigen Hilfebedürftigen wie Geschlecht, Alter, Staatsangehörigkeit oder die Berufsausbildung neben der Zugehörigkeit zu einem bestimmten Bedarfsgemeinschaftstypen eine maßgebliche Rolle spielen und die Verweildauer im Leistungsbezug positiv oder negativ beeinflussen. Letzteres ließe wiederum auf (institutionelle) Selektionsprozesse schließen, da dann offensichtlich diejenigen Leistungsberechtigten, die vergleichsweise gute Voraussetzungen zur Integration in den Arbeitsmarkt mitbringen, den Leistungsbezug eher verlassen als jene Leistungsberechtigten, deren Arbeitsmarktchancen sich auf Grund ihrer Eigenschaften prinzipiell schlechter darstellen.

Zur gemeinsamen Betrachtung unterschiedlicher Bedingungsfaktoren finden im Folgenden multivariate ereignisanalytische Regressionsmodelle Verwendung. Der große Vorteil der Verfahren besteht darin, dass diese eine Schätzung der Übergangsraten in Abhängigkeit von zeitkonstanten und zeitveränderlichen Kovariablen erlauben. Neben zeitkonstanten Variablen wie z.B. dem Geschlecht können also auch zeitveränderliche Variablen wie das Alter der Leistungsbeziehenden in das Modell implementiert werden. Darüber hinaus lassen sich auch solche zeitveränderlichen Kovariablen einbinden, die Veränderungen auf der gesellschaftlichen Makroebene abzubilden vermögen, so etwa die hier besonders interessierende lokale Arbeitslosenquote (vgl. Blossfeld 2010: 1008).[71]

Tabelle 14:   ALG II-Leistungsbeziehende nach soziodemografischen Merkmalen bei Ersteintritt in den Leistungsbezug[*)]

	Jena	Mülheim an der Ruhr
Abgeschlossene Berufsausbildung (in %)		
Ohne (anerkannte) abgeschlossene Berufsausbildung	19,6	6,2
Betriebliche/ außerbetriebliche Ausbildung	42,6	15,7
Berufsfach-/ Fachschule	2,4	0,5
(Fach-)Hochschule	15,9	0,1
Keine Angabe	19,6	77,6
Alter (in %)		
15 bis unter 25 Jahre	23,8	23,1
25 bis unter 35 Jahre	37,9	25,7
35 bis unter 45 Jahre	17,0	23,3
45 bis unter 55 Jahre	13,8	17,8
55 bis unter 65 Jahre	7,6	10,2
Geschlecht (in %)		
Männlich	50,7	50,4
Weiblich	49,3	49,6
Staatsangehörigkeit (in %)		
Deutsch	95,9	70,7
Nichtdeutsch	4,1	29,3
Zugehörigkeit Bedarfsgemeinschaft nach Familientyp (in %)		
Single-BG	51,8	40,9
Alleinerziehenden-BG	11,2	15,2
Paar-BG ohne Kind	13,7	14,9
Paar-BG mit Kind(ern)	15,3	22,9
Sonstige BG	8,0	6,1
Anzahl ALG II-Leistungsbeziehende (N)	16.809	23.119

Datenbasis: XML-Meldungen der Jobcenter Jena („jenarbeit") und Mülheim an der Ruhr („Sozialagentur") nach XSozial-BA-SGB II-Standard April 2007-März 2011, Daten nach einer Wartezeit von drei Monaten; eigene Berechnung und Darstellung.

Im Vorfeld der Präsentation der Regressionsmodelle erfolgt ein kurzer Überblick über die Zusammensetzung der betrachteten ALG II-Leistungsbeziehenden in Jena und Mülheim an der Ruhr nach soziodemografischen Merkmalen. Tabelle 14 erlaubt eine Einschätzung hinsichtlich der Sozialstruktur der ALG II-Leistungsbeziehenden zum Zeitpunkt des erstmalig erfassten Leistungsbezugs eines jeden Hilfebedürftigen während des Zeitraums zwischen Januar 2007 und Dezember 2010. Wie bereits auf Basis der mittleren Bestandsdaten aus den Jahren 2007 und 2011 ersichtlich wurde (vgl. Abschnitt 7.2) sind erhebliche strukturelle Unterschiede im Leistungsbezug beider Kommunen feststellbar, die sich auch im Datensatz für die anschließende Längs-

---

[71] Die Einbindung der zeitveränderlichen Kovariablen erfolgt auf Basis der Methode des Episodensplittings (vgl. Blossfeld et al. 2007: 147ff.; Windzio 2013: 132ff.).

schnittanalyse des Leistungsbezugs widerspiegeln. Insgesamt sind in Jena zwischen Januar 2007 und Dezember 2010 16.809 Personen zumindest einmal auf ALG II angewiesen, in Mülheim an der Ruhr erhalten während des entsprechenden Zeitraums insgesamt 23.119 Menschen zumindest zeitweise ALG II.

Das erste dargestellte Merkmal, welches sich auf die abgeschlossene Berufsausbildung der während des besagten Zeitraumes jemals Hilfebedürftigen Bezug nimmt, lässt sich allerdings im Vergleich beider Kommunen schwer interpretieren. Der Grund besteht darin, dass diese Angabe, die durch das Fallmanagement der Jobcenter erhoben wird, nur in einer unzureichenden Anzahl der Fälle zur Verfügung steht. Diese Problematik erscheint für das Beispiel Jena weniger gravierend, hier liegt die Angabe zur abgeschlossenen Berufsausbildung für 80,4% der ALG II- Leistungsberechtigten vor. Im Falle Mülheims an der Ruhr beträgt der entsprechende Anteil für den Zeitraum zwischen Januar 2007 und Dezember 2010 allerdings nur sehr geringe 22,4%. Dies lässt zumindest die Annahme zu, dass die Gruppe derer, für die keine Angabe zur Berufsausbildung vorliegt, in Hinblick auf dieses Merkmal sehr heterogen sein dürfte.[72] Für 19,6% der betrachteten ALG II-Leistungsbeziehenden in Jena ist zum Zeitpunkt der Ersterfassung zu konstatieren, dass diese gar keine (anerkannte) abgeschlossene Ausbildung aufweisen können, der Großteil der Leistungsbeziehenden eine betriebliche oder außerbetriebliche Ausbildung abgeschlossen hat (42,6%) und zudem ein nicht unerheblicher Anteil von 15,9% eine (Fach-)Hochschule mit einem entsprechenden Abschluss absolviert hat. Mit 0,1% ist dieses Merkmal in Mülheim an der Ruhr lediglich einem äußerst geringen Anteil der ALG II-Leistungsbeziehenden zu attestieren. 15,7% aller Leistungsbezieher zwischen Januar 2007 und Dezember 2010 verfügen hier über eine abgeschlossene betriebliche bzw. außerbetriebliche Ausbildung und 6,2% der erwerbsfähigen ALG II-Empfänger können gar keine (anerkannte) abgeschlossene Berufsausbildung vorweisen.

Für alle weiteren in die Analyse aufgenommenen soziodemografischen Merkmale sind die Informationen vollständig bzw. für sämtliche ALG II-Leistungsberechtigen verfügbar. Der Blick auf die Altersstruktur der Leistungsberechtigten, die während der 48 betrachteten Berichtsmonate mindestens einmal ALG II erhalten haben, offenbart, dass die ALG II-Leistungsbeziehenden in Mülheim an der Ruhr bei Ersteintritt in den Leistungsbezug tendenziell älter sind. Eine Tendenz, die aus den von der BA ausgewiesenen jahresdurchschnittlichen Bestandsdaten für 2007 und 2011 nicht abzulesen ist (vgl. Abschnitt 7.2). In der Stadt Jena sind die jüngeren Altersklassen häufiger vertreten. Der Anteil der zum Ersteintritt 15 bis unter 25-Jährigen beträgt hier 23,8% (Mülheim an der Ruhr: 23,1%) und der Anteil der 25- bis unter 35-Jährigen liegt bei 37,9% (Mülheim an der Ruhr: 25,7%). Die älteren Altersklassen fallen dagegen stärker in der Ruhrgebietsstadt ins Gewicht. So sind in Mülheim an der Ruhr 23,3% aller erfassten ALG II-Leistungsbezieher zum Zeitpunkt der Ersterfassung 35 bis unter 45 Jahre alt (Jena: 17,0%), 17,8% sind der Altersgruppe der 45 bis unter 55-Jährigen zuzurechnen (Jena: 13,8%) und 10,2% der Mülheimer Leistungsberechtigten gehören der Altersgruppe der 55 bis unter 65-Jährigen an (Jena: 7,6%).

---

[72] Nach Angaben des IAB setzt sich diese Gruppe ohne Angaben vermutlich aus erwerbstätigen Leistungsbeziehenden, an Maßnahmen teilnehmenden sowie nicht verfügbaren Leistungsberechtigten zusammen (Lietzmann 2010: 22, Fn 15). Die Diskrepanzen zwischen beiden Optionskommunen lassen allerdings auf weitere Ursachen schließen.

Ähnlich gestaltet sich das Bild beider Kommunen in Hinblick auf das Geschlecht der ALG II-Leistungsberechtigten. Sowohl in Jena (50.7%) als auch in Mülheim an der Ruhr (50,4%) fällt der Anteil der Männer, die während Januar 2007 und Dezember 2010 zumindest einmalig ALG II erhalten haben, im Vergleich zu den Frauen (Jena: 49,3%; Mülheim an der Ruhr: 49,6%) etwas höher aus.

Besonders deutlich sind die Unterschiede bezogen auf die Staatsangehörigkeit der Hilfebedürftigen in beiden Städten. 29,3% aller erfassten ALG II-Leistungsbeziehenden in Mülheim an der Ruhr sind nichtdeutsch (deutsch: 70,7%). Dagegen ist der Anteil derer Leistungsberechtigten, die keine deutsche Staatsangehörigkeit haben, in Jena mit 4,1% äußerst gering, hier ist der ganz überwiegende Teil der Leistungsberechtigten deutscher Herkunft (95,9%).

Ein Blick auf die Zugehörigkeit der ALG II-Leistungsbeziehenden nach Typ der Bedarfsgemeinschaft zeigt schließlich, dass in Mülheim an der Ruhr im Vergleich zu Jena ein höherer Anteil an Hilfebedürftigen einer SGB II-Bedarfsgemeinschaft zuzuschreiben ist, der auch Kinder angehören. Während in Jena der Anteil der ALG II-Empfänger, die einer kinderlosen Paar-Bedarfsgemeinschaft mit 13,7% zwar etwas geringer ausfällt als in Mülheim an der Ruhr (14,9%), so ist hier der Anteil Single-Bedarfsgemeinschaften mit 51,9% doch deutlich höher als in Mülheim an der Ruhr (40,9%). In Mülheim an der Ruhr finden sich dagegen zum einen höhere Anteile der ALG II-Beziehenden, die einer Bedarfsgemeinschaft mit zumindest einem Kind zuzurechnen sind. Hier sind die einer Alleinerziehenden-Bedarfsgemeinschaft angehörigen ALG II-Leistungsbeziehenden mit 15,2% häufiger vorzufinden als in Jena (11,2%). Vor allem aber sind die Leistungsbeziehenden, die einer Paar-Bedarfsgemeinschaft mit Kind(ern) angehören, mit 22,9% deutlich häufiger vertreten als in Jena (15,3%).

Nach dieser Datensatzdeskription lassen sich die Bedingungsfaktoren für den (dauerhaften) Verbleib im Leistungsbezug oder aber das Überwinden der Hilfebedürftigkeit einer weitergehenden Analyse unterziehen. Dazu werden im Folgenden die Ergebnisse zweier ereignisanalytischer Regressionsmodelle, eines Cox- sowie eines Piecewise-Constant-Exponential-Modells (PCE-Modell) präsentiert. Beide Verfahren erlauben die Analyse unterschiedlicher Einflüsse auf die sogenannten Hazards, d.h. auf das Risiko bzw. die Neigung eines Zustandswechsels zu einem bestimmten Zeitpunkt bezogen auf diejenigen Fälle, für die bis dahin noch kein Zustandswechsel zu verzeichnen war. Sowohl das Cox- als auch das PCE-Modell sind als semi-parametrisch einzuordnen, da hier nicht die Hazards selbst, sondern lediglich die Einflüsse der Kovariablen auf eben diese geschätzt werden (Blossfeld et al. 2007; Windzio 2013).

Die Cox-Regression gilt als besonders geeignet, wenn Stärke und Richtung der Einflüsse bestimmter Kovariablen unter Kontrolle der Zeitabhängigkeit des Prozesses von Interesse sind (Blossfeld et al. 2007: 224). Das Cox-Modell wird auch als Proportional-Hazards-Modell bezeichnet, da hier die Verweildauerabhängigkeit proportional zum Einfluss der Kovariablen ist. Die Annahme des Modells besteht darin, dass die Regressionseffekte der Kovariablen zeitkonstant sind. Eine Baseline-Hazard wird nicht spezifiziert, d.h. dass keine Regressionskonstante, sondern lediglich die relativen Risiken des Zustandswechsels modelliert werden (Blossfeld 2010: 1004f.; Windzio 2013: 145). Die Schätzung des Cox-Modells erfolgt auf Basis der Partial-Likelihood-Methode (Blossfeld et al. 2007: 224ff.).

Zum Vergleich und zur Überprüfung der Eignung der Modellspezifikation wird zudem das PCE-Modell geschätzt. Das Verfahren geht von keinen theoretischen

Grundannahmen hinsichtlich der zeitlichen Entwicklung der Hazardrate bezogen auf den Abgang aus dem Leistungsbezug aus. Die Hazard- bzw. Übergangsrate wird nicht als konstant betrachtet, sondern berücksichtigt Veränderungen der Rate zwischen einzelnen Intervallen. Dies erfordert eine beliebige, aber unbedingt sinnvolle Definition der verwendeten Zeitintervallgrenzen. Für jedes Zeitintervall wird eine Regressionskonstante geschätzt, damit ist die Hazardrate „stückweise konstant". Dadurch gewährleistet das Modell einen Eindruck darüber, wie sich die (proportionale) Verweildauerabhängigkeit im Zeitverlauf ändert (vgl. Blossfeld 2010: 1006). Auf Basis der periodenspezifischen Hazardrate erfolgt die approximative Schätzung der Neigung zu einem Zustandswechsel. Die Berechnung des PCE-Modells und der Parameter erfolgt auf Basis der Maximum-Likelihood-Methode (vgl. Blossfeld et al. 2007: 117f.).

In Tabelle 15 werden die Ergebnisse des Cox- und des PCE-Modells, welche für beide Beispielkommunen separat berechnet wurden, dargestellt. Von wesentlicher Bedeutung für beide Modelle sind die Regressionseffekte der sich auf die Hazardrate auswirkenden Kovariablen. Das dargestellte Modell ist ein proportionales Hazard-Modell, da die Effekte der Kovariablen über den Zeitverlauf als konstant betrachtet werden. In Unabhängigkeit von den intervallspezifischen Regressionskonstanten erhöhen oder senken die unabhängigen Variablen die Rate jederzeit um denselben Faktor (Windzio 2013: 144).

Die Prozesszeit des PCE-Modells ist in vier Intervalle unterteilt. Wie den Survivorfunktionen oben bereits grob abzulesen war, verdeutlicht das Regressionsmodell, dass die Hazardrate von ALG II-Leistungsbeziehern am Anfang der Prozesszeit noch vergleichsweise hoch ausfällt, in Folge zunächst rapide und im weiteren Verlauf weiter leicht abnimmt. Dabei stellen sich die Abgangsraten aus der Hilfebedürftigkeit für ALG II-Leistungsberechtigte in Mülheim an der Ruhr über den gesamten Zeitverlauf deutlich geringer dar als in Jena.

Die Regressionseffekte der Kovariablen werden in Form sogenannter Hazard-Ratios ausgewiesen. Die Hazard-Ratio-Werte der Kovariablen stellen das Verhältnis der Hazardraten zweier Teilgruppen dar und nehmen jeweils Bezug auf eine Referenzgruppe. Ein Wert von eins ist dahingehend zu interpretieren ist, dass zwischen beiden Gruppen kein Unterschied in Hinblick auf die Abgangsrate aus dem ALG II-Leistungsbezug besteht. Ein Wert über eins gibt an, dass für diese Teilgruppe eine im Verhältnis zur Referenzgruppe höhere Abgangsrate gegeben ist. Bei einem Wert von unter eins fällt die Abgangsrate dieser Teilgruppe gegenüber der als Referenz aufgeführten Gruppe entsprechend niedriger aus (Blossfeld et al. 2007; Cleves et al. 2010).

Tabelle 15:   Einflüsse auf die Abgänge von ALG II-Leistungsbeziehenden (Cox- und PCE-Modell, Hazard Ratios)

	Jena		Mülheim an der Ruhr	
	Cox	PCE	Cox	PCE
Hazardrate				
unter 12 Monate		0,21***		0,12***
12 bis unter 24 Monate		0,15***		0,08***
24 bis unter 36 Monate		0,13***		0,07***
36 bis unter 48 Monate		0,13***		0,06***
Abgeschlossene Berufsausbildung (Referenz: ohne (anerkannte) abgeschlossene Berufsausbildung)				
Betriebliche/ außerbetriebliche Ausbildung	1,03	1,03	1,46***	1,47***
Berufsfach-/ Fachschule	1,23***	1,24***	1,48***	1,49***
(Fach-)Hochschule	1,67***	1,70***	3,43***	3,56***
Keine Angabe	2,29***	2,35***	1,93***	1,94***
Alter (Referenz: 15 bis unter 25 Jahre)				
25 bis unter 35 Jahre	0,88***	0,88***	0,89***	0,88***
35 bis unter 45 Jahre	0,69***	0,69***	0,75***	0,74***
45 bis unter 55 Jahre	0,53***	0,52***	0,59***	0,58***
55 bis unter 65 Jahre	0,43***	0,42***	0,46***	0,45***
Geschlecht (Referenz: männlich)				
Weiblich	1,01	1,01	0,88***	0,88***
Staatsangehörigkeit (Referenz: deutsch)				
Nichtdeutsch	0,61***	0,61***	0,76***	0,76***
Zugehörigkeit Bedarfsgemeinschaft nach Familientyp (Referenz: Single-BG)				
Alleinerziehenden-BG	0,86***	0,85***	0,73***	0,72***
Paar-BG ohne Kind	1,19***	1,18***	1,09***	1,09***
Paar-BG mit Kind(ern)	1,06*	1,05+	0,83***	0,82***
Sonstige BG	0,97	0,96	1,20***	1,19***
Lokale Arbeitslosenquote (bez. auf alle zivilen Erwerbspersonen)	0,86***	0,87***	0,83	0,88
Log likelihood	-157.458	-28.554	-184.119	-38.405
Anzahl ALG II-Leistungsbeziehende (N)	16.809	16.809	23.119	23.119

Statistische Signifikanz: *** $p<0{,}001$, ** $p<0{,}005$, * $p<0{,}01$, + $p<0{,}1$.

Datenbasis: XML-Meldungen der Jobcenter Jena („jenarbeit") und Mülheim an der Ruhr („Sozialagentur") nach XSozial-BA-SGB II-Standard April 2007-März 2011, Daten nach einer Wartezeit von drei Monaten; eigene Berechnung und Darstellung.

Bereits ein Blick auf das Merkmal der abgeschlossenen Berufsausbildung der ALG II-Leistungsbeziehenden offenbart Beachtliches: Während in Mülheim an der Ruhr für ALG II-Leistungsbezieher mit einer abgeschlossenen betrieblichen oder außerbetrieblichen Ausbildung eine im Vergleich zu der Referenzgruppe der Hilfebedürftigen ohne (anerkannte) abgeschlossene Berufsausbildung eine um 46% im Cox-Modell bzw. um 47% im PCE-Modell höhere Abgangsrate resultiert und damit eine deutlich höhere Neigung zur Beendigung des Leistungsbezugs besteht, stellt sich das Bild in Jena anders dar: Hier fällt die Abgangsrate von Leistungsbeziehenden mit abgeschlossener Ausbildung mit lediglich 3% nicht signifikant höher aus als unter ALG II-Beziehern, die über keinerlei (anerkannte) abgeschlossene Berufsausbildung verfügen. Ein Befund, der auf einen Effekt zurückzuführen sein dürfte, der vornehmlich jene Hilfebedürftigen betrifft, die ihre beruflichen Qualifikationen und Erfahrungen noch vor der Wende erworben haben. Mit der ostdeutschen Transformation brachen ganze Wirtschaftszweige und spezifische Formen industrieller Produktion weg. Diese, keinesfalls nur regionale, sondern generelle Entwicklung, der entsprechend auch nicht durch einen Umzug zu begegnen war, führte zu einer Erlöschung bestimmter Berufsbilder. Für diejenigen Betroffenen, die die veränderten Berufsstrukturen und die damit erforderlichen Leistungen der Umorientierung und Anpassung an die veränderten Gegebenheiten, nicht erfüllen konnten, war der Arbeitsplatzverlust gleichbedeutend mit dem vorzeitigen Ende der Erwerbsbiografie (Vogel 1999: 43ff.). Viele Ostdeutsche, die in der ehemaligen DDR noch mit sicheren Beschäftigungsverhältnissen ausgestattet waren, haben auf den sich radikal veränderten Arbeitsmärkten die Marktgängigkeit ihrer Arbeitskraft eingebüßt und sind heute dauerhaft auf Transferleistungen nach dem SGB II angewiesen. Dies sollte ein wesentlicher Grund dafür sein, dass die Neigung zum Abgang aus dem Leistungsbezug von Hilfebedürftigen mit abgeschlossener Berufsausbildung in Jena nicht signifikant höher ausfällt als unter Hilfebedürftigen, die keine anerkannte Berufsausbildung vorweisen können.

Abgesehen von dieser Besonderheit zeigt sich hinsichtlich der abgeschlossenen Berufsausbildung, dass ein höherer Bildungsabschluss bzw. eine höhere Berufsausbildung die Chance erheblich erhöht, den SGB II-Leistungsbezug zu überwinden. Gegenüber der Gruppe, die über keinerlei (anerkannte) abgeschlossene Berufsausbildung verfügt, ist ALG II-Leistungsbeziehenden, die erfolgreich eine Berufsfach- oder Fachschule absolviert haben, in Jena eine um 23% (Cox) bzw. 24% (PCE) höhere und in Mülheim an der Ruhr eine um 48% (Cox) bzw. 49% (PCE) höhere Ausstiegsrate zu attestieren, den Leistungsbezug zu verlassen. Bei Absolventen von Fachhochschulen und Universitäten ist die Abgangsrate erwartungsgemäß nochmals deutlich höher: Gegenüber der Referenzgruppe ist in Jena die Abgangsrate um 67% (Cox) bzw. 70% (PCE) höher, in Mülheim an der Ruhr mit 343% (Cox) bzw. 356% (PCE) höherer Abgangsrate sogar exorbitant hoch, wobei die in Mülheim an der Ruhr im Vergleich zur Universitätsstadt Jena insgesamt sehr geringe Anzahl wohnhafter ALG II-Leistungsbeziehender mit (Fach-)Hochschulabschluss und deren vermutlich guten Vermittlungschancen eine maßgebliche Rolle spielen dürfte.

Richtet man den Fokus auf das Alter der Personen im ALG II-Leistungsbezug, so lassen sich für beide Kommunen sehr ähnliche Befunde ausmachen. Hier gilt grundsätzlich, dass die Arbeitsmarktchancen mit steigendem Lebensalter tendenziell schrumpfen und dies spiegelt sich auch in den Abgangsraten aus dem ALG II-Leistungsbezug wider. Es mag allerdings überraschen, dass die Abgangschancen früh und schnell zurückgehen. Gegenüber der Referenzgruppe der 15- bis unter 25-Jährigen fallen sowohl in Jena als auch in Mülheim an der Ruhr die Abgangsraten der Altersgruppe der 25- bis unter 35-Jährigen geringer aus. Die Schätzungen sowohl des Cox- als auch des PCE-Modells weisen dieser Teilgruppe für Jena eine um 12% geringere Abgangsrate gegenüber der jüngeren Referenzgruppe aus, in Mülheim liegen die entsprechenden Werte mit 11% im Cox-Modell und 12% im PCE-Modell auf nahezu identischem Niveau. Mit zunehmendem Alter nehmen diese noch weiter ab: In Jena ist Abgangsrate aus dem Leistungsbezug bei den 35- bis unter 45-Jährigen bereits um 31% reduziert. Bei den 45- bis unter 55-Jährigen ist die Abgangsrate im Vergleich zur Referenzgruppe um 47% (Cox) bzw. 48% (PCE) geringer und bei den 55- bis unter 65-Jährigen fällt die Abgangsrate um sogar 57% (Cox) bzw. 58% (PCE) geringer aus. Davon unterscheiden sich die Mülheimer Werte nur geringfügig: Hier liegt die Hazardrate der 35- bis unter 45-Jährigen um 25% (Cox) bzw. 26% (PCE) unter der Übergangsrate der Referenzgruppe, die der 45- bis unter 55-Jährigen fällt um 41% (Cox) bzw. 42% (PCE) geringer aus und schließlich weist die Altersgruppe der 55- bis unter 65-jährigen Hilfebedürftigen eine gegenüber der Vergleichsgruppe um 54% (Cox) bzw. 55% (PCE) reduzierte Abgangsrate aus dem ALG II-Leistungsbezug auf.

Unterschiede zwischen beiden Kommunen hinsichtlich der Abgangsraten sind bei Frauen und Männern festzustellen. Während in Mülheim an der Ruhr hinsichtlich der Abgangschancen in beiden Schätzungen eine um 12% geringere Abgangsrate auf Seiten der Frauen auszumachen ist, lässt sich für die Jenaer Leistungsbeziehenden bei einer um 1% höheren Abgangsrate für Frauen in beiden Modellen kein signifikanter Unterschied bezüglich der geschlechterspezifischen Abgangsraten aus der Hilfebedürftigkeit feststellen. Für Jena ist daraus zu schließen, dass Frauen ihre Erwerbsorientierung und starke Position auf dem Arbeitsmarkt weitestgehend beibehalten. Frauen sind in Jena (wie in Ostdeutschland insgesamt) im Vergleich zu Männern weder häufiger arbeitslos (vgl. Abschnitt 7.1), noch sind sie häufiger auf SGB II-Leistungen angewiesen (vgl. Anschnitt 7.2). Und sie verharren auch nicht länger im SGB II-Leistungsbezug als Männer. Wie bereits zu DDR-Zeiten ist Erwerbsarbeit von Frauen in Ostdeutschland auch heute das vorherrschende Muster. Die Rolle der nichterwerbstätigen Hausfrau und Mutter findet unter Frauen wenig Akzeptanz, selbst (oftmals aufgezwungene) Teilzeitarbeit gilt in den meisten Fällen als unbeliebt, wobei dies darauf zurückzuführen ist, dass auch die geschlechtsspezifische interfamiliale Arbeitsteilung schon in der DDR als typisches Muster nicht in Frage gestellt wurde (Scheller 2005: 341) und hier das heute vorherrschende sozialpolitische Ziel der Kommodifizierung und Defamilialisierung bzw. des anvisierten Zweiverdienermodells (vgl. Abschnitt 3.2) als selbstverständlich angesehen wurde (Mayer/ Solga 2010: 46).

Auch hinsichtlich des Merkmals der Staatsangehörigkeit zeigen sich Diskrepanzen, wobei die Stärke des Effekts in den Beispielkommunen unterschiedlich hoch ausfällt. Nichtdeutsche ALG II-Leistungsbeziehende kennzeichnet eine in Jena im Rahmen beider Regressionsmodelle um 39% geringere Ausstiegsrate als deutsche Hilfebedürftige. In Mülheim an der Ruhr liegt die Abgangsrate sowohl im Cox- als auch im PCE-Modell um 24% unterhalb des entsprechenden Wertes der Vergleichsgruppe. Vor dem Hintergrund, dass Nichtdeutsche oder Personen mit Migrationshintergrund in vielen Fällen über keinen berufsqualifizierenden Abschluss verfügen (vgl. Abschnitt 2.2.2), überrascht dieses Ergebnis allerdings nicht besonders. Nicht direkt beobachtbare Diskriminierungen auf dem Arbeitsmarkt spielen hier sicherlich ebenfalls eine Rolle (Brücker et al. 2012: 278).

Wie die deskriptiven Befunde auf Basis des Kaplan-Meier-Schätzers oben bereits demonstrierten, weisen Bedarfsgemeinschaften in Unterscheidung nach dem Familientyp deutlich divergierende Abgangsraten aus dem Leistungsbezug auf (vgl. Abbildung 18 und Abbildung 19). Dies lässt sich auch auf der Individualebene der ALG II-Leistungsbeziehenden anhand der Hazard Ratios abbilden. Im Vergleich zur Referenzgruppe der alleinstehenden ALG II-Leistungsbeziehenden weisen sowohl in Jena mit 19% (Cox) bzw. 18% (PCE) als auch in Mülheim an der Ruhr mit 9% (Cox und PCE) ALG II-Leistungsberechtigte, die einer kinderlosen Paar-Bedarfsgemeinschaft angehören, erhöhte Abgangsraten aus dem Leistungsbezug auf. In Mülheim an der Ruhr ist zudem die Angehörigkeit der quantitativ kleinen Gruppe der sonstigen Bedarfsgemeinschaften im Vergleich zur Referenzgruppe um 20% (Cox) bzw. 19% (PCE) signifikant höher. Die Zugehörigkeit zu einer Paar-Bedarfsgemeinschaft mit zumindest einem Kind stellt sich im Vergleich zur Referenzgruppe alleinstehender ALG II-Leistungsbeziehender unterschiedlich in den beiden Kommunen dar: Während in Jena mit der Angehörigkeit zu einer Bedarfsgemeinschaft mit Kind(ern) unter 18 Jahren eine um 6% (Cox) bzw. 5% (PCE) leicht höhere Abgangsrate gegenüber der Vergleichsgruppe einhergeht, ist den diesem Bedarfsgemeinschaftypen angehörigen Mülheimer ALG II-Leistungsbeziehern eine um 17% (Cox) bzw. 18% (PCE) geringere Übergangsrate zu attestieren. Die schlechtesten Abgangsraten weisen Alleinerziehende auf. Gegenüber der Referenzgruppe kennzeichnet diese Teilgruppe sowohl in Jena mit 14% (Cox) bzw. 15% (PCE) als auch in Mülheim an der Ruhr mit 27% (Cox) bzw. 28% (PCE) eine deutlich geringere Chance, den ALG II-Leistungsbezug zu verlassen.

Wie auch schon die Darstellung auf der Ebene der Bedarfsgemeinschaften nach Familientyp weiter oberhalb verdeutlichte, sind Bedarfsgemeinschaften mit Kindern hinsichtlich der Verweildauern im Leistungsbezug nach SGB II in Jena deutlich besser gestellt als in Mülheim an der Ruhr. Ein wesentlicher Grund hierfür ist sicherlich in der in beiden Städten sehr unterschiedlichen Verfügbarkeit von Angeboten zur Kinderbetreuung außerhalb der Familie zu sehen, die vor allem hinsichtlich der Betreuungsquoten in Tageseinrichtungen für Kinder im Alter von unter drei Jahren auszumachen ist (vgl. Abschnitt 7.1). Fehlen (umfassende) Kinderbetreuungsmöglichkeiten, dann sind diese vor allem für alleinerziehende Leistungsberechtigte problematisch, da sie eine (volle) Arbeitsmarktintegration behindern können (Dietz et al. 2009). Der Umfang öffentlicher Kinderbetreuungsangebote zwischen Ost- und Westdeutschland und auch zwischen Jena und Mülheim an der Ruhr unterscheidet sich voneinander (vgl. Abschnitt 7.1), so dass dieser Aspekt bei Bedarfsgemeinschaften mit Kindern unter sechs, vor allem aber bei Bedarfsgemeinschaften mit Kindern im Alter unter drei Jahren eine wichtige Rolle spielen dürfte.

Das SGB II nimmt Rücksicht auf die Notwendigkeit der Betreuung kleiner Kinder. So ist die Erwerbsbeteiligung von alleinerziehenden Leistungsbeziehenden mit Kindern unter drei Jahren grundsätzlich freiwillig und auch bei Paar-Bedarfsgemeinschaften kann sich ein erwerbsfähiger Partner wegen der Kinderbetreuung auf die Unzumutbarkeit einer Arbeitsaufnahme berufen (BA 2014: 6). Bei älteren Kindern haben die erwerbsfähigen Leistungsberechtigten Erwerbsarbeit und Kinderbetreuung in Einklang zu bringen, sofern eine Betreuung in einer Tageseinrichtung oder Tagespflege sichergestellt ist (vgl. Abschnitt 4.2). Auf Grund der oben bereits dargestellten hohen

Erwerbsorientierung der ostdeutschen Frauen dürfte diese in Kombination mit den hier deutlich besseren Kinderbetreuungsangeboten entscheidend dafür sein, dass sowohl alleinerziehende als auch in Partnerschaft lebende Frauen mit kleinen Kindern die gewünschte Erwerbsarbeit häufiger umsetzen (können) und daher auch kürzer auf die SGB II-Grundsicherungsleistungen angewiesen sind.

Die strukturellen lokalen Kontextbedingungen sind also auch in Hinblick auf die Verweildauern im SGB II-Leistungsbezug relevant. Neben den Kinderbetreuungsquoten ist die spezifische Arbeitsmarktlage von zentraler Bedeutung. Sowohl das Cox- als auch das PCE-Modell belegen, dass Schwankungen bezüglich der Arbeitslosenquote im Zeitverlauf unmittelbare Effekte auf die Abgangsraten der ALG II-Leistungsbezieher haben. Eine Erhöhung der Arbeitslosenquote (bezogen auf alle zivilen Erwerbspersonen) um einen Prozentpunkt bewirkt in Jena eine Senkung der Abgangsrate von ALG II-Leistungsbeziehenden in Höhe von 14% (Cox) bzw. 13% (PCE), in Mülheim an der Ruhr führt das Ansteigen der Arbeitslosenquote um einen Prozentpunkt zu einer Reduktion der Abgangschance für ALG II-Leistungsbeziehende um 17% bei der Cox-Regression und um geringere 12% im PCE-Modell.

Besonders benachteiligt, und damit in hohem Maße von sozialer Exklusion bedroht, sind die hilfebedürftigen Personen und Bedarfsgemeinschaften, die dauerhaft im Leistungsbezug verharren und deren Abgangschancen im Zeitverlauf abnehmen. Es wird deutlich, dass die sozialpolitisch angestrebte Inklusion via Arbeitsmarktteilhabe in der Praxis erhebliche Mängel aufweist.

Die empirischen Befunde belegen deutliche Selektionsprozesse. Besonders schwerwiegend erscheint es dann, wenn die Betroffenen eine „komplexe Mehrfachproblematik" (Nadai 2009: 57) aufweisen, d.h. wenn sie mit Blick auf die soziodemografischen und lokalen Kontextmerkmale zugleich in mehrfacher Hinsicht benachteiligt sind (z.B. Alleinerziehende oder ältere Migranten, die zudem keine oder eine nicht (mehr) marktgängige Berufsausbildung haben) und damit besondere Vermittlungshemmnisse aufweisen.

Damit rückt das Fallmanagement der Jobcenter in den Fokus. Mit der SGB II-Grundsicherung ist die ausdrückliche Zielsetzung der Vermittlung aller Leistungsberechtigten in den Arbeitsmarkt als Leitbild sozialstaatlich induzierter Inklusion verbunden. Vermittlungshemmnisse der benachteiligten Leistungsberechtigten sollen mittels eines individuellen Fallmanagements abgebaut und ausgeglichen werden (vgl. Abschnitt 2.2.3; Kapitel 4).

Die empirischen Befunde, denen zur Folge diese Ziele bislang nicht ausreichend umgesetzt werden konnten, deuten auf sogenannte „creaming-the-poor-Effekte" (Voges/ Klein 1994; Trube/ Wohlfahrt 2001: 31) hin. Hinsichtlich der sozialen Inklusion der betroffenen Hilfebedürftigen ist von entscheidender Bedeutung, ob in der praktischen Umsetzung des SGB II vorrangig oder ausschließlich jene Fälle herausgegriffen und bearbeitet werden, denen man vergleichsweise realistische Eingliederungschancen einräumt, und damit gleichzeitig jene soziale Gruppen mit hohen Vermittlungshemmnissen oder komplexer Mehrfachproblematik vernachlässigt, da diese als für den Arbeitsmarkt faktisch als nicht vermittelbar betrachtet oder sogar als „hoffnungslose Fälle" abgeschrieben werden. Unter der Bedingung, dass man auch diese Fälle

> „aber zugleich (…) jenen Mechanismen unterwirft, die soziale Inklusion hauptsächlich über Arbeitsmarktintegration herstellen wollen, wird ihre Exklusion geradezu zementiert" (Bourcarde/ Huster 2012: 66).

Denn wenn weder die mit dem SGB II verbundenen Geld- und Sachleistungen ausreichend sind gesellschaftliche Teilhabe zu sichern (vgl. Abschnitt 5.3) und auch die eigentliche Zielsetzung der Inklusion via Arbeitsmarktintegration misslingt, dann wird Exklusion zu einer dauerhaften sozialen Lage (vgl. Abschnitt 2.1), die durch systematisch eingeschränkte Lebenschancen geprägt ist und durch den Sozialstaat nicht mehr kompensiert, sondern sogar durch den Symbolcharakter, der der Zuordnung des Individuums zum „Hartz IV-Milieu" inhärent ist, zusätzlich verschärft wird.

Denn die dauerhaft Hilfebedürftigen, die der Norm des Aktivbürgers, also der Eigenverantwortung (sich selbst und der Gesellschaft gegenüber) und Flexibilität offensichtlich weder auf Aktiv- und Bildungsmärkten, noch in Familie und Nachbarschaft zu entsprechen vermögen, gelten in der „Aktivgesellschaft als unproduktive und parasitäre, leistungs- und integrationsunwillige Elemente, als gefährliche – weil das Soziale gefährdende – Subjekte und Klassen" (Lessenich 2011: 1439) (vgl. Abschnitt 3.3).

Den Betroffenen bleibt nichts anderes übrig, als die gegebenen Verhältnisse anzunehmen, sich an das Leben mit unzureichenden finanziellen Möglichkeiten zu gewöhnen und einen entsprechenden „Überlebenshabitus" (Dörre et al. 2013: 283) zu entwickeln, der zu einem mehr oder weniger gelingenden Umgang mit dieser Lebenslage befähigt. Dabei wirkt die dauerhafte materielle Mangellage gerade für die Langzeitleistungsbeziehenden, so belegen Dörre et al. (2013), „zermürbend" und führt nicht selten zu einer Senkung der Hemmschwelle auf Seiten der Bedürftigen, auch vermehrt die nichtstaatlich organisierten sozialen Dienste wie etwa die Lebensmittelangebote der Tafeln in Anspruch zu nehmen.

Als Ergebnis der Analysen dieses Kapitels muss attestiert werden, dass das als vorrangig definierte Ziel, die soziale Inklusion der Hilfebedürftigen via (forcierter) Arbeitsmarktteilhabe zu erzielen, in den Beispielkommunen Jena und Mülheim an der Ruhr nur in einer sehr begrenzten Anzahl der Fälle erreicht wird. Der Anteil der Leistungsbeziehenden, der die Hilfebedürftigkeit relativ schnell überwinden kann, fällt letztlich in beiden Städten gering aus, auch wenn die Jenaer Leistungsberechtigten eine insgesamt höhere Ausstiegsrate aus der Hilfebedürftigkeit aufweisen. Der überwiegende Teil der auf SGB II-Leistungen angewiesenen Personen und Bedarfsgemeinschaften ist langzeitig, d.h. mindestens ein Jahr auf SGB II-Leistungen angewiesen. Mit Blick auf die sozialpolitisch angestrebte Inklusion durch Arbeitsmarktteilhabe ist also zu konstatieren, dass diese in beiden Optionskommunen derzeit noch nicht in ausreichendem Ausmaß erreicht wird. Problematisch ist zudem, dass offensichtlich gerade jene Hilfebedürftigen, die einer individuellen Förderung am meisten bedürfen, tendenziell die geringsten Chancen haben, ihre gesellschaftliche Teilhabe durch Arbeitsmarktpartizipation sicherzustellen. Damit verfehlt die vorrangig arbeitsmarktorientierte Aktivierungsstrategie ihr Ziel, da die bereits durch den Arbeitsmarkt vollzogene Selektion durch die institutionelle Selektion der schwerer Integrierbaren verstärkt wird.

8 Fazit

Der Ausgangspunkt der Ausführungen dieser Arbeit bestand in einer neuen sozialen Frage, die sich angesichts neuerlicher Krisen im Übergang zum Post-Fordismus konstituiert. Arbeitslosigkeit, Unterbeschäftigung und prekäre Beschäftigungsverhältnisse haben gesellschaftliche Spaltungslinien hervorgebracht, die unter dem Begriff der sozialen Exklusion behandelt werden und zudem darauf verweisen, dass wohlfahrtsstaatlich geprägte Gesellschaften von ihrem ehemals weitreichenden Inklusionsversprechen abkehren.

In Kapitel 2 wurde zunächst eine Begriffsklärung und Einordnung des komplexen Exklusionsbegriffs als Kategorie sozialer Ungleichheit vorgenommen. Als Erweiterung des herkömmlichen Armutsbegriffs und in seinem Verständnis eines gleichzeitigen „Drinnen" und „Draußen", d.h. sozialer Ausgrenzung bei gleichzeitiger institutioneller Einbindung, stellt Exklusion als Kategorie sozialer Ungleichheit den geeigneten theoretischen Rahmen dar, wenn es in Folge um die Beantwortung der Kernfrage gehen sollte, ob und inwiefern der Sozialstaat mit dem Instrument des SGB II soziale Inklusion auf Seiten der Hilfebedürftigen zu erzeugen vermag.

Ebenfalls Gegenstand von Kapitel 2 waren die veränderten Rahmenbedingungen, die den klassischen Wohlfahrtsstaat in Bedrängnis gebracht haben. Neben den massiven Umbrüchen in der Erwerbsarbeit wurden weitere Ursachen erläutert, die dem Sozialstaat nach und nach die Finanzierungsgrundlage entzogen und diesem weitreichende Reformen abverlangt haben.

Die sicherlich weitreichendste Reform stellt die im SGB II geregelte und 2005 eingeführte Grundsicherung für Arbeitsuchende dar. Im Sinne eines neuen sozialpolitischen Leitbilds sollte die Inklusion der Individuen im Rahmen des SGB II vorwiegend an deren Erwerbstätigkeit knüpfen. Der einst durch sein Sozialversicherungssystem geprägte Sozialstaat, der die soziale Inklusion der Bevölkerung im Bedarfsfall durch Leistungen sicherzustellen vermochte, hat an Bedeutung verloren und nimmt nun eher die Form eines Grundsicherungsstaates ein. Der nun mehr fördernde und gleichzeitig fordernde Sozialstaat setzt auf die Inklusion durch (aufgezwungene) Arbeitsmarktbeteiligung. Die Aufgabe des Sozialstaats besteht nicht mehr vornehmlich darin, die gesellschaftliche Teilhabe hilfebedürftiger Personen durch Sozialleistungen sicherzustellen, sondern diese wieder in den ersten Arbeitsmarkt zu integrieren, so dass die Hilfebedürftigen ihre soziale Inklusion dementsprechend aus eigenen Mitteln herbeiführen können.

Die soziologischen Theorien des Wohlfahrtsstaats standen im Fokus von Kapitel 3. Erläutert wurde die der Arbeit zugrunde liegende Perspektive, aus der der Sozialstaat als ein eigenständiger Akteur betrachtet wird, der aktiv Einfluss auf gesellschaftliche Veränderungsprozesse nimmt, der einerseits soziale Rechte gewährleistet und bis zu einem gewissen Grad auch sozialer Ungleichheit entgegenwirkt. Andererseits bringt der Sozialstaat durch die selektive Zuweisung von sozialen Rechten und Pflichten neuerliche soziale Ungleichheitsverhältnisse hervor, die auch soziale Exklusion befördern können.

Zu konstatieren ist die wachsende Bedeutung der an soziale Rechte geknüpften sozialen Pflichten. Prävention, Eigenverantwortung und Flexibilität sind die Leitbilder einer aktivierenden Sozialpolitik, die auf ein verantwortungsvolles Bewusstsein der Bürger nicht nur gegenüber sich selbst, sondern auch gegenüber der Gesellschaft abzielt. Die individuelle gesellschaftliche Teilhabe – von Männern wie von Frauen – soll vorrangig durch deren Erwerbsarbeit hergestellt werden. Dies ist die explizite Zielsetzung neuerer Arbeitsmarktpolitik.

Diesem Aktivierungsparadigma folgt auch die SGB II-Grundsicherung. In Kapitel 4 wurde diese Ausrichtung im Rahmen der Darstellung der gesetzlichen Grundzüge der Grundsicherung für Arbeitsuchende konkretisiert.

In Kapitel 5 erfolgte zunächst die Einordung der Hartz-Reformen im Vergleich zu dem alten System aus Arbeitslosen- und Sozialhilfe. Es wurde aufgezeigt, dass der institutionelle Weg durch Leistungsbeschränkungen im Fall des Eintritts von Arbeitslosigkeit deutlich verkürzt wurde und dennoch nicht alle Leistungsberechtigten, die bereits im alten Sicherungssystem Transferleistungen erhielten, durch die Reformen zusätzlich benachteiligt worden sind. Anschließend wurde auf die zunehmende und ambivalente Bedeutung von Hilfebedürftigkeit bei gleichzeitiger Erwerbstätigkeit rekurriert.

In Hinblick auf die Frage nach dem Inklusionscharakter des SGB II wurden weiterführend zunächst die SGB II-Geldleistungen dahingehend untersucht, ob diese ausreichend hoch sind, um gesellschaftliche Teilhabe der Hilfebedürftigen sicherzustellen. Dabei wurden in einem ersten Schritt die SGB II-Leistungen per se und in einem zweiten Schritt die Leistungshöhe in Kombination mit einem zusätzlich aus Erwerbsarbeit erzielten Einkommen dahingehend analysiert, ob von diesen eine armutsvermeidende Wirkung ausgeht.

Ein Vergleich mit der mikrozensusbasierten Armutsgefährdungsschwelle verdeutlichte, dass die bedarfsgemeinschaftsspezifischen SGB II-Geldleistungen in der Regel nicht ausreichend sind, um Einkommensarmut zu verhindern (vgl. Abschnitt 5.3.2). Um der Bedarfsgemeinschaft ein Leben oberhalb der Armutsgefährdungsschwelle zu sichern, erzwingt das SGB II ein zusätzliches Einkommen aus Erwerbsarbeit. In den meisten Fällen bedarf es zumindest eines durch einen Midijob erzielten Zusatzverdienstes. Dieser Aspekt verdeutlicht die auf Kommodifizierung abzielende Stoßrichtung des SGB II (vgl. Abschnitt 5.3.3).

Widersprüchlich im Sinne neuerer Sozialstaatlichkeit erscheint allerdings das Konstrukt der Bedarfsgemeinschaft. Dieses folgt der traditionellen Subsidiarität sozialstaatlicher Leistungen gegenüber Hilfeleistungen innerhalb der Familie. Mit der vorwiegend den Mann betreffenden Einstandspflicht stützt der Sozialstaat das traditionelle männliche Ernährermodell. Hinsichtlich der sozialpolitischen Zielsetzung, auf Defamilialisierung und Kommodifizierung der Frauen hinwirken zu wollen, muss dies als kontraproduktiv angesehen werden (vgl. Abschnitt 5.3.3).

Mit Blick auf die Gefahr sozialer Exklusion stellt sich das Konzept der Bedarfsgemeinschaft als problematisch dar, wenn einem Mitglied der Bedarfsgemeinschaft auf Grund einer vom Jobcenter verhängten Sanktion die Geldleistungen gekürzt oder gestrichen werden und damit die ganze Familie in eine extreme materielle Mangellage geraten kann (vgl. Abschnitt 5.3.4).

Die SGB II-Leistungsbezugsverläufe rückten im Rahmen von Kapitel 6 in den Fokus des Interesses. Es wurde danach gefragt, ob und inwiefern das SGB II ein geeignetes sozialstaatliches Instrument darstellt, die Hilfebedürftigkeit auf Seiten der Anspruchsberechtigten auf Grund einer (Wieder-)Eingliederung in den ersten Arbeitsmarkt zu beenden und deren soziale Inklusion durch die anvisierte Erwerbsbeteiligung zu gewährleisten.

Unter Verweis auf die regionalen Disparitäten in Deutschland, die sich auch in einer beträchtlich divergierenden SGB II-Quote widerspiegeln, wurde, nach dem Vorbild der dynamischen Armutsforschung der 1990er Jahre, der weitere Analyserahmen bestimmt. Anhand zweier Beispielkommunen – Jena und Mülheim an der Ruhr – sollte ein exemplarischer Ost-West-Vergleich unternommen werden, der die Leistungsbezugsverläufe der Hilfebedürftigen in beiden Städten in den Blick nehmen sollte. Die Befunde bisheriger Forschungsarbeiten der dynamischen Armutsforschung, die sich mit der alten Sozialhilfe befassten, sowie einige zentrale neuere Ergebnisse zum SGB II wurden erörtert und eingeordnet.

Mit Kapitel 7 wurden schließlich die Leistungsbezugsverläufe in den beiden Optionskommunen Jena und Mülheim an der Ruhr analysiert. Um die Ergebnisse besser einordnen zu können, wurde zuerst auf die soziodemografischen Rahmenbedingungen beider Städte abgehoben. Anschließend wurden zentrale Eckdaten zur Sozialstruktur des SGB II-Leistungsbezugs beider Kommunen vorgestellt. Der Vergleich der beiden Städte und deren Einordnung gegenüber der jeweiligen Lage in Ost- und Westdeutschland verdeutlichte, dass die beiden Beispielstädte für einen repräsentativen Ost-West-Vergleich nur sehr bedingt geeignet sind. Während sich die Arbeitsmarktlage in Jena positiv entwickelt und gerade für ostdeutsche Verhältnisse als überdurchschnittlich einzuordnen ist, sieht sich das mit Blick auf seine Sozialstruktur heterogene Mülheim an der Ruhr mit einer (auch für Westdeutschland) relativ schlechten Arbeitsmarktsituation, geprägt durch viele Langzeitarbeitslose und eine negative Dynamik im SGB II, konfrontiert. Obwohl auch in Mülheim an der Ruhr die Zahl der Arbeitslosen rückläufig ist, verzeichnet die SGB II-Quote einen kontinuierlichen Anstieg. Für die Ruhrgebietsstadt ist also eine Entkopplung der Dynamik im SGB II von der allgemeinen Arbeitsmarktentwicklung zu konstatieren (vgl. Abschnitt 7.1 und Abschnitt 7.3.2).

Dennoch konnten im Rahmen der Analyse der Leistungsbezugsverlaufsmuster der Leistungsberechtigten und ihrer Bedarfsgemeinschaften in den beiden Städten wichtige Erkenntnisse bezüglich des vom SGB II erzeugten Inklusionsgrades gewonnen werden.

Die Ergebnisse der deskriptiven und multivariaten Analysen belegten eine deutliche Tendenz zum Langzeitbezug der hilfebedürftigen Leistungsberechtigten.

Zuerst konnte aufgezeigt werden, dass ein beträchtlicher Anteil der Leistungsbeziehenden über den gesamten Verlauf des Betrachtungsfensters zwischen Januar 2007 und Dezember 2010 ohne jede Unterbrechung auf die Leistungen der SGB II-Grundsicherung angewiesen war. So waren in Jena 25,1% derer, die im Januar 2007 hilfebedürftig waren, sind auch im Dezember 2010 noch immer auf SGB II-Transferleistungen angewiesen. In Mülheim an der Ruhr fiel der entsprechende Anteil mit 38,3% nochmals deutlich höher aus (Abschnitt 7.3.2).

Eine Typisierung der SGB II-Verlaufsmuster nach Dauer und (Dis-)Kontinuitäten auf Basis des Ausgangsbestands der Längsschnittanalyse vom Januar 2007 zeigte, dass der Großteil der Leistungsbeziehenden beider Städte (während des Betrachtungsfensters von vier Jahren) lediglich eine Bezugsepisode aufwies, mehrfacher Leistungsbezug spielte hier eine eher untergeordnete Rolle. Obwohl es einem Teil der Leistungsbezieher gelingen konnte, die Hilfebedürftigkeit auch dauerhaft zu überwinden, war doch der hohe Anteil an Leistungsempfängern, die langzeitig auf SGB II-Transferleistungen angewiesen waren, besonders augenfällig. Diese Tendenz war für beide Kommunen festzustellen, wobei sich die Langzeitbedürftigkeit in Mülheim an der Ruhr ausgeprägter darstellte als in Jena (vgl. Abschnitt 7.3.3).

Die Betrachtung sämtlicher Leistungsbezugsverläufe innerhalb des Betrachtungsfensters zwischen Januar 2007 und Dezember 2010 bestätigte dieses Bild. In Jena gelten mehr als die Hälfte (53,6%) als langzeitbeziehend, da sie zumindest für ein Jahr auf SGB II-Grundsicherungsleistungen angewiesen waren. In Mülheim an der Ruhr betrifft dies fast zwei Drittel (63,9%) aller Leistungsberechtigten (Abschnitt 7.3.4).

In beiden Kommunen ist die Wahrscheinlichkeit, den Leistungsbezug zu verlassen, im ersten Jahr des Bezugs noch am höchsten und nimmt in Folge stetig ab. Dabei finden Selektionsprozesse dahingehend statt, dass diejenigen, die mit den besten Voraussetzungen ausgestattet sind, eine höhere Chance haben, die Hilfebedürftigkeit zu überwinden. Individuelle Merkmale wie die erzielte Berufsausbildung, das Alter, Nationalität und Geschlecht spielen hier genauso eine Rolle wie die Zusammensetzung des Haushalts bzw. der Bedarfsgemeinschaft. Neben soziodemografischen Merkmalen sind die lokale bzw. regionale Arbeitsmarktlage und die Möglichkeiten zur Kinderbetreuung außerhalb der Familie von Relevanz. Eine auf Defamilialisierung und Kommodifizierung der Frauen abhebende Sozialpolitik muss hier vor allem die Vereinbarkeit von Familie und Beruf verbessern, um Familien mit Kindern und vor allem Alleinerziehenden den Abgang aus dem SGB II-Leistungsbezug zu ermöglichen.

Auffällig ist die in Jena (wie in Ostdeutschland generell) starke Erwerbsorientierung der Frauen, die in Kombination mit der deutlich besseren Kinderbetreuung gerade für Kinder im Alter von unter drei Jahren auch maßgeblich dafür sein dürfte, dass die Bedarfsgemeinschaften mit Kindern in Jena zum einen im Vergleich zu den entsprechenden Bedarfsgemeinschaftstypen in Mülheim an der Ruhr bessere Abgangschancen aufweisen. Zum anderen haben Bedarfsgemeinschaften mit minderjährigen Kindern in Jena im Vergleich zu den Bedarfsgemeinschaften ohne Kinder keine nennenswerten Nachteile bezüglich der Chance, den Leistungsbezug wieder zu beenden.

Lange Verweildauern im SGB II-Leistungsbezug sind kaum auf eine fehlende individuelle Arbeitsbereitschaft im Sinne des ökonomischen Armutsfallentheorems zurückzuführen (vgl. Abschnitt 2.2.3). Bereits die regionalen Disparitäten im SGB II-Leistungsbezug deuten darauf hin. Die beträchtlich divergierenden SGB II-Quoten in den Kreisen und kreisfreien Städten lassen kaum den Schluss zu, dass die Bereitschaft zur Arbeitsaufnahme in den Regionen Deutschlands so gravierend unterschiedlich ausfällt (vgl. Abschnitt 6.2). Das Problem ist vielmehr der regional höchst unterschiedliche Arbeitsmarkt selbst. Durch diesen werden insgesamt immer weniger existenzsichernde Beschäftigungsverhältnisse bereitgestellt. Diesen Umstand belegt auch die wachsende Bedeutung der Aufstocker im SGB II, denn für eine steigende Anzahl Erwerbstätiger ist das aus Erwerbsarbeit erzielte Einkommen nicht existenzsichernd, so dass diese zusätzlich auf Leistungen der SGB II-Grundsicherung angewiesen sind (vgl. Abschnitt 5.2).

Anhand der beiden Beispielkommunen Jena und Mülheim an der Ruhr zeigt sich zudem, dass es sich lohnt, den Blick auf Regionalität weiter zu schärfen und vor allem auch die Rahmenbedingungen zu beachten. Gerade vor dem Hintergrund regional disparitärer SGB II-Quoten erscheint es sinnvoll, auch die Bezugsverläufe einer weitergehenden (Längsschnitt-)Betrachtung zu unterziehen. Dadurch lässt sich die Frage beantworten, inwieweit sich die Abgangsraten der Leistungsberechtigten zwischen Kommunen unterscheiden, die durch eine besonders positive Arbeitsmarktlage oder aber eine besonders ungünstige Arbeitsmarktsituation und -dynamik geprägt sind. Die Betrachtung auf Bundesebene oder eine einfache Unterscheidung zwischen Ost- und Westdeutschland greift hier definitiv zu kurz.

Hinsichtlich der These von Exklusion als einer Kategorie, die sich in Zeiten der „Risikogesellschaft" (Beck 1986) (vgl. Abschnitt 2.1) immer mehr auf alle Gesellschaftsmitglieder temporär ausweitet, belegten die empirischen Befunde zu den Verweildauern im Leistungsbezug der beiden Kommunen, dass die Gefahr einer dauerhaften Hilfebedürftigkeit nach SGB II nach wie vor überwiegend jene soziale Gruppen betrifft, die durch den Arbeitsmarkt selbst bereits benachteiligt werden: Zu nennen sind Menschen mit keiner oder unterdurchschnittlicher Berufsausbildung oder jene Ostdeutsche, deren Berufsausbildung nach der Wende ihre Marktfähigkeit eingebüßt hat. Aber auch die SGB II-Leistungsbezugsverläufe Älterer und von Menschen mit Migrationshintergrund sind hier durch erheblich längere Verweildauern gekennzeichnet (vgl. Abschnitt 7.3.4). Dies weist auf institutionelle Selektionsprozesse hin, die additiv zu den vom Arbeitsmarkt per se erzeugten Auswahl- und Verdrängungsprozessen wirken. Ein „institutionalisiertes Creaming" (Bäcker/ Neubauer 2012: 638) geht vor allem zu Lasten der Geringqualifizierten und Langzeitarbeitslosen und verstärkt deren soziale Benachteiligung und die Gefahr dauerhaften sozialen Ausschlusses. Offensichtlich konnte dem dem SGB II inhärenten Anspruch, auch die benachteiligten sozialen Gruppen durch individuelle Förderung und geeignete Maßnahmen in den regulären Arbeitsmarkt zu integrieren, bislang nur in wenigen Fällen entsprochen werden.

Lediglich angeklungen ist die Rolle des Fallmanagements. Diesem kommt die Aufgabe zu, durch Beratung und Vermittlung die Integration der SGB II-Leistungsberechtigten in den ersten Arbeitsmarkt herbeizuführen. Eine Analyse der Praxis in den Jobcentern und damit auch die Überprüfung der These, dass eine „Bestenauslese" vollzogen wird, welche dem Ziel entgegenläuft, gerade auch die schwervermittelbaren Langzeitarbeitslosen durch individuelle Betreuung dazu zu befähigen, dass diese eigene gesellschaftliche Teilhabe (wieder) mittels Erwerbsarbeit sicherstellen können, konnte im Rahmen dieser Arbeit nicht geleistet werden. Die Praxis des Fallmanagements in den Jobcentern sowie die Interaktion zwischen den Mitarbeitern der Jobcenter und deren Kunden blieben daher unberücksichtigt.

Auch wenn es fast zehn Jahre nach der Einführung des SGB II vielleicht noch zu früh erscheint, vom Scheitern der Hartz IV-Reform zu sprechen, so stimmen die doch augenfällig verfestigten Strukturen im SGB II-Leistungsbezug bedenklich. Für die dauerhaft auf Grundsicherungsleistungen angewiesenen Hilfebedürftigen manifestiert sich die Lage sozialer Exklusion, ein Entkommen aus der Zone der Entkopplung (vgl. Abschnitt 2.1) erscheint mit zunehmender Zeit immer unwahrscheinlicher.

Durch die Ausgestaltung und Umsetzung des SGB II erhält das mit dem Exklusionsbegriff eng verbundene Verständnis eines gleichzeitigen gesellschaftlichen „Drinnen" und „Draußen" eine weitere Facette. Leistungsempfänger, die durch einen Hinzuverdienst aus Erwerbstätigkeit ihre Gesamteinkommen aufstocken, befinden sich in einer besonderen Form gesellschaftlicher Zugehörigkeit und Ausgrenzung: Sie erhalten Leistungen des sozialen Sicherungssystems, sind also institutionell eingebunden. Auch sind sie in dem Sinne inkludiert, dass sie einer Erwerbsarbeit nachgehen und dementsprechend (in der Regel) über soziale Nahbeziehungen verfügen. Und dennoch bleibt ihnen (und ihren Angehörigen) auf Grund eines zu geringen Gesamteinkommens eine Teilhabe an dem kulturell vorherrschenden materiellen Lebensstandard und den damit verbundenen Lebenschancen weitestgehend verwehrt.

Diese Problematik, die mit dem Exklusionsbegriff so treffend hervorgehoben wird, stellt Sozialstaat und Sozialpolitik also auch weiterhin vor wichtige Herausforderungen. Ein Beitrag zur Beantwortung der sozialen Frage zu Beginn des neuen Jahrtausends konnte mit der SGB II-Grundsicherung – jedenfalls bislang – nicht geleistet werden.

Literaturverzeichnis

Achinger, Hans (1971): Sozialpolitik als Gesellschaftspolitik. Von der Arbeiterfrage zum Wohlfahrtsstaat. 2., erweiterte Auflage. Frankfurt am Main: Eigenverlag des Deutschen Vereins für Öffentliche und Private Fürsorge.

Aglietta, Michel (2000): A Theory of Capitalist Regulation. The US Experience. London/ New York: Verso.

Alber, Jens (1989): Der Sozialstaat in der Bundesrepublik 1950-1983. Frankfurt am Main/ New York: Campus.

Alber, Jens (2001): Hat sich der Wohlfahrtsstaat als soziale Ordnung bewährt? Der Wohlfahrtsstaat in der Theorie. In: Mayer, Karl Ulrich (Hrsg.): Die beste aller Welten? Marktliberalismus versus Wohlfahrtsstaat. Frankfurt am Main/ New York: Campus.

Allmendinger, Jutta (1994): Lebensverlauf und Sozialpolitik. Die Ungleichheit von Mann und Frau und ihr öffentlicher Ertrag. Frankfurt am Main/ New York: Campus.

Altenhain, Claudio/ Danilina, Anja/ Hildebrandt, Erik/ Kausch, Stefan/ Müller, Annekathrin/ Roscher, Tobias (Hrsg.) (2008): Von „Neuer Unterschicht" und Prekariat. Gesellschaftliche Verhältnisse und Kategorien im Umbruch. Kritische Perspektiven auf aktuelle Debatten. Bielefeld: Transcript.

Amonn, Jan (2014): Analysen zum Langzeitbezug von SGB II-Leistungen in Nordrhein-Westfalen. Regionale Unterschiede und Entwicklungen. Herausgegeben von der Gesellschaft für innovative Beschäftigungsförderung. Bottrop.

Andreß, Hans-Jürgen (1994): Steigende Sozialhilfezahlen. Wer bleibt, wer geht und wie sollte die Sozialverwaltung darauf reagieren? In: Zwick, Michael M. (Hrsg.): Einmal arm, immer arm? Neue Befunde zur Armut in Deutschland. Frankfurt am Main/ New York: Campus, S. 75-105.

Andreß, Hans-Jürgen (unter Mitarbeit von Burkatzki, Eckhard/ Lipsmeier, Gero/ Salentin, Kurt/ Schulte, Katja/ Strengmann-Kuhn, Wolfgang) (1999): Leben in Armut. Analysen der Verhaltensweisen armer Haushalte mit Umfragedaten. Opladen/ Wiesbaden: Westdeutscher Verlag.

Andreß, Hans-Jürgen/ Seek, Till (2007): Ist das Normalarbeitsverhältnis noch armutsvermeidend? Erwerbstätigkeit in Zeiten deregulierter Arbeitsmärkte und des Umbaus sozialer Sicherungssysteme. In: Kölner Zeitschrift für Soziologie und Sozialpsychologie 3/ 2007, 59. Jg., S. 459-492.

Arendt, Hannah (2011): Vita activa oder Vom tätigen Leben. 10. Auflage. München/ Zürich: Piper.

Arndt, Christian/ Biewen, Martin/ Brookmann, Bernhard/ Dengler, Carina/ Juhász, Andos/ Kleimann, Rolf/ Neugebauer, Katja/ Rosemann, Martin/ Schmid, Kai/ Späth, Jochen/ Scheurle, Ulrich/ Tiefensee, Anita (unter Mitarbeit von Adler, Martin/ Beurer, Anne-Katrin/ Gießler, Michael/ Gölz, Janine/ Schmid, Florian/ Schroeder, Christoph/ Schultz, Simone/ Steglich, Frauke/ Warsow, Lena) (2013): Aktualisierung der Berichterstattung über die Verteilung von Einkommen und Vermögen in Deutschland. Endbericht zum Forschungsprojekt des Instituts für Angewandte Wirtschaftsforschung e.V. und der Wirtschafts- und Sozialwissenschaftlichen Fakultät der Universität Tübingen an das Bundesministerium für Arbeit und Soziales. Bonn.

Auth, Diana/ Langfeldt, Bettina (2007): Re-Familialisierung durch Arbeitslosengeld II? In: Rudolph, Clarissa/ Niekant, Renate (Hrsg.): Hartz IV – Zwischenbilanz und Perspektiven. Münster: Westfälisches Dampfboot, S. 135-155.

[BA 2010a] Bundesagentur für Arbeit (Hrsg.) (2010): 5 Jahre SGB II – Die wichtigsten Ergebnisse im Überblick. Im Internet unter <https://statistik.arbeitsagentur.de/Statischer-Content/Arbeitsmarktberichte/Soziale-Sicherung/Broschueren-Hintergrundinformationen/5-Jahre-SGBII.pdf>; Zugriff am 22.12.2015.

[BA 2010b] Bundesagentur für Arbeit (Hrsg.) (2010): Grundsicherung für Arbeitsuchende. Verweildauern von Hilfebedürftigen. Bericht der Statistik der BA. Im Internet unter <http://statistik.arbeitsagentur.de/Statischer-Content/Statistische-Analysen/Statistische-Sonderberichte/Generische-Publikationen/SGBII/Sonderbericht-Verweildauer.pdf>; Zugriff am 22.12.2015.

[BA 2010c] Bundesagentur für Arbeit (Hrsg.) (2010): Prüfkriterien für statistische Auswertungen nach § 51b SGB II. Version 2.6. Stand: 20.08.2010. Im Internet unter <http://statistik.arbeitsagentur.de/Statischer-Content/Grundlagen/Datenstandard-XSozial/Tech-Dok-Datenuebermittlung/Generische-Publikationen/Pruefkriterien-51b-SGBII-Version-26.pdf>, Zugriff am 22.12.2015.

[BA 2011a] Bundesagentur für Arbeit (Hrsg.) (2011): Prüfkriterien für statistische Auswertungen nach § 51b SGB II. Version 2.7. Stand: 18.02.2011. Im Internet unter <http://statistik.arbeitsagentur.de/Statischer-Content/Grundlagen/Datenstandard-XSozial/Tech-Dok-Datenuebermittlung/Generische-Publikationen/Pruefkriterien-51b-SGBII-Version-27.pdf>, Zugriff am 22.12.2015.

[BA 2011b] Bundesagentur für Arbeit (Hrsg.) (2011): Sockel- und Langzeitarbeitslosigkeit. Broschüre der Arbeitsmarktberichterstattung. Im Internet unter <http://statistik.arbeitsagentur.de/Statischer-Content/Arbeitsmarktberichte/Berichte-Broschueren/Arbeitsmarkt/Generische-Publikationen/Sockel-und-Langzeitarbeitslosigkeit-2011.pdf>, Zugriff am 22.12.2015.

[BA 2012a] Bundesagentur für Arbeit (Hrsg.) (2012): Der Arbeitsmarkt in Deutschland. Frauen und Männer am Arbeitsmarkt im Jahr 2011. Im Internet unter <https://www.arbeitsagentur.de/web/wcm/idc/groups/public/documents/webdatei/mdaw/mta0/~edisp/l6019022dstbai422315.pdf>; Zugriff am 22.12.2015.

[BA 2012b] Bundesagentur für Arbeit (Hrsg.) (2012): XSozial-BA-SGB II. Version 4.1.0. Datensatzbeschreibung. Im Internet unter <https://statistik.arbeitsagentur.de/Statischer-Content/Grundlagen/Datenstandard-XSozial/Tech-Dok-Datenuebermittlung/Generische-Publikationen/XSozial-BA-SGBII-Version-410.zip>; Zugriff am 22.12.2015.

[BA 2013a] Bundesagentur für Arbeit (Hrsg.) (2013): Analyse des Arbeitsmarktes für Alleinerziehende in Deutschland 2012. Analytikreport der Statistik. Im Internet unter <http://statistik.arbeitsagentur.de/Statischer-Content/Statistische-Analysen/Analytikreports/Zentrale-Analytikreports/Jaehrliche-Analytikreports/Generische-Publikationen/Analyse-Arbeitsmarkt-Alleinerziehende/Analyse-Arbeitsmarkt-Alleinerziehende-2012.pdf>;   Zugriff   am 22.12.2015.

[BA 2013b] Bundesagentur für Arbeit (Hrsg.) (2013): Verweildauern von Leistungsberechtigten in der Grundsicherung für Arbeitsuchende. Methodenbericht. Im Internet unter <http://statistik.arbeitsagentur.de/Statischer-Content/Grundlagen/Methodenberichte/Grundsicherung-Arbeitsuchende-SGBII/Generische-Publikationen/Methodenbericht-Verweildauern-von-Leistungsberechtigten-in-der-Grundsicherung-fuer-Arbeitssuchende.pdf>;   Zugriff   am 22.12.2015.

[BA 2014]: Bundesagentur für Arbeit (Hrsg.) (2014): Zweites Buch Sozialgesetzbuch – SGB II. Fachliche Hinweise. § 10 SGB II. Stand: 20.06.2014. Im Internet unter: <http://www.arbeitsagentur.de/web/wcm/idc/groups/public/documents/webdatei/mdaw/mdk1/~edisp/l6019022dstbai377931.pdf?_ba.sid=L6019022DSTBAI377934.pdf>; Zugriff am 22.12.2015.

Bacher, Johann/ Pöge, Andreas/ Wenzig, Knut (2010): Clusteranalyse. Anwendungsorientiere Einführung in Klassifikationsverfahren. 3. Auflage. München: Oldenbourg.

Bäcker, Gerhard (2008): SGB II: Grundlagen und Bestandsaufnahme. In: Klute, Jürgen/ Kotlenga, Sandra (Hrsg.): Sozial- und Arbeitsmarktpolitik nach Hartz. Fünf Jahre Hartzreformen: Bestandsaufnahme – Analysen – Perspektiven. Göttingen: Universitätsverlag, S. 20-42.

Bäcker, Gerhard/ Bosch, Gerhard/ Weinkopf, Claudia (2011): Vorschläge zur künftigen Arbeitsmarktpolitik: integrativ – investiv – innovativ. Gutachten für das Thüringer Ministerium für Wirtschaft, Arbeit und Technologie. Im Internet unter <http://www.iaq.uni-due.de/aktuell/veroeff/2011/iaq-gutachten_baecker_bosch_weinkopf.pdf>; Zugriff am 22.12.2015.

Bäcker, Gerhard/ Koch, Angelika (2004): Absicherung bei Langzeitarbeitslosigkeit: Unterschiede zwischen zukünftigem Arbeitslosengeld II und bisheriger Arbeitslosen- und Sozialhilfe. In: Soziale Sicherheit 3/ 2004, 53. Jg., S. 88-94.

Bäcker, Gerhard/ Naegele, Gerhard/ Bispinck, Reinhard/ Hofemann, Klaus/ Neubauer, Jennifer (2010a): Sozialpolitik und soziale Lage. Band 1: Grundlagen, Arbeit, Einkommen und Finanzierung. 5., durchgesehene Auflage. Wiesbaden: VS Verlag für Sozialwissenschaften.

Bäcker, Gerhard/ Naegele, Gerhard/ Bispinck, Reinhard/ Hofemann, Klaus/ Neubauer, Jennifer (2010b): Sozialpolitik und soziale Lage. Band 2: Grundlagen, Gesundheit, Familie, Alter und Soziale Dienste. 5., durchgesehene Auflage. Wiesbaden: VS Verlag für Sozialwissenschaften.

Bäcker, Gerhard/ Neubauer, Jennifer (2012): Arbeitslosigkeit und Armut: Defizite von sozialer Sicherung und Arbeitsförderung. In: Huster, Ernst-Ulrich/ Boeckh, Jürgen/ Mogge-Grotjahn, Hildegard (Hrsg.): Handbuch Armut und Soziale Ausgrenzung. 2., überarbeitete und erweiterte Auflage. Wiesbaden: VS Verlag für Sozialwissenschaften, S. 624-643.

Balsen, Werner/ Nakielski, Hans/ Rössel, Karl/ Winkel, Rolf (1984): Die neue Armut. Ausgrenzung von Arbeitslosen aus der Arbeitslosenunterstützung. Köln: Bund-Verlag.

Bandemer, Stephan von/ Blanke, Bernhard/ Hilbert, Josef/ Schmid, Josef (1995): Staatsaufgaben: Von der „schleichenden Privatisierung" zum „aktivierenden Staat". In: Behrens, Fritz/ Heinze, Rolf G./ Stöbe, Sybille/ Walsken, Ernst M. (Hrsg.): Den Staat neu denken. Reformperspektiven für die Landesverwaltungen. Berlin: Edition Sigma, S. 41-60.

Bandemer, Stephan von/ Hilbert, Josef (2005): Vom expandierenden zum aktivierenden Staat. In: Blanke, Bernhard/ Bandemer, Stephan von/ Nullmeier, Frank/ Wewer, Göttrik (Hrsg.): Handbuch zur Verwaltungsreform. 3., völlig überarbeitete und erweiterte Auflage. Wiesbaden: VS Verlag für Sozialwissenschaften, S. 26-35.

Bane, Mary Jo/ Ellwood, David T. (1986): Slipping into and out of Poverty: The Dynamics of Spells. In: The Journal of Human Ressources 1/ 1986, 21. Jg., S. 1-23.

Barlösius, Eva (2001): Das gesellschaftliche Verhältnis der Armen – Überlegungen zu einer theoretischen Konzeption einer Soziologie der Armut. In: Barlösius, Eva/ Ludwig-Mayerhofer, Wolfgang (Hrsg.): Die Armut der Gesellschaft. Opladen: Leske + Budrich, S. 69-94.

Barlösius, Eva (2004): Kämpfe um soziale Ungleichheit. Machttheoretische Perspektiven. Wiesbaden: VS Verlag für Sozialwissenschaften.

Bartelheimer, Peter (2005): Teilhabe, Gefährdung, Ausgrenzung. In: Soziologisches For-
schungsinstitut/ Institut für Arbeitsmarkt- und Berufsforschung/ Institut für sozialwissenschaftliche Forschung/ Internationales Institut für empirische Sozialökonomie (Hrsg.):
Berichterstattung zur sozioökonomischen Entwicklung in Deutschland. Arbeit und Le-
bensweisen. Erster Bericht. Wiesbaden: VS Verlag für Sozialwissenschaften, S. 86-123.

Bartelheimer, Peter/ Pagels, Nils (2009): Kommunale Integrationspolitik und lokaler Arbeitsmarkt. In: Gesemann, Frank/ Roth, Roland (Hrsg.): Lokale Integrationspolitik in der
Einwanderungsgesellschaft. Migration und Integration als Herausforderung von Kommunen. Wiesbaden: VS Verlag für Sozialwissenschaften, S. 469-495.

[BBR 2006] Bundesamt für Bauwesen und Raumordnung (Hrsg.) (2006): Raumordnungsbe-
richt 2005. Bonn.

[BBSR 2012] Bundesinstitut für Bau-, Stadt- und Raumforschung (Hrsg.) (2012): Raumord-
nungsbericht 2011. Bonn.

Beck, Ulrich (1983): Jenseits von Klasse und Stand? Soziale Ungleichheit, gesellschaftliche
Individualisierungsprozesse und die Entstehung neuer sozialer Formationen und Identi-
täten. In: Kreckel, Reinhard (Hrsg.): Soziale Ungleichheiten. Soziale Welt, Sonderband
2. Göttingen: Verlag Otto Schwartz & Co., S. 35-74.

Beck, Ulrich (1986): Risikogesellschaft. Auf dem Weg in eine andere Moderne. Frankfurt am
Main: Suhrkamp.

Beck, Ulrich/ Beck-Gernsheim, Elisabeth (2002): Individualization. Institutionalized Indi-
vidualism and its Social and Political Consequences. London/ Thousand Oaks/ New
Delhi: Sage Publications.

Becker, Irene (2007): Verdeckte Armut in Deutschland. Ausmaß und Ursachen. Arbeitspapier
Nr. 2 des Projekts Gesellschaftliche Integration der Friedrich-Ebert-Stiftung. Berlin.

Becker, Irene (2009): Von Arbeitslosen- und Sozialhilfe zum ALG II: Verteilungswirkungen
des Systemwechsels. In: Betzelt, Sigrid/ Lange, Joachim/ Rust, Ursula (Hrsg.): Wer wird
„aktiviert" – und warum (nicht)? Erste Erkenntnisse zur Realisierung der gleichstel-
lungspolitischen Ziele des SGB II. Rehburg-Loccum: Evangelische Akademie.

Berger, Peter A. (1996): Individualisierung. Statusunsicherheit und Erfahrungsvielfalt. Opladen: Westdeutscher Verlag.

Berger, Peter A./ Hradil, Stefan (1990): Die Modernisierung sozialer Ungleichheit – und die
neuen Konturen ihrer Erforschung. In: Berger, Peter A./ Hradil, Stefan (Hrsg.): Lebenslagen, Lebensläufe, Lebensstile. Soziale Welt, Sonderband 7. Göttingen: Verlag Otto
Schwartz & Co., S. 3-24.

Berger, Peter A./ Vester, Michael. (1998): Alte Ungleichheiten – Neue Spaltungen. In: Berger, Peter A./ Vester, Michael (Hrsg.): Alte Ungleichheiten – Neue Spaltungen. Opladen:
Leske + Budrich, S. 9-30.

Berghahn, Sabine (2008): Die „Bedarfsgemeinschaft" gemäß SGB II: Überwindung oder Verfestigung des männlichen Ernährermodells? In: Klute, Jürgen/ Kotlenga, Sandra (Hrsg.):
Sozial- und Arbeitsmarktpolitik nach Hartz. Fünf Jahre Hartzreformen: Bestandsaufnahme – Analysen – Perspektiven. Göttingen: Universitätsverlag, S. 143-168.

Berninger, Ina/ Dingeldey, Irene (2013): Familieneinkommen als neue Normalität? In: WSI-
Mitteilungen 3/ 2013, 66. Jg., S. 182-191.

Bertelsmann Stiftung/ Bundesanstalt für Arbeit/ Deutscher Landkreistag/ Deutscher Städtetag/
Deutscher Städte- und Gemeindebund (Hrsg.) (2002): Handbuch Beratung und Integra-
tion. Fördern und Fordern – Eingliederungsstrategien in der Beschäftigungsförderung.
Gütersloh: Verlag Bertelsmann Stiftung.

Bertram, Hans (2000): Kulturelles Kapital und familiale Solidarität: Zur Krise der modernen
Familie und deren Folgen für die Entwicklung von Solidarität in der gegenwärtigen Gesellschaft. In: Tippelskirch, Dorothee C. von/ Spielmann, Jochen (Hrsg.): Solidarität zwi-

schen den Generationen. Familie im Wandel der Gesellschaft. Stuttgart/ Berlin/ Köln: Kohlhammer, S. 17-50.

Betzelt, Sigrid (2008): Universelle Erwerbsbürgerschaft und Geschlechter(un)gleichhheit – Einblicke in das deutsche Aktivierungsregime unter „Hartz IV". In: Zeitschrift für Sozialreform 3/ 2008, 54. Jg., S. 305-327.

Bieling, Hans-Jürgen (2000): Dynamiken sozialer Spaltung und Ausgrenzung. Gesellschaftstheorien und Zeitdiagnosen. Münster: Westfälisches Dampfboot.

Birk, Ulrich-Arthur/ Brühl, Albrecht/ Conradis, Wolfgang/ Hofmann, Albert/ Krahmer, Utz/ Münder, Johannes/ Roscher, Falk/ Schoch, Dietrich (1994): Bundessozialhilfegesetz. Lehr- und Praxiskommentar (LPK-BSHG). Mit einer Kommentierung zum Asylbewerberleistungsgesetz. 4. Auflage. Gesetzesstand 1.7.1994. Baden-Baden: Nomos.

Blank, Florian (2011): Soziale Rechte 1998-2005. Die Wohlfahrtsstaatsreformen der rot-grünen Bundesregierung. Wiesbaden: VS Verlag für Sozialwissenschaften.

Blanke, Bernhard/ Bandemer, Stephan von/ Nullmeier, Frank/ Wewer, Göttrik (Hrsg.): Handbuch zur Verwaltungsreform. 3., völlig überarbeitete und erweiterte Auflage. Wiesbaden: VS Verlag für Sozialwissenschaften.

Blien, Uwe/ Hirschenauer, Franziska/ Kaufmann, Klara/ Moritz, Michael/ Vosseler, Alexander (2011): Typisierung von SGB-II-Trägern. Vorgehensweise und Ergebnisse der Aktualisierung 2011. IAB-Stellungnahme 8/ 2011. Im Internet unter <http://doku.iab.de/stellungnahme/2011/sn0811.pdf>; Zugriff am 22.12.2015.

Blossfeld, Hans-Peter (1987): Karriereprozesse im Wandel der Arbeitsmarktstruktur – Ein dynamischer Ansatz zur Erklärung intragenerationaler Mobilität. In: Mitteilungen aus der Arbeitsmarkt- und Berufsforschung 1/ 1987, 20. Jg., S. 74-88.

Blossfeld, Hans-Peter (1989): Kohortendifferenzierung und Karriereprozeß. Eine Längsschnittanalyse über die Veränderung der Bildungs- und Berufschancen im Lebenslauf. Frankfurt am Main/ New York: Campus.

Blossfeld, Hans-Peter (2010): Survival- und Ereignisanalyse. In: Wolf, Christof/ Best, Henning (Hrsg.): Handbuch der sozialwissenschaftlichen Datenanalyse. Wiesbaden: VS Verlag für Sozialwissenschaften, S. 995-1016.

Blossfeld, Hans-Peter/ Golsch, Katrin/ Rohwer, Götz (2007): Event History Analysis with Stata. New York/ London: Psychology Press.

Blossfeld, Hans-Peter/ Mayer, Karl Ulrich (1988): Arbeitsmarktsegmentation in der Bundesrepublik Deutschland. Eine empirische Überprüfung von Segmentationstheorien aus der Perspektive des Lebenslaufs. In: Kölner Zeitschrift für Soziologie und Sozialpsychologie 2/ 1988, 40. Jg., S. 262-283.

[BMAS 2001] Bundesministerium für Arbeit und Sozialordnung (Hrsg.) (2001): Lebenslagen in Deutschland. Der erste Armuts- und Reichtumsbericht der Bundesregierung. Bericht. Bonn.

[BMAS 2006] Bundesministerium für Arbeit und Soziales (Hrsg.) (2006): Die Wirksamkeit moderner Dienstleistungen am Arbeitsmarkt. Bericht 2006 des Bundesministeriums für Arbeit und Soziales zur Wirkung der Umsetzung der Vorschläge der Kommission Moderne Dienstleistungen am Arbeitsmarkt (ohne Grundsicherung für Arbeitsuchende). Kurzfassung der Ergebnisse. Im Internet unter <http://www.bmas.de/SharedDocs/Downloads/DE/PDF-Publikationen/f356-hartz-bericht-kurzfassung.pdf?__blob=publicationFile>, Zugriff am 22.12.2015.

[BMAS 2008] Bundesministerium für Arbeit und Soziales (Hrsg.) (2008): Lebenslagen in Deutschland. Dritter Armuts- und Reichtumsbericht. Köln: Bundesanzeiger Verlagsgesellschaft.

[BMAS 2013a] Bundesministerium für Arbeit und Soziales (Hrsg.) (2013): Alleinerziehende unterstützen – Fachkräfte gewinnen. Report 2013. Berlin.

[BMAS 2013b] Bundesministerium für Arbeit und Soziales (Hrsg.) (2013): Lebenslagen in Deutschland. Vierter Armuts- und Reichtumsbericht. Köln: Bundesanzeiger Verlagsgesellschaft.

[BMAS 2014] Bundesministerium für Arbeit und Soziales (Hrsg.) (2014): Sozialbudget 2013. Bonn.

[BMG 2012] Bundesministerium für Gesundheit (Hrsg.) (2012): Krankenversicherung bei ALG II/ Sozialgeld. Gesundheitspolitische Informationen – Infoblatt Nr. 14. Im Internet unter <http://www.bertelsmann-bkk.de/fileadmin/Redakteure/Dateien/Brosch-Infoblaetter/GP_Infoblatt_Nr._14_Krankenversicherung_bei_ALG_II__Sozialgeld.pdf>; Zugriff am. 22.12 2015.

[BMGS 2005] Bundesministerium für Gesundheit und Soziale Sicherung (Hrsg.) (2005): Lebenslagen in Deutschland. Der zweite Armuts- und Reichtumsbericht der Bundesregierung. Bericht. Berlin.

Boeckh, Jürgen/ Huster, Ernst-Ulrich/ Benz, Benjamin (Hrsg.) (2011): Sozialpolitik in Deutschland. Eine systematische Einführung. 3., grundlegend überarbeitete und erweiterte Auflage. Wiesbaden: VS Verlag für Sozialwissenschaften.

Bogumil, Jörg/ Heinze, Rolf G./ Lehner, Franz/ Strohmeier, Klaus Peter (2012): Viel erreicht – wenig gewonnen. Ein realistischer Blick auf das Ruhrgebiet. Essen: Klartext.

Böhnke, Petra (2006): Am Rande der Gesellschaft – Risiken sozialer Ausgrenzung. Opladen: Verlag Barbara Budrich.

Bonin, Holger (2014): Der Beitrag von Ausländern und künftiger Zuwanderung zum deutschen Staatshaushalt. Herausgegeben von der Bertelsmann Stiftung. Gütersloh. Im Internet unter <https://www.bertelsmann-stiftung.de/fileadmin/files/user_upload/Bonin_Beitrag_Zuwanderung_zum_dt_Staatshaushalt_141204_nm.pdf>; Zugriff am 22.12.2015.

Bonß, Wolfgang/ Heinze, Rolf G. (1984): Arbeit, Lohnarbeit, ohne Arbeit. Zur Soziologie der Arbeitslosigkeit. In: Bonß, Wolfgang/ Heinze, Rolf. G. (Hrsg.): Arbeitslosigkeit in der Arbeitsgesellschaft. Frankfurt am Main: Suhrkamp, S. 7-52.

Bonß, Wolfgang/ Ludwig-Mayerhofer, Wolfgang (2000): Arbeitsmarkt. In: Allmendinger, Jutta/ Ludwig-Mayerhofer, Wolfgang (Hrsg.): Soziologie des Sozialstaats. Gesellschaftliche Grundlagen, historische Zusammenhänge und aktuelle Entwicklungstendenzen. Weinheim/ München: Juventa, S. 109-144.

Borchert, Jens/ Lessenich, Stephan (2004): „Spätkapitalismus" revisited. Claus Offes Theorie und die adaptive Selbsttransformation der Wohlfahrtsstaatsanalyse. In: Zeitschrift für Sozialreform 6/ 2004, 50. Jg., S. 563-583.

Borchert, Jens/ Lessenich, Stephan (2006): Lang leben die „Strukturprobleme"! Einleitung zur Neuauflage. In: Offe, Claus: Strukturprobleme des kapitalistischen Staates. Aufsätze zur Politischen Soziologie. Veränderte Neuausgabe herausgegeben und eingeleitet von Jens Borchert und Stephan Lessenich. Mit einem Vor- und Nachwort von Claus Offe. Frankfurt am Main/ New York: Campus.

Bortz, Jürgen (2005): Statistik für Human- und Sozialwissenschaftler. 6., vollständig überarbeitete und aktualisierte Auflage. Heidelberg: Springer.

Bosch, Gerhard (2001): Konturen eines neuen Normalarbeitsverhältnisses. In: WSI-Mitteilungen 4/ 2001, 54. Jg., S. 219-230.

Bothfeld, Silke/ Gronbach, Sigrid/ Seibel, Kai (2004): Eigenverantwortung in der Arbeitsmarktpolitik: zwischen Handlungsautonomie und Zwangsmaßnahmen. WSI-Diskussionspapier Nr. 134.

Bourcarde, Kay Peter/ Huster, Ernst-Ulrich (2012): Soziale Inklusion – Gegenstand eines neuen Mainstreaming-Prozesses? In: Binspinck, Reinhard/ Bosch, Gerhard/ Hofemann, Klaus/ Naegele, Gerhard (Hrsg.): Sozialpolitik und Sozialstaat. Festschrift für Gerhard Bäcker. Wiesbaden: Springer VS, S. 55-72.

Bourdieu, Pierre (1993): Die feinen Unterschiede. Kritik der gesellschaftlichen Urteilskraft. 6. Auflage. Frankfurt am Main: Suhrkamp.

Bourdieu, Pierre (1999): Sozialer Sinn. Kritik der theoretischen Vernunft. 3. Auflage. Frankfurt am Main: Suhrkamp.

Brenke, Karl (2010): Fünf Jahre Hartz IV – Das Problem ist nicht die Arbeitsmoral. In: DIW Wochenbericht 6/ 2010, 77. Jg., S. 2-13.

Bröckling, Ulrich (2007): Das unternehmerische Selbst. Soziologie einer Subjektivierungsform. Frankfurt am Main: Suhrkamp.

Bröckling, Ulrich/ Krasmann, Susanne/ Lemke, Thomas (Hrsg.) (2012): Gouvernementalität der Gegenwart. Studien zur Ökonomisierung des Sozialen. 6. Auflage. Frankfurt am Main: Suhrkamp.

Brücker, Herbert/ Klinger, Sabine/ Möller, Joachim/ Walwei, Ulrich (2012): Handbuch Arbeitsmarkt 2013. Analysen, Daten, Fakten. IAB-Bibliothek 334. Bielefeld: W. Bertelsmann Verlag.

Bruckmeier, Kerstin/ Graf, Tobias/ Rudolph, Helmut (2007): Erwerbstätige Leistungsbezieher im SGB II: Aufstocker – bedürftig trotz Arbeit. IAB-Kurzbericht 22/ 2007.

Bruckmeier, Kerstin/ Graf, Tobias/ Rudolph, Helmut (2010): Working Poor: Arm oder bedürftig? Umfang und Dauer von Erwerbstätigkeit bei Leistungsbezug in der SGB II-Grundsicherung. In: AStA Wirtschafts- und Sozialstatistisches Archiv 4/ 2010, 4. Jg., S. 201-222.

Bruckmeier, Kerstin/ Schnitzlein, Daniel (2007): Was wurde aus den Arbeitslosenhilfeempfängern? Eine empirische Analyse des Übergangs und Verbleibs von Arbeitslosenhilfeempfängern nach der Hartz-Reform. In: IAB-Discussion Paper 24/ 2007. Im Internet unter <http://doku.iab.de/discussionpapers/2007/dp2407.pdf>; Zugriff am 22.12.2015.

Brussig, Martin/ Knuth, Matthias (2011): Die Zukunft der Grundsicherung – Individualisieren, konzentrieren, intensivieren. Expertise im Auftrag der Abteilung Wirtschafts- und Sozialpolitik der Friedrich-Ebert-Stiftung. Bonn.

Brütt, Christian (2011): Workfare als Mindestsicherung. Von der Sozialhilfe zu Hartz IV. Deutsche Sozialpolitik 1982 bis 2005. Bielefeld: Transcript.

Buchholz, Sandra/ Blossfeld, Hans-Peter (2009): Beschäftigungsflexibilisierung in Deutschland. Wen betrifft sie und wie wirkt sie sich auf die Veränderung sozialer Inklusion/ Exklusion in Deutschland aus? In: Stichweh, Rudolf/ Windolf, Paul (Hrsg.): Inklusion und Exklusion: Analysen zur Sozialstruktur und sozialen Ungleichheit. Wiesbaden: VS Verlag für Sozialwissenschaften, S. 123-138.

Bude, Heinz (1998): Die Überflüssigen als transversale Kategorie. In: Berger, Peter A./ Vester, Michael (Hrsg.): Alte Ungleichheiten – Neue Spaltungen. Opladen: Leske + Budrich, S. 363-382.

Bude, Heinz (2008): Das Phänomen der Exklusion. Der Widerstreit zwischen gesellschaftlicher Erfahrung und soziologischer Rekonstruktion. In: Bude, Heinz/ Willisch, Andreas (Hrsg.): Exklusion. Die Debatte über die ‚Überflüssigen'. Frankfurt am Main: Suhrkamp, S. 246-260.

Bude, Heinz/ Willisch, Andreas (Hrsg.) (2006): Das Problem der Exklusion. Ausgegrenzte, Entbehrliche, Überflüssige. Hamburg: Hamburger Edition HIS.

Buhr, Petra (1995a): Dynamik von Armut. Dauer und biographische Bedeutung von Sozialhilfebezug. Opladen: Westdeutscher Verlag.

Buhr, Petra (1995b): Sozialhilfe – Mythos und Realität. Klarstellungen zur aktuellen Reformdebatte. In: Blätter für deutsche und internationale Politik 9/ 1995, S. 1060-1070.

Buhr, Petra (2004): Armut und Armutsentwicklung in Deutschland. Status Quo und mögliche Folgen der Reformpolitik. Arbeitspapiere des Zentrums für Sozialpolitik 4/ 2004. Bremen.

Buhr, Petra (2008): Ausgrenzung, Entgrenzung, Aktivierung: Armut und Armutspolitik in Deutschland. In: Ahorn, Roland/ Bettinger, Frank/ Stehr, Johannes (Hrsg.): Sozialer Ausschluss und Soziale Arbeit. Positionsbestimmungen einer kritischen Theorie und Praxis Sozialer Arbeit. 2, überarbeitete und erweiterte Auflage. Wiesbaden: VS Verlag für Sozialwissenschaften, S. 199-218.

Buhr, Petra/ Lietzmann, Torsten/ Voges, Wolfgang (2010): Lange Wege aus Hartz IV? Zur Dynamik von Mindestsicherung unter dem Bundessozialhilfegesetz und dem SGB II. In: ZeS-Report 1/ 2010, 15. Jg., S. 1-6.

Burkart, Günter (2008): Familiensoziologie. Konstanz: UVK Verlagsgesellschaft.

Burmester, Monika (2003): Disparitäten im Sozialhilfebezug. Auswertung der Sozialhilfestatistik unter Berücksichtigung des Haushaltskontextes und regionaler Aspekte. Frankfurt am Main: Peter Lang Europäischer Verlag der Wissenschaften.

Burzan, Nicole (2011): Soziale Ungleichheit. Eine Einführung in die zentralen Theorien. 4. Auflage. Wiesbaden: VS Verlag für Sozialwissenschaften.

Burzan, Nicole/ Berger, Peter A. (Hrsg.) (2010): Dynamiken (in) der gesellschaftlichen Mitte. Wiesbaden: VS Verlag für Sozialwissenschaften.

Busch, Ulrich/ Land, Rainer (2012a): Teilhabekapitalismus. Fordistische Wirtschaftsentwicklung und Umbruch in Deutschland 1950 bis 2009. In: Forschungsverbund Sozioökonomische Berichterstattung (Hrsg.): Berichterstattung zur sozioökonomischen Entwicklung in Deutschland. Teilhabe im Umbruch. Wiesbaden: VS Verlag für Sozialwissenschaften, S. 111-151.

Busch, Ulrich/ Land, Rainer (2012b): Ostdeutschland. Vom staatssozialistischen Fordismus in die Entwicklungsfalle einer Transferökonomie. In: Forschungsverbund Sozioökonomische Berichterstattung (Hrsg.): Berichterstattung zur sozioökonomischen Entwicklung in Deutschland. Teilhabe im Umbruch. Wiesbaden: VS Verlag für Sozialwissenschaften, S.153-183.

Butterwegge, Christoph (2006): Krise und Zukunft des Sozialstaates. 3.,erweiterte Auflage. Wiesbaden: VS Verlag für Sozialwissenschaften.

Callies, Oliver (2008): Konturen sozialer Exklusion. In: Bude, Heinz/ Willisch, Andreas (Hrsg.): Exklusion. Die Debatte über die ‚Überflüssigen‘. Frankfurt am Main: Suhrkamp, S. 261-284.

Candeias, Mario (2008): Genealogie des Prekariats. In: Altenhain, Claudio/ Danilina, Anja/ Hildebrandt, Erik/ Kausch, Stefan/ Müller, Annekathrin/ Roscher, Tobias (Hrsg.): Von „Neuer Unterschicht" und Prekariat. Gesellschaftliche Verhältnisse und Kategorien im Umbruch. Kritische Perspektiven auf aktuelle Debatten. Bielefeld: Transcript.

Castel, Robert (2005): Die Stärkung des Sozialen. Leben im neuen Wohlfahrtsstaat. Hamburg: Hamburger Edition HIS.

Castel, Robert (2008): Die Metamorphosen der sozialen Frage. Eine Chronik der Lohnarbeit. 2. Auflage. Konstanz: UVK Verlagsgesellschaft.

Castel, Robert (2011): Die Krise der Arbeit. Neue Unsicherheiten und die Zukunft des Individuums. Hamburg: Hamburger Edition HIS.

Castel, Robert/ Dörre, Klaus (Hrsg.) (2009): Prekarität, Abstieg, Ausgrenzung. Die soziale Frage am Beginn des 21. Jahrhunderts. Frankfurt am Main/ New York: Campus.

Chassé, Karl August (2009): Unterschichten in Deutschland: Materialien zu einer kritischen Debatte. Wiesbaden: VS Verlag für Sozialwissenschaften.

Cleves, Mario/ Gutierrez, Roberto G./ Gould, William/ Marchenko, Yulia V. (2010): An Introduction to Survival Analysis Using Stata. 3. Auflage. College Station: Stata Press.

Dahlbeck, Elke/ Neu, Marc (2014): Soziale und gesundheitliche Ungleichheit in Nordrhein-Westfalen. In: Institut Arbeit und Technik (Hrsg.): Forschung Aktuell 3/ 2014. Im Internet unter <http://www.iat.eu/forschung-aktuell/2014/fa2014-03.pdf>; Zugriff am 22.12.2015.

Dahme, Heinz-Jürgen/ Wohlfahrt, Norbert (2003): Aktivierungspolitik und der Umbau des Sozialstaates. Gesellschaftliche Modernisierung durch angebotsorientierte Sozialpolitik. In: Dahme, Heinz-Jürgen/ Otto, Hans-Uwe/ Trube, Achim/ Wohlfahrt, Norbert (Hrsg.): Soziale Arbeit für den aktivierenden Staat. Opladen: Leske + Budrich, S. 75-100.

Dahrendorf, Ralf (1992): Der moderne soziale Konflikt. Essay zur Politik der Freiheit. Stuttgart: Deutsche Verlags-Anstalt.

Dahrendorf, Ralf (2000): Die globale Klasse und die neue Ungleichheit. In: Merkur. Deutsche Zeitschrift für europäisches Denken 11/ 2000, 54. Jg., S. 1057-1068.

Dangschat, Jens. S./ Diettrich, Ben (1999): Regulation, Nach-Fordismus und „global cities" – Ursachen der Armut. In: Dangschat, Jens S. (Hrsg.): Modernisierte Stadt – gespaltene Gesellschaft. Ursachen von Armut und sozialer Ausgrenzung. Opladen: Leske + Budrich, S. 73-112.

Deeke, Axel/ Kruppe, Thomas (2003): Beschäftigungsfähigkeit als Evaluationsmaßstab? Inhaltliche und methodische Aspekte der Wirkungsanalyse beruflicher Weiterbildung im Rahmen des ESF-BA-Programms. IAB Werkstattbericht. Diskussionsbeiträge des Instituts für Arbeitsmarkt- und Berufsforschung der Bundesanstalt für Arbeit 1/ 2003.

[Destatis 2009] Statistisches Bundesamt (Hrsg.) (2009): Bevölkerung Deutschlands bis 2060. 12. koordinierte Bevölkerungsvorausberechnung. Begleitmaterial zur Pressekonferenz am 18. November 2009 in Berlin. Im Internet unter <https://www.destatis.de/DE/Publikationen/Thematisch/Bevoelkerung/Vorausberechnun gBevoelkerung/BevoelkerungDeutschland2060Presse5124204099004.pdf?__blob=publi cationFile>; Zugriff am 22.12.2015.

[Destatis 2012] Statistisches Bundesamt (Hrsg.) (2012): Bevölkerung und Erwerbstätigkeit. Bevölkerung mit Migrationshintergrund. Ergebnisse des Mikrozensus 2011. Im Internet unter <https://www.destatis.de/DE/Publikationen/Thematisch/Bevoelkerung/MigrationIntegrati on/Migrationshintergrund2010220117004.pdf?__blob=publicationFile>; Zugriff am 22.12.2015.

[Destatis 2013a] Statistisches Bundesamt (Hrsg.) (2013): Zensus 2011. Ausgewählte Ergebnisse. Tabellenband zur Pressekonferenz am 31. Mai 2013 in Berlin. Im Internet unter <https://www.destatis.de/DE/PresseService/Presse/Pressekonferenzen/2013/Zensus2011/ Pressebroschuere_zensus2011.pdf?__blob=publicationFile>; Zugriff am 22.12.2015.

[Destatis 2013b] Statistisches Bundesamt (Hrsg.) (2013): Statistisches Jahrbuch 2013. Deutschland und Internationales. Wiesbaden.

[Destatis/ WZB 2013] Statistisches Bundesamt/ Wissenschaftszentrum Berlin für Sozialforschung, Zentrales Datenmanagement (Hrsg.) (2013): Datenreport 2013. Ein Sozialbericht für die Bundesrepublik Deutschland. Bonn: Bundeszentrale für politische Bildung.

Deutscher Bundestag (Hrsg.) (1995): Entwurf eines Gesetzes zur Reform des Sozialhilferechts. Drucksache 13/ 2440. Bonn: Bundesanzeiger Verlagsgesellschaft.

Dienel, Christiane (Hrsg.) (2005): Abwanderung, Geburtenrückgang und regionale Entwicklung. Ursachen und Folgen des Bevölkerungsrückgangs in Ostdeutschland. Wiesbaden: VS Verlag für Sozialwissenschaften.

Dietz, Martin/ Kupka, Peter/ Ramos Lobato, Philipp (2013): Acht Jahre Grundsicherung für Arbeitsuchende. Strukturen – Prozesse – Wirkungen. Nürnberg/ Bielefeld: W. Bertelsmann Verlag.

Dietz, Martin/ Müller, Gerrit/ Trappmann, Mark (2009): Bedarfsgemeinschaften im SGB II: Warum Aufstocker trotz Arbeit bedürftig bleiben. IAB-Kurzbericht 2/ 2009.

Diewald, Martin (2003): Kapital oder Kompensation? Erwerbsbiografien von Männern und die sozialen Beziehungen zu Verwandten und Freunden. In: Berliner Journal für Soziologie 2/ 2003, 13. Jg., S. 213-238.

Dingeldey, Irene (2005): Vom klassischen zum aktivierenden Wohlfahrtsstaat. In: Groh, Kathrin/ Weinbach, Christine: Zur Genealogie des politischen Raums. Politische Strukturen im Wandel. Wiesbaden: VS Verlag für Sozialwissenschaften, S. 273-308.

Dingeldey, Irene (2008): Governance und Sozialpolitik. Der aktivierende Wohlfahrtsstaat als Gewährleistungsstaat. In: Schuppert, Gunnar F. (Hrsg.): Governance in einer sich wandelnden Welt. Politische Vierteljahresschrift, Sonderheft 41. Wiesbaden: VS Verlag für Sozialwissenschaften, S. 313-329.

Dingeldey, Irene (2011): Der aktivierende Wohlfahrtsstaat. Governance der Arbeitsmarktpolitik in Dänemark, Großbritannien und Deutschland. Frankfurt am Main/ New York: Campus.

Dingeldey, Irene/ Gottschall, Karin (2001): Alte Leitbilder und neue Herausforderungen: Arbeitsmarktpolitik im konservativ-korporatistischen Wohlfahrtsstaat. In: Aus Politik und Zeitgeschichte B21/ 2001, S. 31-38.

[DLKT 2010] Deutscher Landkreistag (Hrsg.) (2010): Gute Gründe für die kommunale Option im SGB II. Im Internet unter <http://www.kreise.de/__cms1/images/stories/pdf/sgb%20ii%20gute%20grnde%20optio n.pdf>; Zugriff am 22.12.2015.

Dörre, Klaus (2010): Hartz-Kapitalismus. Vom erfolgreichen Scheitern der jüngsten Arbeitsmarktreformen. In: Heitmeyer, Wilhelm (Hrsg.): Deutsche Zustände. Folge 9, Berlin: Suhrkamp, S. 294-305.

Dörre, Klaus/ Scherschel, Karin/ Booth, Melanie/ Haubner, Tine/ Marquardsen, Kai/ Schierhorn, Karen (unter Mitarbeit von Müller, Marcel) (2013): Bewährungsproben für die Unterschicht? Soziale Folgen aktivierender Arbeitsmarktpolitik. Frankfurt am Main/ New York: Campus.

Erlinghagen, Marcel (2005): Die mobile Arbeitsgesellschaft und ihre Grenzen. Zum Zusammenhang von Arbeitsmarktflexibilität, Regulierung und sozialer Sicherung. In: Kronauer, Martin/ Linne, Gudrun (Hrsg.): Flexicurity. Die Suche nach Sicherheit in der Flexibilität. Berlin: Edition Sigma, S. 31-51.

Esping-Andersen, Gøsta (1985): Politics against Markets. The Social Democratic Road to Power. Princeton: Princeton Press.

Esping-Andersen, Gøsta (1990): The Three Worlds of Welfare Capitalism. Cambridge: Polity Press.

Esping-Andersen, Gøsta (1999): Social Foundations of Postindustrial Economies. Oxford/ New York: Oxford University Press.

Esping-Andersen, Gøsta (unter Mitarbeit von Gallie, Duncan/ Hemerijk, Anton/ Myles, John) (2002): Why We Need a New Welfare State. Oxford: University Press.

Esping-Andersen, Gøsta (2004): Die gute Gesellschaft und der neue Wohlfahrtsstaat. In: Zeitschrift für Sozialreform 1-2/ 2004, 50. Jg., S. 189-210.

Evers, Adalbert (2000): Aktivierender Staat – eine Agenda und ihre möglichen Folgen. In: Mezger, Erika/ West, Klaus-W. (Hrsg.): Aktivierender Sozialstaat und politisches Handeln. Marburg: Schüren-Verlag, S. 13-29.

Evers, Adalbert/ Heinze, Rolf G. (Hrsg.) (2008): Sozialpolitik. Ökonomisierung und Entgrenzung. Wiesbaden: VS Verlag für Sozialwissenschaften.

Evers, Adalbert/ Heinze, Rolf G./ Olk, Thomas (Hrsg.) (2011): Handbuch Soziale Dienste. Wiesbaden: VS Verlag für Sozialwissenschaften.

Fehr, Sonja/ Vobruba, Georg (2011): Die Arbeitslosigkeitsfalle vor und nach der Hartz IV-Reform. In: WSI-Mitteilungen 5/ 2011, 64. Jg., S. 211-217.

Friedrichs, Jürgen/ Blasius, Jörg (2000): Leben in benachteiligten Wohngebieten. Opladen: Leske + Budrich.

Fromm, Sabine (2010): Datenanalyse mit SPSS für Fortgeschrittene 2: Multivariate Verfahren für Querschnittsdaten. Wiesbaden: VS Verlag für Sozialwissenschaften.

Fromm, Sabine/ Bartelheimer, Peter (2012): Erwerbsteilhabe. In: Forschungsverbund Sozio-ökonomische Berichterstattung (Hrsg.): Berichterstattung zur sozioökonomischen Entwicklung in Deutschland. Teilhabe im Umbruch. Zweiter Bericht. Wiesbaden: VS Verlag für Sozialwissenschaften.

Gangl, Markus (1998): Sozialhilfebezug und Arbeitsmarktverhalten. Eine Längsschnittanalyse der Übergänge aus der Sozialhilfe in den Arbeitsmarkt. In: Zeitschrift für Soziologie 3/ 1998, 27. Jg., S. 212-232.

Gazareth, Pascale/ Juhasz, Anne/ Magnin, Chantal (Hrsg.) (2007): Neue soziale Ungleichheit in der Arbeitswelt. Konstanz: UVK Verlagsgesellschaft.

Gebauer, Ronald (2007): Arbeit gegen Armut. Grundlagen, historische Genese und empirische Überprüfung des Armutsfallentheorems. Wiesbaden: VS Verlag für Sozialwissenschaften.

Gebauer, Ronald/ Petschauer, Hanna/ Vobruba, Georg (2002): Wer sitzt in der Armutsfalle? Selbstbehauptung zwischen Sozialhilfe und Arbeitsmarkt. Berlin: Edition Sigma.

Geißler, Heiner (1976): Die Neue Soziale Frage. Analysen und Dokumente. Freiburg/ Basel/ Wien: Herder.

Geißler, Rainer (2000): Nachholende Modernisierung mit Widersprüchen – Eine Vereinigungsbilanz aus modernisierungstheoretischer Perspektive. In: Noll, Heinz-Herbert/ Habich, Roland (Hrsg.): Vom Zusammenwachsen einer Gesellschaft. Analysen zur Angleichung der Lebensverhältnisse in Deutschland. Frankfurt am Main/ New York: Campus, S. 37-60.

Geißler, Rainer (2011): Die Sozialstruktur Deutschlands. Zur gesellschaftlichen Entwicklung mit einer Bilanz zur Vereinigung. Mit einem Beitrag von Thomas Meyer. 6. Auflage. Wiesbaden: VS Verlag für Sozialwissenschaften.

Gerhardt, Anke/ Habenicht, Karin/ Munz, Eva (2009): Analysen zur Einkommensarmut mit Datenquellen der amtlichen Statistik. In: Information und Technik Nordrhein-Westfalen (Hrsg.): Statistische Analysen und Studien Band 58. Düsseldorf, S. 3-31.

Giddens, Anthony (1996): Konsequenzen der Moderne. Frankfurt am Main: Suhrkamp.

Giddens, Anthony (1997): Jenseits von Links und Rechts. Die Zukunft radikaler Demokratie. Frankfurt am Main: Suhrkamp.

Giddens, Anthony (1999): Der dritte Weg. Die Erneuerung der sozialen Demokratie. Frankfurt am Main: Suhrkamp.

Golsch, Katrin (2000): Im Netz der Sozialhilfe – (auf)gefangen? Eine Verlaufsdatenanalyse zur Dynamik von Armut in Bielefeld. Forschungsprojekte zur Region. Diskussionspapier Nr. 10. Bielefeld: Bielefeld 2000plus.

Gottschall, Karin/ Schröder, Tim (2013): „Familienlohn" – Zur Entwicklung einer wirkmächtigen Normierung geschlechtsspezifischer Arbeitsteilung. In: WSI Mitteilungen 3/ 2013, 66. Jg.; S. 161-170.

Götz, Susanne/ Ludwig-Mayerhofer, Wolfgang/ Schreyer, Franziska (2010): Sanktionen im SGB II: Unter dem Existenzminimum. IAB-Kurzbericht 10/ 2010.

Grabka, Markus M./ Goebel, Jan/ Schupp, Jürgen (2012): Höhepunkt der Einkommensungleichheit in Deutschland überschritten? In: DIW Wochenbericht 43/ 2012, 79. Jg., S. 3-15.

Grabka, Markus M./ Goebel, Jan (2013): Rückgang der Einkommensungleichheit stockt. In: DIW Wochenbericht 46/ 2013, 80. Jg., S. 13-23.

Graf, Tobias (2007): Bedarfsgemeinschaften 2005 und 2006: Die Hälfte war zwei Jahre lang durchgehend bedürftig. IAB-Kurzbericht 17/ 2007.

Graf, Tobias/ Rudolph, Helmut (2009): Dynamik im SGB II 2005-2007: Viele Bedarfsgemeinschaften bleiben lange bedürftig. IAB-Kurzbericht 5/ 2009.

Groh-Samberg, Olaf (2009): Armut, soziale Ausgrenzung und Klassenstruktur. Zur Integration multidimensionaler und längsschnittlicher Perspektiven. Wiesbaden: VS Verlag für Sozialwissenschaften.

Groh-Samberg, Olaf (2010): Armut verfestigt sich – ein missachteter Trend. In: Aus Politik und Zeitgeschichte B51-52, S. 9-15.

Hanesch, Walter (1997): Konzeption, Krise und Optionen der sozialen Stadt. In: Hanesch, Walter (Hrsg.): Überlebt die soziale Stadt? Konzeption, Krise und Perspektiven kommunaler Sozialstaatlichkeit. Opladen: Leske + Budrich, S. 21-56.

Hanesch, Walter (2012): Deutschland – Ein Modell im Übergang. In: Bispinck, Reinhard/ Bosch, Gerhard/ Hofemann, Klaus/ Naegele, Gerhard (Hrsg.): Sozialpolitik und Sozialstaat. Festschrift für Gerhard Bäcker. Wiesbaden: Springer VS, S. 21-53.

Hanesch, Walter/ Adamy, Wilhelm/ Martens, Rudolf/ Rentzsch, Doris/ Schneider, Ulrich/ Schubert, Ursula/ Weißkirchen, Martin (1994): Armut in Deutschland. Reinbek bei Hamburg: Rowohlt Taschenbuch Verlag.

Hanesch, Walter/ Krause, Peter/ Bäcker, Gerhard/ Maschke, Michael/ Otto, Birgit (2000): Armut und Ungleichheit in Deutschland. Der neue Armutsbericht der Hans-Böckler-Stiftung, des DGB und des Paritätischen Wohlfahrtsverbands. Reinbek bei Hamburg: Rowohlt Taschenbuch Verlag.

Hannemann, Christine/ Läpple, Dieter (2004): Zwischen Reurbanisierung, Suburbanisierung und Schrumpfung. Ökonomische Perspektiven der Stadtentwicklung in West und Ost. In: Kommune 5/ 2004, S. VI-XI.

Hartz, Peter/ Bensel, Norbert/ Fiedler, Jobst/ Fischer, Heinz/ Gasse, Peter/ Jann, Werner/ Kraljic, Peter/ Kunkel-Weber, Isolde/ Luft, Klaus/ Schartau, Harald/ Schickler, Wilhelm/ Schleyer, Hanns-E./ Schmid, Günther/ Tiefensee, Wolfgang/ Voscherau, Eggert (2002): Moderne Dienstleistungen am Arbeitsmarkt. Vorschläge der Kommission zum Abbau der Arbeitslosigkeit und zur Umstrukturierung der Bundesanstalt für Arbeit. Bericht der Kommission. Im Internet unter <http://www.bmas.de/SharedDocs/Downloads/DE/PDF-Publikationen/moderne-dienstleistungen-am-arbeitsmarkt.pdf;jsessionid=A2144B3DB1F41A20924C41C286AD2A81?__blob=publicationFile>; Zugriff am 22.12.2015.

Hassel, Anke/ Schiller, Christof (2010): Die politische Dynamik von Arbeitsmarktreformen in Deutschland am Beispiel der Hartz IV-Reform. Abschlussbericht. Im Internet unter <http://www.boeckler.de/pdf_fof/S-2007-996-4-6.pdf>; Zugriff am 22.12.2015.

Hauser, Richard (1999): Tendenzen zur Herausbildung einer Unterklasse? In: Glatzer, Wolfgang/ Ostner, Ilona (Hrsg.): Deutschland im Wandel. Sozialstrukturelle Analysen. Sonderheft der Zeitschrift Gegenwartskunde. Opladen: Leske + Budrich, S. 133-145.

Hauser, Richard/ Cremer-Schäfer, Helga/ Nouverté, Udo (1981): Armut, Niedrigeinkommen und Unterversorgung in der Bundesrepublik Deutschland. Bestandsaufnahmen und sozialpolitische Perspektiven. Frankfurt am Main/ New York: Campus.

Hauser, Richard/ Fischer, Ingo/ Klein, Thomas (1985): Verarmung durch Arbeitslosigkeit? In: Leibfried, Stephan/ Tennstedt, Florian (Hrsg.): Politik der Armut und die Spaltung des Sozialstaats. Frankfurt am Main: Suhrkamp, S. 213-248.

[Hauser et al. 1994a] Hauser, Richard/ Hochmuth, Uwe/ Schwarze, Johannes (Hrsg.) (1994): Mikroanalytische Grundlagen der Gesellschaftspolitik. Band 1. Ausgewählte Probleme und Lösungsansätze. Ergebnisse aus dem gleichnamigen Sonderforschungsbereich an den Universitäten Frankfurt und Mannheim. Berlin: Akademie Verlag.

[Hauser et al. 1994b] Hauser, Richard/ Ott, Notburga/ Wagner, Gert (Hrsg.) (1994): Mikroanalytische Grundlagen der Gesellschaftspolitik. Band 2. Erhebungsverfahren, Analysemethoden und Mikrosimulation. Ergebnisse aus dem gleichnamigen Sonderforschungsbereich an den Universitäten Frankfurt und Mannheim. Berlin: Akademie Verlag.

Häußermann, Hartmut/ Siebel, Walter (1995): Dienstleistungsgesellschaften. Frankfurt am Main: Suhrkamp.

Häußermann, Hartmut/ Siebel, Walter (2004): Stadtsoziologie. Eine Einführung. Frankfurt am Main/ New York: Campus.

Heimann, Eduard (1980): Soziale Theorie des Kapitalismus. Theorie der Sozialpolitik. Mit einem Vorwort von Bernhard Badura. Frankfurt am Main: Suhrkamp.

Heinze, Rolf G. (2011): Die erschöpfte Mitte. Zwischen marktbestimmten Soziallagen, politischer Stagnation und der Chance auf Gestaltung. Weinheim/ Basel: Beltz Juventa.

Heinze, Rolf G./ Strünck, Christoph (2001): Aktivierender Staat (III) – Politik zur Entfaltung des bürgerschaftlichen Engagements. In: Theorie und Praxis der Sozialen Arbeit 5/ 2001, 52. Jg., S. 163-166.

Herkommer, Sebastian (Hrsg.) (1999): Soziale Ausgrenzungen. Gesichter des neuen Kapitalismus. Hamburg: VSA-Verlag.

Herkommer, Sebastian (2008): Ausgrenzung und Ungleichheit. Thesen zum neuen Charakter unserer Klassengesellschaft. In: Ahorn, Roland/ Bettinger, Frank/ Stehr, Johannes (Hrsg.): Sozialer Ausschluss und Soziale Arbeit. Positionsbestimmungen einer kritischen Theorie und Praxis Sozialer Arbeit. 2, überarbeitete und erweiterte Auflage. Wiesbaden: VS Verlag für Sozialwissenschaften, S. 63-82.

Hinrichs, Karl (1989): Irreguläre Beschäftigungsverhältnisse und soziale Sicherheit. Facetten der Erosion des Normalarbeitsverhältnisses in der Bundesrepublik. In: Prokla. Zeitschrift für kritische Sozialwissenschaft 4/ 1989, 19. Jg., S. 7-32.

Hirsch, Joachim (1995): Der nationale Wettbewerbsstaat. Staat, Demokratie und Politik im globalen Kapitalismus. Berlin/ Amsterdam: Edition ID-Archiv.

Hirschenauer, Franziska (2013): Neue Typisierung der Agenturbezirke: Integrationserfolge hängen von regionalen Gegebenheiten ab. IAB-Kurzbericht 5/ 2013.

Hobsbawn, Eric (2007): Das Zeitalter der Extreme. Weltgeschichte des 20. Jahrhunderts. 8. Auflage. München: Deutscher Taschenbuch Verlag.

Hockerts, Hans Günter/ Süß, Winfried (2010) (Hrsg.): Soziale Ungleichheit im Sozialstaat. Die Bundesrepublik Deutschland und Großbritannien im Vergleich. München: Oldenbourg.

Hradil, Stefan (1987): Sozialstrukturanalyse in einer fortgeschrittenen Gesellschaft. Von Klassen und Schichten zu Lagen und Milieus. Opladen: Leske + Budrich.

Hradil, Stefan (2001): Soziale Ungleichheit in Deutschland. 8. Auflage. Wiesbaden: VS Verlag für Sozialwissenschaften.

Hradil, Stefan (2010): Der deutsche Armutsdiskurs. In: Aus Politik und Zeitgeschichte B51-52/ 2010, S. 3-8.

Huf, Stefan (1998): Sozialstaat und Moderne. Modernisierungseffekte staatlicher Sozialpolitik. Berlin: Duncker & Humblot.

Jahoda, Marie/ Lazarsfeld, Paul. F./ Zeisel, Hans (1975): Die Arbeitslosen von Marienthal. Ein soziographischer Versuch über die Wirkungen langandauernder Arbeitslosigkeit. Frankfurt am Main: Suhrkamp.

Jurczyk, Karin/ Thiessen, Barbara (2011): Familie und soziale Dienste. In: Evers, Adalbert/ Heinze, Rolf G./ Olk, Thomas (Hrsg.): Handbuch Soziale Dienste. Wiesbaden: VS Verlag für Sozialwissenschaften, S. 333-352.

Kaa, Dirk J. van de (1987): Europe's Second Demographic Transition. In: Population Bulletin 1/ 1987, 42. Jg., S. 3-57.

Kalina, Thorsten/ Weinkopf, Claudia (2014): Niedriglohnbeschäftigung 2012 und was ein gesetzlicher Mindestlohn von 8,50 verändern könnt e. IAQ-Report. Aktuelle Forschungsergebnisse aus dem Institut Arbeit und Qualifikation 2/ 2014. Im Internet unter <http://www.iaq.uni-due.de/iaq-report/2014/report2014-02.pdf>; Zugriff am 22.12.2015.

Kaufmann, Franz-Xaver (1988): Christentum und Wohlfahrtsstaat. In: Zeitschrift für Sozialreform 2/ 1988, 34. Jg., S. 65-89.

Kaufmann, Franz-Xaver (1997): Herausforderungen des Sozialstaates. Frankfurt am Main: Suhrkamp.

Kaufmann, Franz-Xaver (2003a): Sozialpolitisches Denken. Die deutsche Tradition. Frankfurt am Main: Suhrkamp.

Kaufmann, Franz-Xaver (2003b): Sicherheit: Das Leitbild beherrschbarer Komplexität. In: Lessenich, Stephan (Hrsg.): Wohlfahrtsstaatliche Grundbegriffe. Historische und aktuelle Diskurse. Frankfurt am Main/ New York: Campus, S. 73-104.

Kaufmann, Franz-Xaver (2005): Schrumpfende Gesellschaft. Vom Bevölkerungsrückgang und seinen Folgen. Frankfurt am Main: Suhrkamp.

Kaufmann, Franz-Xaver (2009): Sozialpolitik und Sozialstaat: Soziologische Analysen. 3., erweiterte Auflage. Wiesbaden: VS Verlag für Sozialwissenschaften.

Keller, Berndt/ Seifert, Wolfgang (2007): Atypische Beschäftigungsverhältnisse. In: Keller, Berndt/ Seifert, Wolfgang (Hrsg.): Atypische Beschäftigung – Flexibilisierung und soziale Risiken. Berlin: Edition Sigma, S. 11-26.

Knijn, Trudie/ Ostner, Ilona (2002): Commodification and De-commodification. In: Hobson, Barbara/ Lewis, Jane/ Siim, Birte (Hrsg.): Contested Concepts in Gender and Social Politics. Cheltenham/ Northampton: Edward Elgar, S. 141-169.

Knuth, Matthias (2006): „Hartz IV" – die unbegriffene Reform. In: Sozialer Fortschritt 7/ 2006, 55. Jg., S. 160-168.

Koch, Susanne/ Kupka, Peter/ Steinke, Joß (2009): Aktivierung, Erwerbstätigkeit und Teilhabe. Vier Jahre Grundsicherung für Arbeitsuchende. Nürnberg/ Bielefeld: W. Bertelsmann Verlag.

Kocka, Jürgen/ Offe, Claus (2000): Einleitung. In: Kocka, Jürgen/ Offe, Claus (Hrsg.) (unter Mitarbeit von Redslob, Beate): Geschichte und Zukunft der Arbeit. Frankfurt am Main/ New York: Campus, S. 9-15.

Kohli, Martin (1985): Die Institutionalisierung des Lebenslaufs. Historische Befunde und theoretische Argumente. In: Kölner Zeitschrift für Soziologie und Sozialpsychologie 1/ 1985; 37. Jg., S. 1-29.

Kohli, Martin (1990): Das Alter als Herausforderung an die Theorie sozialer Ungleichheit. In: Berger, Peter A./ Hradil, Stefan (Hrsg.): Lebenslagen, Lebensläufe, Lebensstile. Soziale Welt, Sonderband 7. Göttingen: Verlag Otto Schwartz & Co., S. 387-408.

Kraußer, Andreas (2011): Grundsicherung und Armutsgefährdung – ein Vergleich. In: Sozialer Fortschritt 9/ 2011, 60. Jg., S. 210-213.

Kreckel, Reinhard (2004): Politische Soziologie der sozialen Ungleichheit. 3., überarbeitete und erweiterte Auflage. Frankfurt am Main/ New York: Campus.

Kreher, Simone (2012): Armutsdynamiken in Ostvorpommern zwischen Verzeitlichung und Verstetigung? Befunde aus der Analyse prozessproduzierter Ereignisdaten. In: Kreher, Simone (Hrsg.): Von der „Leutenot" und der „Not der Leute". Armut in Nordostdeutschland. Wien/ Köln/ Weimar: Böhlau, S. 105-142.

Krentz, Ariane (2011): Ermittlung der Armutsgefährdungsquoten und Armutsgefährdungsschwellen. Methodische Grundlagen zur Messung von Armut. In: Statistisches Monatsheft Baden-Württemberg 1/ 2011, S. 16-17.

Kronauer, Martin (2006): ‚Exklusion' als Kategorie einer kritischen Gesellschaftsanalyse. Vorschläge für eine anstehende Debatte. In: Bude, Heinz/ Willisch, Andreas (Hrsg): Das Problem der Exklusion. Ausgegrenzte, Entbehrliche, Überflüssige. Hamburg: Hamburger Edition HIS, S. 27-45.

Kronauer, Martin (2007): Neue soziale Ungleichheiten und Ungerechtigkeitserfahrungen: Herausforderungen für eine Politik des Sozialen. In: WSI-Mitteilungen 7/ 2007, 60. Jg., S. 365-372.

Kronauer, Martin (2008): Plädoyer für ein Exklusionsverständnis ohne Fallstricke. Anmerkungen zu Robert Castel. In: Bude, Heinz/ Willisch, Andreas (Hrsg.): Exklusion. Die Debatte über die ‚Überflüssigen'. Frankfurt am Main: Suhrkamp, S. 146-153.

Kronauer, Martin (2009): Die Innen-Außen-Spaltung der Gesellschaft. Eine Verteidigung des Exklusionsbegriffs gegen seinen mystifizierenden Gebrauch. In: Solga, Heike/ Powell, Justin/ Berger, Peter A. (Hrsg.): Soziale Ungleichheit. Klassische Texte zur Sozialstrukturanalyse. Frankfurt am Main/ New York: Campus, S. 375-384.

Kronauer, Martin (2010): Exklusion. Die Gefährdung des Sozialen im hoch entwickelten Kapitalismus. 2., aktualisierte und erweiterte Auflage. Frankfurt am Main/ New York: Campus.

Kronauer, Martin/ Linne, Gudrun (Hrsg.) (2005): Flexicurity. Die Suche nach Sicherheit in der Flexibilität. Berlin: Edition Sigma.

Kronauer, Martin/ Vogel, Berthold (1998): Spaltet Arbeitslosigkeit die Gesellschaft? In: Berger, Peter A./ Vester, Michael (Hrsg.): Alte Ungleichheiten – Neue Spaltungen. Opladen: Leske + Budrich, S. 333-350.

Krupp, Hans-Jürgen (2007): Das Sozio-oekonomische Panel – Wie es dazu kam. In: Schwarze, Johannes/ Räbiger, Jutta/ Thiede, Reinhold (Hrsg.): Arbeitsmarkt- und Sozialpolitikforschung im Wandel. Festschrift für Christof Helberger zum 65. Geburtstag. Hamburg: Verlag Dr. Kovač, S. 15-39.

Kull, Silke/ Riedmüller, Barbara (unter Mitarbeit von Münzner, Katy) (2007): Auf dem Weg zur Arbeitsmarktbürgerin? Neue Konzepte der Arbeitsmarktpolitik am Beispiel allein erziehender Frauen. Berlin: Edition Sigma.

Land, Rainer/ Willisch, Andreas (2006): Die Probleme mit der Integration. Das Konzept des „sekundären Integrationsmodus". In: Bude, Heinz/ Willisch, Andreas (Hrsg.): Das Problem der Exklusion. Ausgegrenzte, Entbehrliche, Überflüssige. Hamburg: Hamburger Edition HIS, S. 70-93.

Läpple, Dieter/ Mückenberger, Ulrich/ Oßenbrügge, Jürgen (2010): Vorwort: Die Gestaltung der Raum-Zeit-Muster „postfordistischer" Stadtquartiere. Zu diesem Buch. In: Läpple, Dieter/ Mückenberger, Ulrich/ Oßenbrügge, Jürgen (Hrsg.): Zeiten und Räume der Stadt. Theorie und Praxis. Opladen/ Farmington Hills: Verlag Barbara Budrich, S. 9-23.

Leibfried, Stephan (1977): Vorwort. In: Piven, Frances F./ Cloward, Richard A. (Hrsg.): Regulierung der Armut. Die Politik der öffentlichen Wohlfahrt. Frankfurt am Main: Suhrkamp, S. 9-67.

Leibfried, Stephan (2006): Europäische Sozialpolitik – Richtern und Märkten überlassen? In: WSI-Mitteilungen 10/ 2006, 59. Jg., S. 523-531.

Leibfried, Stephan/ Leisering, Lutz/ Buhr, Petra/ Ludwig, Monika/ Mädje, Eva/ Olk, Thomas/ Voges, Wolfgang/ Zwick, Michael (1995): Zeit der Armut. Lebensläufe im Sozialstaat. Frankfurt am Main: Suhrkamp.

Leisering, Lutz (1992): Sozialstaat und demographischer Wandel. Wechselwirkungen, Generationenverhältnisse, politisch-institutionelle Steuerung. Frankfurt am Main/ New York: Campus.

Leisering, Lutz (1993): Armut hat viele Gesichter. Vom Nutzen dynamischer Armutsforschung. In: Nachrichtendienst des Deutschen Vereins für Öffentliche und Private Fürsorge 8, 73. Jg., S. 297–305.

Leisering, Lutz (1999): Der deutsche Sozialstaat. In: Ellwein, Thomas/ Holtmann, Everhard (Hrsg.): 50 Jahre Bundesrepublik Deutschland. Rahmenbedingungen – Entwicklungen – Perspektiven. Opladen/ Wiesbaden: Westdeutscher Verlag, S. 181-192.

Leisering, Lutz (2008a): Desillusionierungen des modernen Fortschrittglaubens. „Soziale Exklusion" als gesellschaftliche Selbstbeschreibung und soziologisches Konzept. In: Schwinn, Thomas (Hrsg.): Differenzierung und soziale Ungleichheit. Die zwei Soziologien und ihre Verknüpfung. 3. Auflage. Frankfurt am Main: Humanities Online, S. 283-268.

Leisering, Lutz (2008b): Dynamik von Armut. In: Huster, Ernst-Ulrich/ Boeckh, Jürgen/ Mogge-Grotjahn, Hildegard (Hrsg.): Handbuch Armut und Soziale Ausgrenzung. Wiesbaden: VS Verlag für Sozialwissenschaften, S. 118-132.

Leisering, Lutz/ Buhr, Petra (2012): Dynamik von Armut. In: Huster, Ernst-Ulrich/ Boeckh, Jürgen/ Mogge-Grotjahn, Hildegard (Hrsg.): Handbuch Armut und Soziale Ausgrenzung. 2., überarbeitete und erweiterte Auflage. Wiesbaden: VS Verlag für Sozialwissenschaften, S. 147-162.

Leisering, Lutz/ Marschallek, Christian (2010): Zwischen Wohlfahrtsstaat und Wohlfahrtsmarkt. Alterssicherung und soziale Ungleichheit. In: Hockerts, Hans Günter/ Süß, Winfried (Hrsg.): Soziale Ungleichheit im Sozialstaat. Die Bundesrepublik Deutschland und Großbritannien im Vergleich. München: Oldenbourg, S. 89-115.

Leitner, Sigrid (1997): Die strukturelle Verfestigung des Geschlechterverhältnisses durch den Wohlfahrtsstaat. In: Österreichische Zeitschrift für Politikwissenschaft 2/ 1997, 26. Jg., S. 141-147.

Leitner, Sigrid (2003): Varieties of Familialism: The Caring Function of the Family in Comparative Perspective. In: European Societies. The Official Journal of the European Sociological Association 4/ 2003, 5. Jg., S. 353-375.

Leitner, Sigrid (2004): Review-Essay: Was wurde aus dem armen Frauen? – Eine Zeitreise durch die feministische Sozialstaatskritik in Deutschland. In: Leitner, Sigrid/ Ostner, Ilona/ Schratzenstaller, Margit (Hrsg.): Wohlfahrtsstaat und Geschlechterverhältnis im Umbruch. Was kommt nach dem Ernährermodell? Jahrbuch für Europa- und Nordamerikastudien 7. Wiesbaden: VS Verlag für Sozialwissenschaften, S. 28-43.

Leitner, Sigrid/ Ostner, Ilona/ Schratzenstaller, Margit (2004): Einleitung: Was kommt nach dem Ernährermodell? Sozialpolitik zwischen Re-Kommodifizierung und Re-Familialisierung. In: Leitner, Sigrid/ Ostner, Ilona/ Schratzenstaller, Margit (Hrsg.): Wohlfahrtsstaat und Geschlechterverhältnis im Umbruch. Was kommt nach dem Ernährermodell? Jahrbuch für Europa- und Nordamerikastudien 7. Wiesbaden: VS Verlag für Sozialwissenschaften, S. 9-27.

Lemke, Thomas (2000): Neoliberalismus, Staat und Selbsttechnologien. Ein kritischer Überblick über die governmentality studies. In: Politische Vierteljahrsschrift 1/ 2000, 41. Jg., S. 31-47.

Lemke, Thomas (2011): Eine Kritik der politischen Vernunft. Foucaults Analyse der modernen Gouvernementalität. 5. Auflage: Hamburg: Argument.

Lenhardt, Gero/ Offe, Claus (1977): Staatstheorie und Sozialpolitik. Politisch-soziologische Erklärungsansätze für Funktionen und Innovationsprozesse der Sozialpolitik. In: Ferber, Christian von/ Kaufmann, Franz-Xaver (Hrsg.): Soziologie und Sozialpolitik. Sonderheft 19 der Kölner Zeitschrift für Soziologie und Sozialpsychologie. Opladen: Westdeutscher Verlag, S. 98-127.

Lenze, Anne (2010): Hartz IV Regelsätze und gesellschaftliche Teilhabe. Das Urteil des BVerfG vom 9.2.2010 und seine Folgen. Expertise im Auftrag des Gesprächskreises Arbeit und Qualifizierung der Friedrich-Ebert-Stiftung. Bonn.

Lepsius, M. Rainer (1979): Soziale Ungleichheit und Klassenstrukturen in der Bundesrepublik Deutschland. In: Wehler, Hans-Ulrich (Hrsg.): Klassen in der europäischen Sozialgeschichte. Göttingen: Vandenhoeck & Ruprecht, S. 166-209.

Lessenich, Stephan (1998): „Relations matter": De-Kommodifizierung als Verteilungsproblem. In: Lessenich, Stephan/ Ostner, Ilona (Hrsg.): Welten des Wohlfahrtskapitalismus. Der Sozialstaat in vergleichender Perspektive. Frankfurt am Main/ New York: Campus, S. 91-108.

Lessenich, Stephan (1999): Vorwärts – und nichts vergessen. Die neue deutsche Sozialstaats-
debatte und die Dialektik sozialpolitischer Intervention. In: Prokla. Zeitschrift für kritische Sozialwissenschaft 3/ 1999, 29. Jg., S. 411-430.

Lessenich, Stephan (2000): Soziologische Erklärungsansätze zu Entstehung und Funktion des
Sozialstaats. In: Allmendinger, Jutta/ Ludwig-Mayerhofer, Wolfgang (Hrsg.): Soziologie
des Sozialstaats. Gesellschaftliche Grundlagen, historische Zusammenhänge und aktuelle
Entwicklungstendenzen. Weinheim/ München: Juventa, S. 39-78.

Lessenich, Stephan (2003a): Dynamischer Immobilismus. Kontinuität und Wandel im deutschen Sozialmodell. Frankfurt am Main/ New York: Campus.

Lessenich, Stephan (2003b): Soziale Subjektivität. Die neue Regierung der Gesellschaft. In:
Mittelweg 36 4/2003, 12. Jg., S. 80-93.

Lessenich, Stephan (2003c): Der Arme in der Aktivgesellschaft – zum sozialen Sinn des
„Förderns und Forderns". In: WSI-Mitteilungen 4/ 2003, 56. Jg., S. 214-220.

Lessenich, Stephan (2004): Ökonomismus zum Wohlfühlen: Gøsta Esping-Andersen und die
neue Architektur des Sozialstaats. In: Prokla. Zeitschrift für kritische Sozialwissenschaft
3/ 2004, 34. Jg., S. 469-476.

Lessenich, Stephan (2008): Die Neuerfindung des Sozialen. Der Sozialstaat im flexiblen Kapitalismus. Bielefeld: Transcript.

Lessenich, Stephan (2010): Soziologie der Sozialpolitik. In: Kneer, Georg/ Schroer, Markus
(Hrsg.): Handbuch Spezielle Soziologien. Wiesbaden: VS Verlag für Sozialwissenschaften, S. 555-568.

Lessenich, Stephan (2011): Soziale Ungleichheit und Sozialpolitik. In: Otto, Hans-Uwe/
Thiersch, Hans (Hrsg.) (unter Mitarbeit von Grunwald, Klaus/ Böllert, Karin/ Flösser,
Gaby/ Füssenhäuser, Cornelia): Handbuch Soziale Arbeit. Grundlagen der Sozialarbeit
und Sozialpädagogik. 4., völlig neu bearbeitete Auflage. München/ Basel: Ernst Rein-
hardt Verlag, S. 1429-1440.

Lessenich, Stephan (2012): Theorien des Sozialstaats zur Einführung. Hamburg: Junius.

Lewis, Jane (2004): Auf dem Weg zur „Zwei-Erwerbstätigen"-Familie. In: Leitner, Sigrid/
Ostner, Ilona/ Schratzenstaller, Margit (Hrsg.): Wohlfahrtsstaat und Geschlechterverhält-
nis im Umbruch. Was kommt nach dem Ernährermodell? Jahrbuch für Europa- und
Nordamerikastudien 7. Wiesbaden: VS Verlag für Sozialwissenschaften, S. 62-84.

Lewis, Jane/ Ostner, Ilona (1994): Gender and the Evolution of European Social Policies.
Arbeitspapiere des Zentrums für Sozialpolitik 4/ 1994. Bremen.

Liebig, Stefan/ Hense, Andrea (2007): Die zeitweise Verlagerung von Arbeitskräften in die
Arbeitslosigkeit: Eine „neue" personalpolitische Flexibilisierungsstrategie? In: Zeitschrift
für Arbeitsmarktforschung 4/ 2007, 40. Jg., S. 399-417.

Lietzmann, Torsten (2009): Bedarfsgemeinschaften im SGB II: Warum Alleinerziehende es
besonders schwer haben. IAB-Kurzbericht 12/ 2009.

Lietzmann, Torsten (2010): Zur Dauer der Bedürftigkeit von Müttern. Dauer des Leistungsbezugs im SGB II und Ausstiegschancen. IAB-Discussion Paper 8/ 2010. Im Internet
unter <http://doku.iab.de/discussionpapers/2010/dp0810.pdf>; Zugriff am 22.12.2015.

Lister, Ruth (1994): She has other Duties – Women, Citizenship and Social Security. In:
Baldwin, Sally/ Falkingham, Jane (Hrsg.): Social Security and Social Change: New
Challenges to the Beveridge Model. New York: Harvester Wheatsheaf, S. 31-44.

Lister, Ruth (2004): The Third Way's Social Investment State. In: Lewis, Jane/ Surender,
Rebecca (Hrsg.): Welfare State Change. Towards a Third Way? Oxford: University
Press, S. 157-181.

Ludwig, Monika (1992): Sozialhilfekarrieren: Ein Teufelskreis der Armut? In: Nachrichtendienst des Deutschen Vereins für öffentliche und private Fürsorge 11, 72. Jg., S. 359-
365.

Ludwig, Monika (1996): Armutskarrieren. Zwischen Abstieg und Aufstieg im Sozialstaat. Opladen: Westdeutscher Verlag.

Ludwig-Mayerhofer, Wolfgang (1992): Arbeitslosigkeit, Erwerbsarbeit und Armut. Längerfristige Armutsrisiken im Kontext von Haushalt und Sozialstruktur. In: Leibfried, Stephan/ Voges, Wolfgang (Hrsg.): Armut im modernen Wohlfahrtsstaat. Kölner Zeitschrift für Soziologie und Sozialpsychologie, Sonderheft 32. Wiesbaden: Westdeutscher Verlag, S. 380-402.

Ludwig-Mayerhofer, Wolfgang (2009): Exklusion als soziologisches Konzept. In: Sozialer Sinn 1/ 2009, 10. Jg., S. 3-28.

Ludwig-Mayerhofer, Wolfgang/ Barlösius, Eva (2001): Die Armut der Gesellschaft. In: Barlösius, Eva/ Ludwig-Mayerhofer, Wolfgang (Hrsg.): Die Armut der Gesellschaft. Opladen: Leske + Budrich, S. 11-67.

Ludwig-Mayerhofer, Wolfgang/ Behrend, Olaf/ Sondermann, Ariadne (2008): Disziplinieren und Motivieren: Zur Praxis der neuen Arbeitsmarktpolitik. In: Evers, Adalbert/ Heinze, Rolf G. (Hrsg.): Sozialpolitik. Ökonomisierung und Entgrenzung. VS Verlag für Sozialwissenschaften, S. 276-300.

Luhmann, Niklas (1998): Die Gesellschaft der Gesellschaft. Frankfurt am Main: Suhrkamp.

Luhmann, Niklas (2008): Soziologische Aufklärung 6. Die Soziologie und der Mensch. 3. Auflage. Wiesbaden: VS Verlag für Sozialwissenschaften.

Lutz, Burkart (1989): Der kurze Traum immerwährender Prosperität. Eine Neuinterpretation der industriell-kapitalistischen Entwicklung im Europa des 20. Jahrhunderts. Frankfurt am Main/ New York: Campus.

Magnin, Chantal/ Juhasz, Anne/ Gazareth, Pascale (2007): Einleitung. In: Gazareth, Pascale/ Juhasz, Anne/ Magnin, Chantal (Hrsg.): Neue soziale Ungleichheit in der Arbeitswelt. Konstanz: UVK Verlagsgesellschaft, S. 7-28.

[MAIS NRW 2012] Ministerium für Arbeit, Integration und Soziales des Landes Nordrhein-Westfalen (Hrsg.) (2012): Sozialbericht NRW 2012. Armuts- und Reichtumsbericht. Düsseldorf.

Manske, Alexandra (2005): Eigenverantwortung statt wohlfahrtsstaatlicher Absicherung. Anmerkungen zum Gestaltwandel sozialer Absicherung. In: Berliner Journal für Soziologie 2/ 2005, 15. Jg., S. 241-258.

Marburger, Horst (2011): SGB II. Grundsicherung für Arbeitsuchende. Praxisorientierte Einführung in das Zweite Sozialgesetzbuch. Mit Gesetzestext und Durchführungsverordnungen. 12., aktualisierte Auflage. Regensburg: Walhalla.

Marburger, Horst (2012): SGB II. Grundsicherung für Arbeitsuchende. Vorschriften und Verordnungen. Mit praxisorientierter Einführung. 13., aktualisierte Auflage. Regensburg: Walhalla.

Marglin, Stephen A./ Schor, Juliet B. (Hrsg.) (1990): The Golden Age of Capitalism. Reinterpreting the Postwar Experience. Oxford/ New York: Clarendon Press.

Marshall, Thomas H. (1992): Staatsbürgerrechte und soziale Klassen. In: Marshall, Thomas H.: Bürgerrechte und soziale Klassen. Zur Soziologie des Wohlfahrtsstaates. Herausgegeben, übersetzt und mit einem Vorwort versehen von Elmar Rieger. Frankfurt am Main/ New York: Campus, S. 33-94.

Marx, Karl (1975): Das Kapital. Kritik der politischen Ökonomie. Erster Band. Berlin: Dietz.

Marx, Karl/ Engels, Friedrich (1975): Das Manifest der kommunistischen Partei. Peking: Verlag für fremdsprachige Literatur.

Matthes, Joachim (Hrsg.) (1983): Krise der Arbeitsgesellschaft? Verhandlungen des 21. Deutschen Soziologentages in Bamberg 1982. Frankfurt am Main/ New York: Campus.

Mau, Steffen (2012): Lebenschancen. Wohin driftet die Mittelschicht: Berlin: Suhrkamp.

Mayer, Karl Ulrich/ Huinink, Johannes (1994): Lebensverläufe und gesellschaftlicher Wandel: von der Kohortenanalyse zur Lebensverlaufsanalyse. In: Hauser, Richard/ Hochmuth, Uwe/ Schwarze, Johannes (Hrsg.): Mikroanalytische Grundlagen der Gesellschaftspolitik. Band 1. Ausgewählte Probleme und Lösungsansätze. Ergebnisse aus dem gleichnamigen Sonderforschungsbereich an den Universitäten Frankfurt und Mannheim. Berlin: Akademie Verlag, S. 92-111.

Mayer, Karl Ulrich/ Solga, Heike (2010): Lebensverläufe im deutsch-deutschen Vereinigungsprozess. In: Krause, Peter/ Ostner, Ilona (Hrsg.): Leben in Ost- und Westdeutschland. Eine sozialwissenschaftliche Bilanz der deutschen Einheit 1990-2010. Frankfurt am Main/ New York: Campus, S. 39-56.

Mayer-Ahuja, Nicole (2003): Wieder dienen lernen? Vom westdeutschen „Normalarbeitsverhältnis" zu prekärer Beschäftigung seit 1973. Berlin: Edition Sigma.

Mayer-Ahuja, Nicole/ Bartelheimer, Peter/ Kädtler, Jürgen (2012): Teilhabe im Umbruch – Zur sozioökonomischen Entwicklung in Deutschland. In: Forschungsverbund Sozioökonomische Berichterstattung (Hrsg.): Berichterstattung zur sozioökonomischen Entwicklung in Deutschland. Teilhabe im Umbruch. Wiesbaden: VS Verlag für Sozialwissenschaften, S. 15-39.

McLaughlin, Eithne/ Glendinning, Caroline (1994): Paying for Care in Europe. Is there a Feminist Approach? In: Hantrais, Linda/ Mangen, Steen (Hrsg.): Family Policy and the Welfare of Women. Cross-National Research Papers. Third Series: Concepts and Contexts in International Comparisons. Loughborough: University of Technology, S. 52-69.

Meyer, Thomas (1993): Der Monopolverlust der Familie. Vom Teilsystem Familie zum Teilsystem privater Lebensformen. In: Kölner Zeitschrift für Soziologie und Sozialpsychologie 1/ 1993, 45. Jg., S. 23-40.

Mezger, Erika/ West, Klaus-W. (Hrsg.) (2000): Aktivierender Sozialstaat und politisches Handeln. 2., erweiterte Auflage. Marburg: Schüren-Verlag.

Mohr, Katrin (2007). Soziale Exklusion im Wohlfahrtsstaat. Arbeitslosenversicherung und Sozialhilfe in Großbritannien und Deutschland. Wiesbaden: VS Verlag für Sozialwissenschaften.

Mückenberger, Ulrich (1985): Die Krise des Normalarbeitsverhältnisses – Hat das Arbeitsrecht noch Zukunft? In: Zeitschrift für Sozialreform 7-8/ 1985, 31. Jg., S. 415-434, 457-475.

Müller, Hans-Peter (1992): Sozialstruktur und Lebensstile. Der neuere theoretische Diskurs über soziale Ungleichheit. Frankfurt am Main: Suhrkamp.

Müller, Hans-Peter (2007): Zur Zukunft der Klassengesellschaft. In: Merkur. Deutsche Zeitschrift für europäisches Denken 3/ 2007, 61. Jg., S. 189-199.

Münch, Richard (2009): Das Regime des liberalen Kapitalismus. Inklusion und Exklusion im neuen Wohlfahrtsstaat. Frankfurt am Main/ New York: Campus.

Munz-König, Eva (2014): Am Rand der Erwerbsgesellschaft: Erwerbsfähige Leistungsberechtigte nach SGB II im Langzeitbezug. In: Information und Technik Nordrhein-Westfalen (Hrsg.): Statistische Analysen und Studien Band 80. Düsseldorf, S. 44-53.

Mutz, Gerd (1997): Arbeitslosigkeit und gesellschaftliche Individualisierung. In: Beck, Ulrich/ Sopp, Peter (Hrsg.): Individualisierung und Integration. Neue Konfliktlinien und neuer Integrationsmodus? Opladen: Leske + Budrich, S. 161-179.

Nadai, Eva (2009): Das Problem der Bodensatzrosinen. Institutionelle Kooperation und die forcierte Inklusion von Erwerbslosen. In: Sozialer Sinn 1/ 2009, 10. Jg., S. 55-71.

Nassehi, Armin (1997): Inklusion, Exklusion – Integration, Desintegration. Die Theorie funktionaler Differenzierung und die Desintegrationsthese. In: Heitmeyer, Wilhelm (Hrsg.): Was hält die Gesellschaft zusammen? Bundesrepublik Deutschland: Auf dem Weg von der Konsens- zur Konfliktgesellschaft. Band 2. Frankfurt am Main: Suhrkamp, S. 113-148.

Neu, Marc (2009): 20 Jahre Mauerfall – Wie steht es um die Angleichung der Lebensverhältnisse zwischen Ost und West? Diskussionspapier aus der Fakultät für Sozialwissenschaft der Ruhr-Universität Bochum 2/ 2009.

Neu, Marc (2012a): Regionale Disparitäten. In: Forschungsverbund Sozioökonomische Berichterstattung (Hrsg.): Berichterstattung zur sozioökonomischen Entwicklung in Deutschland. Teilhabe im Umbruch. Wiesbaden: VS Verlag für Sozialwissenschaften, S. 185-200.

Neu, Marc (2012b): SGB II-Monitoring in Mülheim an der Ruhr. Projektbericht. Unveröffentlichtes Manuskript. Bochum.

Neu, Marc/ Strohmeier, Klaus Peter/ Kersting, Volker (2011): Sozialberichterstattung als Grundlage für eine kommunale Politik gegen Segregation. In: Hanesch, Walter (Hrsg.): Die Zukunft der „Sozialen Stadt". Strategien gegen soziale Spaltung und Armut in den Kommunen. Wiesbaden: VS Verlag für Sozialwissenschaften, S. 219-237.

Offe, Claus (1972): Strukturprobleme des kapitalistischen Staates. Aufsätze zur Politischen Soziologie. Frankfurt am Main: Suhrkamp.

Offe, Claus (1984): Zu einigen Widersprüchen des modernen Sozialstaates. In: Offe, Claus (Hrsg.): „Arbeitsgesellschaft": Strukturprobleme und Zukunftsperspektiven. Frankfurt am Main/ New York: Campus.

Offe, Claus (1995): Schock, Fehlkonstrukt oder Droge? Über drei Lesarten der Sozialstaatskrise. In: Fricke, Werner (Hrsg.): Zukunft des Sozialstaats. Jahrbuch Arbeit und Technik 1995. Bonn: Dietz, S. 31-41.

Offe, Claus (1996): Moderne „Barbarei": Der Naturzustand im Kleinformat? In: Miller, Max/ Soeffner, Hans-Georg (Hrsg.): Modernität und Barbarei. Soziologische Zeitdiagnose am Ende des 20. Jahrhunderts. Frankfurt am Main: Suhrkamp, S. 258-289.

Offe, Claus (1998): Der deutsche Wohlfahrtsstaat. In: Berliner Journal für Soziologie 8/ 1998, 8. Jg., S. 359-380.

Offe, Claus (2006): Strukturprobleme des kapitalistischen Staates. Aufsätze zur Politischen Soziologie. Veränderte Neuausgabe herausgegeben und eingeleitet von Jens Borchert und Stephan Lessenich. Mit einem Vor- und Nachwort von Claus Offe. Frankfurt am Main/ New York: Campus.

Olk, Thomas (2000): Weder Rund-Um-Versorgung noch "pure" Eigenverantwortung. Aktivierende Strategien in der Politik für Familien, alte Menschen, Frauen, Kinder und Jugendliche. In: Mezger, Erika/ West, Klaus-W. (Hrsg.): Aktivierender Sozialstaat und politisches Handeln. Marburg: Schüren-Verlag, S. 105-124.

Olk, Thomas/ Rentsch, Doris (1997): Armutsverläufe – erste Ergebnisse einer Kohortenanalyse Hallenser Sozialhilfempfänger(innen). In: Becker, Irene/ Hauser, Richard (Hrsg.): Einkommensverteilung und Armut. Deutschland auf dem Weg zur Vierfünftel-Gesellschaft? Frankfurt am Main/ New York: Campus, S. 161-184.

Oschmiansky, Frank/ Mauer, Andreas/ Schulze Buschoff, Karin (2007): Arbeitsmarktreformen in Deutschland – zwischen Pfadabhängigkeit und Paradigmenwechsel. In: WSI-Mitteilungen 6/ 2007, 60. Jg., S. 291-297.

Ostendorf, Helga (2006): Arbeitsmarktreformen — Kommodifizierung, Familialisierung und Stratifizierung. In: Degener, Ursula/ Rosenzweig, Beate (Hrsg.): Die Neuverhandlung sozialer Gerechtigkeit. Feministische Analysen und Perspektiven. Wiesbaden: VS Verlag für Sozialwissenschaften, S. 259-279.

Ostner, Ilona (1995): Arm ohne Ehemann? Sozialpolitische Regulierung von Lebenschancen für Frauen im internationalen Vergleich. In: Aus Politik und Zeitgeschichte B36-37, S. 3-12.

Ott, Notburga (1991): Die Wirkung politischer Maßnahmen auf die Familienbildung aus ökonomischer und verhandlungstheoretischer Sicht. In: Mayer, Karl Ulrich/ Allmendinger,

Jutta/ Huinink, Johannes (Hrsg.): Vom Regen in die Traufe: Frauen zwischen Familie und Beruf. Frankfurt am Main/ New York: Campus, S. 385-407.

Paugam, Serge (1995): The Spiral of Precariousness: A Multidimensional Approach to the Process of Social Disqualification in France. In: Room, Graham J. (Hrsg.): Beyond the Threshold. The Measurement and Analysis of Social Exclusion. Bristol: Policy Press, S. 49-79.

Paugam, Serge (1998): Poverty and Social Exclusion: A Sociological View. In: Rhodes, Martin/ Mény, Yves (Hrsg.): The Future of European Welfare. A New Social Contract? Basingstoke: Macmillan, S. 41-62.

Peuckert, Rüdiger (2012): Familienformen im sozialen Wandel. 8. Auflage. Wiesbaden: Springer VS.

Piachaud, David (1992): Wie mißt man Armut? In: Leibfried, Stephan/ Voges, Wolfgang (Hrsg.): Armut im modernen Wohlfahrtsstaat. Kölner Zeitschrift für Soziologie und Sozialpsychologie, Sonderheft 32. Wiesbaden: Westdeutscher Verlag, S. 63-87.

Polanyi, Karl (1978): The Great Transformation. Politische und ökonomische Ursprünge von Gesellschaften und Wirtschaftssystemen. Frankfurt am Main: Suhrkamp.

Pongratz, Hans J./ Voß, G. Günter (2003): Arbeitskraftunternehmer. Erwerbsorientierungen in entgrenzten Arbeitsformen. Berlin: Edition Sigma.

Promberger, Markus (2010a): Fünf Jahre SGB II: Kontinuitäten und Brüche in der Armutspolitik. In: Institut für Arbeitsmarkt- und Berufsforschung (Hrsg.): Schlüsselfrage: Berufliche Weiterbildung zwischen Anspruch und Wirklichkeit. IAB-Forum 1/ 2010, S. 86-93.

Promberger, Markus (2010b): Hartz IV im sechsten Jahr. In: Aus Politik und Zeitgeschichte B48/ 2010, S. 10-17.

Raithel, Thomas/ Schlemmer, Thomas (Hrsg.) (2009): Die Rückkehr der Arbeitslosigkeit. Die Bundesrepublik Deutschland im europäischen Kontext 1973 bis 1989. München: Oldenbourg.

Rehberg, Karl-Siegbert (2006): Die unsichtbare Klassengesellschaft. In: Rehberg, Karl-Siegbert (Hrsg.): Soziale Ungleichheit, Kulturelle Unterschiede. Verhandlungen des 32. Kongresses der Deutschen Gesellschaft für Soziologie in München 2004. Teilband 1. Frankfurt am Main/ New York: Campus, S. 19-38.

Rentzsch, Doris/ Buhr, Petra (1996): Im Osten nichts Neues? Sozialhilfeverläufe in Ost- und Westdeutschland im Vergleich. Arbeitspapier 41 des Sonderforschungsbereich 186 der Universität Bremen. Bremen.

Rentzsch, Doris/ Olk, Thomas (2002): Sozialhilfedynamik in Ostdeutschland. Sozialhilfeverläufe und zeitdynamische Problemgruppen in der Halleschen Längsschnittstudie (HLS). In: Sell, Stefan (Hrsg.): Armut als Herausforderung. Bestandsaufnahme und Perspektiven der Armutsforschung und Armutsberichterstattung. Berlin: Duncker & Humblot, S.229-262.

Riedmüller, Barbara/ Olk, Thomas (1994): Grenzen des Sozialversicherungsstaates. In: Leviathan. Sonderheft 14. Opladen: Westdeutscher Verlag, S. 9-33.

Rieger, Elmar (1992): T.H. Marshall: Soziologie, gesellschaftliche Entwicklung und die moralische Ökonomie des Wohlfahrtsstaates. In: Marshall, Thomas H.: Bürgerrechte und soziale Klassen. Zur Soziologie des Wohlfahrtsstaates. Herausgegeben, übersetzt und mit einem Vorwort versehen von Elmar Rieger. Frankfurt am Main/ New York: Campus, S. 7-32.

Rieger, Elmar (1998): Soziologische Theorie und Sozialpolitik im entwickelten Wohlfahrtsstaat. In: Lessenich, Stephan/ Ostner, Ilona (Hrsg.): Welten des Wohlfahrtskapitalismus. Der Sozialstaat in vergleichender Perspektive. Frankfurt am Main/ New York: Campus, S. 59-89.

Rieger, Elmar/ Leibfried, Stephan (2001): Grundlagen der Globalisierung. Perspektiven des Wohlfahrtsstaates. Frankfurt am Main: Suhrkamp.

Ritter, Gerhard A. (2007): Der Preis der deutschen Einheit. Die Wiedervereinigung und die Krise des Sozialstaats. München: C. H. Beck

Rödel, Ulrich/ Guldimann, Tim (1978): Sozialpolitik als soziale Kontrolle. In: Guldimann, Tim/ Rodenstein, Marianne/ Rödel, Ulrich/ Stille, Frank (Hrsg.): Sozialpolitik als soziale Kontrolle. Starnberger Studien 2. Frankfurt am Main: Suhrkamp, S. 11-55.

Rohwer, Götz (1992): Einkommensmobilität und soziale Mindestsicherung. Einige Überlegungen zum Armutsrisiko. In: Leibfried, Stephan/ Voges, Wolfgang (Hrsg.): Armut im modernen Wohlfahrtsstaat. Kölner Zeitschrift für Soziologie und Sozialpsychologie, Sonderheft 32. Wiesbaden: Westdeutscher Verlag, S. 367-379.

Rohwer, Götz/ Pötter, Ulrich (2001): Grundzüge der sozialwissenschaftlichen Statistik. Weinheim/ München: Juventa.

Room, Graham J. (1999): Social Exclusion, Solidarity and the Challenge of Globalization. In: International Journal of Social Welfare 8/ 1999, S. 166-174.

Rösner, Hans Jürgen (1997): Beschäftigungspolitische Implikationen des Globalisierungsphänomens als Herausforderung für den Sozialstaat. In: Hauser, Richard (Hrsg.): Reform des Sozialstaats I. Schriften des Vereins für Socialpolitik 251/ I. Berlin: Duncker & Humblot, S. 11-43.

Rüb, Felix/ Werner, Daniel (2008): „Den Arbeitsmarkt" gibt es nicht – Arbeitsmarktregionen des SGB II im Vergleich. In: Jahrbuch für Regionalwissenschaft 2/ 2008, 28. Jg., S. 93-108.

Sassen, Saskia (1994): Cities in a World Economy. Thousand Oaks/ London/ New Delhi: Pine Forge Press.

Sauer, Dieter (2005): Arbeit im Übergang. Zeitdiagnosen. Hamburg: VSA-Verlag.

Scheller, Gitta (2005): Die Wende als Individualisierungsschub? Umfang, Richtung und Verlauf des Individualisierungsprozesses in Ostdeutschland. Wiesbaden: VS Verlag für Sozialwissenschaften.

Schels, Brigitte (2008): Junge Erwachsene und Arbeitslosengeld II: Hilfebezug in jungen Jahren verfestigt sich viel zu oft. IAB-Kurzbericht 22/ 2008.

Schelsky, Helmut (1965): Auf der Suche nach Wirklichkeit. Gesammelte Aufsätze. Düsseldorf/ Köln: Eugen Diederichs.

Scherschel, Karin/ Streckeisen, Peter/ Krenn, Manfred (Hrsg.) (2012): Neue Prekarität. Die Folgen aktivierender Arbeitsmarktpolitik – europäische Länder im Vergleich. Frankfurt am Main/ New York: Campus.

Schmid, Günther (1998): Das Nadelöhr der Wirklichkeit verfehlt: Eine beschäftigungspolitische Bilanz der Ära Kohl. In: Wewer, Göttrik (Hrsg.): Bilanz der Ära Kohl. Opladen: Leske + Budrich, S. 145-183.

Schmid, Josef (2007): Arbeitsmarkt- und Beschäftigungspolitik – große Reform mit kleiner Wirkung? In: Egle, Christoph/ Zohlnhöfer, Reimut (Hrsg.): Ende des rot-grünen Projektes. Eine Bilanz der Regierung Schröder 2002-2005. Wiesbaden: VS Verlag für Sozialwissenschaften, S. 271-294.

Schmid, Josef (2010): Zum Strukturwandel der Arbeitswelt. In: Aus Politik und Zeitgeschichte B48/ 2010, S. 3-9.

Schmidt, Manfred G. (2012): Der deutsche Sozialstaat. Geschichte und Gegenwart. München: C. H. Beck.

Schommer, Martin (2008): Wohlfahrt im Wandel. Risiken, Verteilungseffekte und sozialstaatliche Reformen in Deutschland und Großbritannien. Wiesbaden: VS Verlag für Sozialwissenschaften.

Schreyer, Franziska/ Zahradnik, Franz/ Götz, Susanne (2013): Sanktionen bei jungen Arbeitslosen im SGB II. Wenn das Licht ausgeht. In: Institut für Arbeitsmarkt- und Berufsforschung (Hrsg.): Richtfest. Zehn Jahre Agenda 2010 – ein Besuch auf der Reformbaustelle. IAB-Forum 2/ 2013, S. 60-67.

Schröder, Gerhard/ Blair, Tony (1999): Der Weg nach vorne für Europas Sozialdemokraten. Ein Vorschlag von Gerhard Schröder und Tony Blair vom 8. Juni 1999. In: Blätter für deutsche und internationale Politik 7/ 1999, S. 887-896.

Schroer, Markus (2008): Die im Dunkeln sieht man doch. Inklusion, Exklusion und die Entdeckung der Überflüssigen. In: Bude, Heinz/ Willisch, Andreas (Hrsg.): Exklusion. Die Debatte über die ‚Überflüssigen‘. Frankfurt am Main: Suhrkamp, S. 178-194.

Schulte, Bernd (2000): Das deutsche System der sozialen Sicherheit. Ein Überblick. In: Allmendinger, Jutta/ Ludwig-Mayerhofer, Wolfgang (Hrsg.): Soziologie des Sozialstaats. Gesellschaftliche Grundlagen, historische Zusammenhänge und aktuelle Entwicklungstendenzen. Weinheim/ München: Juventa, S. 15-38.

Schulte, Katja/ Stoek, Holger/ Voges, Wolfgang (1999): Sozialhilfeverläufe im lokalen Kontext: Strukturelle und institutionelle Rahmenbedingungen in Bremen und Halle, Saale. Arbeitspapiere des Zentrums für Sozialpolitik 16/ 1999. Bremen.

Schulze-Böing, Matthias (2000): Leitbild „aktivierende Stadt“ – Konzepte zur aktivierenden Sozialpolitik und Arbeitsförderung auf kommunaler Ebene. In: Mezger, Erika/ West, Klaus-W. (Hrsg.): Aktivierender Sozialstaat und politisches Handeln. Marburg: Schüren-Verlag, S. 51-62.

Schwinn, Thomas (Hrsg.) (2008): Differenzierung und soziale Ungleichheit. Die zwei Soziologien und ihre Verknüpfung. 3. Auflage. Frankfurt am Main: Humanities Online.

Sengenberger, Werner (Hrsg.) (1978): Der gespaltene Arbeitsmarkt. Probleme der Arbeitsmarktsegmentation. Frankfurt am Main/ New York: Campus.

Silver, Hilary (1994): Social Exclusion and Social Solidarity: Three Paradigms. In: International Labour Review 5-6/ 1994, S. 531-578.

Simmel, Georg (1992): Soziologie. Untersuchungen über die Formen der Vergesellschaftung. Gesamtausgabe. Band II. Frankfurt am Main: Suhrkamp.

Sinn, Hans-Werner/ Holzner, Christian/ Meister, Wolfgang/ Ochel, Wolfgang/ Werding, Martin (2002): Aktivierende Sozialhilfe. Ein Weg zu mehr Beschäftigung und Wachstum. In: ifo Schnelldienst 9/ 2002, 55. Jg., Sonderausgabe, S. 3-52.

Spellerberg, Annette (1997): Lebensstil, soziale Schicht und Lebensqualität in West- und Ostdeutschland. In: Aus Politik und Zeitgeschichte B37/ 1997, S. 25-37.

Spindler, Helga (2003): Aktivierende Ansätze in der Sozialhilfe. In: Dahme, Heinz-Jürgen/ Otto, Hans-Uwe/ Trube, Achim/ Wohlfahrt, Norbert (Hrsg.): Soziale Arbeit für den aktivierenden Staat. Opladen: Leske + Budrich, S. 225-246.

Stichweh, Rudolf (1997): Inklusion/ Exklusion und die Theorie der Weltgesellschaft. In: Rehberg, Karl-Siegbert (Hrsg.): Differenz und Integration. Die Zukunft moderner Gesellschaften. 28. Kongress der Deutschen Gesellschaft für Soziologie – Dresden 1996. Kongressband II. Opladen: Westdeutscher Verlag, S. 601-607.

Strasser, Hermann (1997): Einleitung: Langzeitarbeitslose zwischen diskontinuierlichen Erwerbsverläufen und sozialer Selektion. In: Klein, Gabriele/ Strasser, Hermann (Hrsg.): Schwer vermittelbar. Zur Theorie und Empirie von Langzeitarbeitslosigkeit. Opladen: Westdeutscher Verlag, S. 9-39.

Strengmann-Kuhn, Wolfgang (2003): Armut trotz Erwerbstätigkeit. Analysen und sozialpolitische Konsequenzen. Frankfurt am Main/ New York: Campus.

Strohmeier, Klaus Peter (1993): Pluralisierung und Polarisierung der Familienformen in Deutschland. In: Aus Politik und Zeitgeschichte B17/ 1993, S. 11-22.

Strohmeier, Klaus Peter (unter Mitarbeit von Neubauer, Jennifer/ Prey, Gisela) (2002): Bevölkerungsentwicklung und Sozialraumstruktur im Ruhrgebiet. Im Auftrag und herausgegeben von der Projekt Ruhr. Essen.

Strohmeier, Klaus Peter (unter Mitarbeit von Alic, Safet) (2006): Segregation in den Städten. Herausgegeben von der Friedrich-Ebert-Stiftung. Gesprächskreis Migration und Integration. Bonn.

Strohmeier, Klaus Peter/ Neu, Marc (2011): Auswirkungen des demografischen Wandels auf die Städte und Gemeinden. In: Evers, Adalbert/ Heinze, Rolf G./ Olk, Thomas (Hrsg.): Handbuch Soziale Dienste. Wiesbaden: VS Verlag für Sozialwissenschaften, S. 145-167.

Strohmeier, Klaus Peter/ Schultz, Annett (unter Mitarbeit von Strohmeier, Henrika) (2005): Familienforschung für die Familienpolitik. Wandel der Familie und sozialer Wandel als politische Herausforderungen. Im Auftrag und herausgegeben vom Ministerium für Gesundheit, Soziales, Frauen und Familie des Landes Nordrhein-Westfalen. Düsseldorf.

Süß, Winfried (2010): Armut im Wohlfahrtsstaat. In: Hockerts, Hans Günter/ Süß, Winfried (Hrsg.): Soziale Ungleichheit im Sozialstaat. Die Bundesrepublik Deutschland und Großbritannien im Vergleich. München: Oldenbourg, S. 19-41.

[SVR 2002] Sachverständigenrat zur Begutachtung der gesamtwirtschaftlichen Entwicklung (Hrsg.) (2002): Zwanzig Punkte für Beschäftigung und Wachstum. Jahresgutachten 2002/ 03. Stuttgart: Metzler-Poeschel.

Swaan, Abram de (1993): Der sorgende Staat. Wohlfahrt, Gesundheit und Bildung in Europa und den USA der Neuzeit. Frankfurt am Main/ New York: Campus.

Thalheimer, Frank (2005): Bruttoinlandsprodukt, Bruttowertschöpfung und andere gesamtwirtschaftliche Indikatoren. Betrachtungen zur Volkswirtschaftlichen Gesamtrechnung in drei Folgen. 3. Folge: Einkommen der privaten Haushalte. In: Statistisches Monatsheft Baden-Württemberg 11/ 2005, S. 28-33.

Trinczek, Rainer (2011): Überlegungen zum Wandel von Arbeit. In: WSI-Mitteilungen 11/ 2011, 64. Jg., S. 606-614.

Trube, Achim/ Wohlfahrt, Norbert (2001): „Der aktivierende Sozialstaat" – Sozialpolitik zwischen Individualisierung und einer neuen politischen Ökonomie der inneren Sicherheit. In. WSI-Mitteilungen 1/ 2001, 54. Jg., S. 27-35.

Ullrich, Carsten G. (2004): Aktivierende Sozialpolitik und individuelle Autonomie. In: Soziale Welt 2/ 2004, 55. Jg., S. 145-158.

Ullrich, Carsten G. (2005): Soziologie des Wohlfahrtsstaates. Eine Einführung. Frankfurt am Main/ New York: Campus.

Vester, Michael (2005): Der Wohlfahrtsstaat in der Krise. Die Politik der Zumutungen und der Eigensinn der Alltagsmenschen. In: Schultheis, Franz/ Schulz, Kristina (Hrsg.): Gesellschaft mit begrenzter Haftung. Zumutungen und Leiden im deutschen Alltag. Konstanz: UVK Verlagsgesellschaft, S. 21-33.

Vobruba, Georg (1999): The End of the Full Employment Society. Changing the Basis of Inclusion and Exclusion. In: Littlewood, Paul (Hrsg.): Social Exclusion in Europe. Problems and Paradigms. Aldershot: Ashgate, S. 23-45.

Vobruba, Georg (2000): Alternativen zur Vollbeschäftigung. Die Transformation von Arbeit und Einkommen. Frankfurt am Main: Suhrkamp.

Vobruba, Georg (2001): Die offene Armutsfalle. Lebensbewältigung an der Schnittstelle von Arbeitsmarkt und Sozialstaat. Arbeitsbericht des Instituts für Soziologie der Universität Leipzig Nr. 18. Leipzig.

Vobruba, Georg (2003): Inclusion, Exclusion. Towards a Dynamic Approach. In: Steinert, Heinz/ Pilgram, Arno (Hrsg.): Welfare Policy from Below: Struggle Against Social Exclusion in Europe. Aldershot: Ashgate, S. 25-33.

Vobruba, Georg (2007): Entkoppelung von Arbeit und Einkommen. Das Grundeinkommen in der Arbeitsgesellschaft. 2., erweiterte Auflage. Wiesbaden: VS Verlag für Sozialwissenschaften.

Vogel, Berthold (1999): Ohne Arbeit in den Kapitalismus. Der Verlust der Erwerbsarbeit im Umbruch der ostdeutschen Gesellschaft. Hamburg: VSA-Verlag.

Vogel, Berthold (2001): Wege an den Rand der Arbeitsgesellschaft – der Verlust der Erwerbsarbeit und die Gefahr sozialer Ausgrenzung. In: Barlösius, Eva/ Ludwig-Mayerhofer, Wolfgang (Hrsg.): Die Armut der Gesellschaft. Opladen: Leske + Budrich, S. 151-168.

Vogel, Berthold (2008): Der Nachmittag des Wohlfahrtsstaats. Zur politischen Ordnung gesellschaftlicher Ungleichheit. In: Bude, Heinz/ Willisch, Andreas (Hrsg.): Exklusion. Die Debatte über die ‚Überflüssigen'. Frankfurt am Main: Suhrkamp, S. 285-308.

Vogel, Berthold (2009): Wohlstandskonflikte. Soziale Fragen, die aus der Mitte kommen. Hamburg: Hamburger Edition HIS.

Vogel, Berthold (2011): Die Furcht vor dem Weniger. Welche soziale Zukunft hat die Mitte? In: Sozialer Fortschritt 12/ 2011, 60. Jg., S. 274-281.

Voges, Wolfgang/ Klein, Peter (1994): „Creaming the Poor" in Beschäftigungsprogrammen als Ergebnis unsystematischer Ansprache von Adressaten. In: Schulze-Böing, Matthias/ Johrendt, Norbert (Hrsg.): Wirkungen kommunaler Beschäftigungsprogramme. Methoden, Instrumente und Ergebnisse der Evaluation kommunaler Arbeitsmarktpolitik. Basel/ Boston/ Berlin: Birkhäuser Verlag.

Volkmann, Ute (2002): Soziale Ungleichheit: Die „Wieder-Entdeckung" gesellschaftlicher Ungerechtigkeiten. In: Volkmann, Ute/ Schimank, Uwe (Hrsg.): Soziologische Gegenwartsdiagnosen II. Vergleichende Sekundäranalysen. Opladen: Leske + Budrich, S. 227-256.

Weber, Max (1980): Wirtschaft und Gesellschaft. Grundriss der verstehenden Soziologie. Tübingen: Mohr.

Wiedenbeck, Michael/ Züll, Cornelia (2010): Clusteranalyse. In: Wolf, Christof/ Best, Henning (Hrsg.): Handbuch der sozialwissenschaftlichen Datenanalyse. Wiesbaden: VS Verlag für Sozialwissenschaften, S. 525-552.

Windzio, Michael (2013): Regressionsmodelle für Zustände und Ereignisse. Eine Einführung. Wiesbaden: Springer VS.

Wingerter, Christian (2009): Der Wandel der Erwerbsformen und seine Bedeutung für die Einkommenssituation Erwerbstätiger. In: Wirtschaft und Statistik 11/ 2009, S. 1080-1098.

Wohlfahrt, Norbert/ Zühlke, Werner (2005): Ende der kommunalen Selbstverwaltung. Zur politischen Steuerung im Konzern Stadt. Hamburg: VSA-Verlag.

Zacher, Hans F. (2001): Grundlagen der Sozialpolitik in der Bundesrepublik Deutschland. In: Bundesministerium für Arbeit und Sozialordnung/ Bundesarchiv (Hrsg.): Geschichte der Sozialpolitik in Deutschland seit 1945. Band 1. Grundlagen der Sozialpolitik. Baden-Baden: Nomos, S. 333-684.

Zapf, Wolfgang (1994): Die Transformation in der ehemaligen DDR und die soziologische Theorie der Modernisierung. In: Berliner Journal für Soziologie 3/ 1994, 4. Jg., S. 295-305.

Zapfel, Stefan/ Promberger, Markus (2011): Gemeinschaft, Gesellschaft und soziale Sicherung. Überlegungen zu Genese und Wandel des modernen Wohlfahrtsstaats. IAB-Discussion Paper 21/ 2011. Im Internet unter <http://doku.iab.de/discussionpapers/2011/dp2111.pdf>; Zugriff am 22.12.2015.

The manufacturer's authorised representative in the EU is Springer
Nature Customer Service Centre GmbH, Europaplatz 3, 69115 Heidelberg,
Germany. If you have any concerns regarding our products, please
contact ProductSafety@springernature.com

Printed and bound by CPI Group (UK) Ltd, Croydon, CR0 4YY
27/04/2026
02097643-0003